Ullstein

W0062010

ÜBER DAS BUCH:

Der chronologisch dritte Roman in der erfolgreichen Drinkwater-Serie und die Fortsetzung von *Die Augen der Flotte* und *Kutterkorsaren.* Inzwischen zum Leutnant befördert, fährt Drinkwater nun als Erster Offizier auf der Brigg *Hellebore* Geleitschutz im Mittelmeer. Dieser Routinedienst findet jedoch ein jähes Ende, als Admiral Nelson die Brigg ins Rote Meer beordert, um die britische Flotte vor Napoleons Feldzug nach Indien zu warnen. Nach einer dramatischen Reise ums Kap der Stürme trifft Drinkwater auf zwei alte Feinde: den Franzosen Santhonax, der Napoleons Vorhut befehligt, und seinen Widersacher aus Kadettenzeiten, den brutalen und perversen Leutnant Morris. Drinkwater muß eine eroberte französische Fregatte, die unterbesetzt und nur leicht bewaffnet ist, sicher zurück nach Kapstadt bringen; aber alter Haß, ein zu allem entschlossener Gegner und die widrigen Gewalten der See machen dieses Unternehmen zum schwersten seiner bisherigen Laufbahn.

DER AUTOR:

Richard Woodman ging mit sechzehn Jahren von der Schule ab, um vor dem Mast das Tall Ships' Race von 1960 mitzusegeln, die Transozeanregatta der großen alten Rahsegler. Er absolvierte seine Kadettenzeit bei der britischen Handelsmarine, erwarb das Offizierspatent und fuhr als Navigator auf Überseefrachtern und Wetterschiffen. 1967 trat er in den Dienst von Trinity House ein, der traditionsreichen britischen Seefahrtsbehörde, und fährt jetzt als Kapitän einen ihrer Versorgungstender. Er schrieb mehrere maritime Abenteuerromane und seit 1982 seine Romanserie um den Seehelden Nat Drinkwater, die durch Spannung und nautische Exaktheit besticht. »Turbulente Handlung ohne romantisches Geschwätz«, urteilte der Observer.

Richard Woodman

Kurier zum Kap der Stürme

Leutnant Drinkwater auf Vorposten
im Roten Meer

Roman

Ullstein

Maritim
Ullstein Buch Nr. 23247
Herausgegeben von J. Wannenmacher
im Verlag Ullstein GmbH,
Frankfurt/M – Berlin
Titel der Originalausgabe:
A Brig of War
Erstveröffentlichung 1983
bei John Murray (Publishers)
Ltd., London
Aus dem Englischen
von Uwe D. Minge

Neuauflage des Ullstein
Buches 20585

Umschlagentwurf:
Hansbernd Lindemann
Farbreproduktion nach einem
Gemälde von Henry Collins:
Die Brigg »Nile« vor Liverpool
(dat. 1804), aus der Sammlung
Peter Tamm, Hamburg,
entnommen dem Buch »Maler der See«
von Prof. Dr. Jörgen Bracker,
Dr. Michael North und Peter Tamm,
Koehlers Verlagsgesellschaft mbH,
Herford 1980
Alle Rechte vorbehalten
© Richard Woodman 1983
© Übersetzung 1985
Verlag Ullstein GmbH,
Frankfurt/M – Berlin
Printed in Germany 1994
Druck und Bindung:
Ebner Ulm
ISBN 3 548 23247 7

März 1994
Gedruckt auf alterungs-
beständigem Papier mit
chlorfrei gebleichtem Zellstoff

Vom selben Autor
in der Reihe
der Ullstein Bücher:

Die Augen der Flotte (23154)
Kutterkorsaren (22776)
Die Korvette (22559)
Der Mann unterm Floß (20881)
In fernen Gewässern (22124)
Der falsche Lotse (22375)
Unter falscher Flagge (22553)
Die Wette (22808)
Gezeiten der Nacht, 2 Bde.
(22879 und 22932)
Das Fliegende Geschwader (23230)

Die Deutsche Bibliothek –
CIP-Einheitsaufnahme:

Woodman, Richard
Kurier zum Kap der Stürme:
Leutnant Drinkwater auf Vorposten im
Roten Meer; Roman / Richard
Woodman. [Hrsg. von J. Wannenmacher.
Aus dem Engl. von Uwe D. Minge]. –
Neuaufl. des Ullstein-Buches Nr. 20585. –
Frankfurt/M; Berlin; Wien: Ullstein, 1994
    (Ullstein-Buch; Nr. 23247: Maritim)
    Einheitssacht.: A brig of war < dt. >
    ISBN 3-548-23247-7
NE: GT

Für *Christine*

»Ich glaube fest, daß sie den üblen Plan, Alexandria zu erobern und Truppen nach Indien zu schaffen, nicht aufgegeben haben – ein Plan, der mit Tippu Sahib abgestimmt wurde und bei weitem nicht so schwer in die Tat umzusetzen ist, wie es zunächst erscheinen mag.«

Nelson 1798

Inhalt

PROLOG
Februar 1798
Paris
11

ERSTES KAPITEL
Februar–Juni 1798
Geleitschutz
15

ZWEITES KAPITEL
Juli 1798
Nelson
24

DRITTES KAPITEL
Juli–August 1798
Die Brigg
36

VIERTES KAPITEL
September 1798
Dunkle Wolken
47

FÜNFTES KAPITEL
September–Oktober 1798
Die *Mistress Shore*
58

SECHSTES KAPITEL
Oktober–November 1798
Das Kap der Stürme
77

SIEBTES KAPITEL
November 1798
Der Fliegende Holländer
86

ACHTES KAPITEL
November – Dezember 1798
Der Ostindienfahrer
102

NEUNTES KAPITEL
Dezember 1798 – Mai 1799
Auf der Reede von Mocha
110

ZEHNTES KAPITEL
Juni – Juli 1799
Dem Adler werden die Flügel gestutzt
126

ELFTES KAPITEL
August 1799
Al Qusayr
141

ZWÖLFTES KAPITEL
August 1799
Fisch stinkt
156

DREIZEHNTES KAPITEL
August 1799
Rotes Meer
162

VIERZEHNTES KAPITEL
August 1799
Allahs Wille
171

FÜNFZEHNTES KAPITEL
September 1799
Santhonax
179

SECHZEHNTES KAPITEL
September 1799
Der Sold der Admirale
192

SIEBZEHNTES KAPITEL
September–Oktober 1799
Eine Verkettung unglücklicher Umstände
197

ACHTZEHNTES KAPITEL
Oktober 1799
Morris
209

NEUNZEHNTES KAPITEL
Oktober–November 1799
Die Hand einer Frau
221

ZWANZIGSTES KAPITEL
November 1799
Kriegsglück
226

EINUNDZWANZIGSTES KAPITEL
November–Dezember 1799
Wie ein Wunder
239

ZWEIUNDZWANZIGSTES KAPITEL
November 1799–Januar 1800
Das Kap der Guten Hoffnung
248

Nachwort
268

Februar 1798

Paris

Regen schlug prasselnd gegen die Fensterscheiben. Der Kapitän zur See betrachtete die Trikolore, die drüben im Hof steif auswehte; sie hob sich bunt gegen die grauen Wolken ab, die über Paris dahinjagt. Vor seinem inneren Auge sah er die Auswirkungen des Sturms auf die grünen Wasser des Kanals und auf die düstere, regenverhangene englische Küste.

Hinter ihm standen zwei Sekretäre über die Pulte gebeugt, gelegentlich war das Rascheln von Papier zu vernehmen. Spannung lag in der Luft und wurde durch die geöffnete Tür noch erhöht. Dann wurden rasche Fußtritte im Korridor hörbar, die Schreiber beugten sich mit noch mehr Eifer über ihre Arbeit. Der Marineoffizier drehte sich halb um, wandte aber den Blick nicht von dem grauen Himmel.

Die Schritte wurden lauter, und schließlich schoß ein kleiner, dünner, bleicher junger Mann in den Raum. Sein langes Haar fiel über den hohen Stehkragen seiner zu großen Generalsuniform. Er wurde von einem Husaren begleitet, dessen reichbestickter Umhang nachlässig von der linken Schulter hing.

»Na, Bourienne!« begann der General plötzlich. Seine Stimme strahlte dieselbe Energie aus, die seine unruhige Wanderung durch den Raum ausdrückte. »Sind die Depeschen für die Generale Dommartin und Casarelli fertig? Gut, gut!« Er nahm die Papiere und überflog sie, dann nickte er befriedigt. »Es sieht gut aus, Androche«, wandte er sich an den Husaren. »Alles läuft gut. Damit ist das Englandprojekt gestorben.« Er drehte sich zum Fenster. »Wen haben wir da, Bourienne?«

»Das ist Fregattenkapitän Santhonax, General Bonaparte.«

»Aha!«

Bei der Erwähnung seines Namens drehte sich der Marineoffizier um. Er war bedeutend größer als der General, aber seine hübschen Gesichtszüge wurden durch eine Narbe verunstaltet, die von seinem Mundwinkel über die linke Wange nach oben lief. Er verbeugte sich leicht und hielt dem taxierenden Blick aus Bonapartes grauen Augen stand.

»So, so, Kapitän, Sie haben es also fertiggebracht, aus England zu entkommen.«

»Jawohl, Bürger General, ich bin seit drei Wochen in Paris.«

»Und haben schon geheiratet, nicht wahr?«

Santhonax nickte, er war sich bewußt, daß der Korse alles über ihn wußte. Der General setzte seinen Marsch fort, den Kopf gedankenvoll gesenkt.

»Ich komme gerade von einer Inspektion der Kanalhäfen zurück, wo ich mich über die Vorbereitungen zur Invasion informiert habe . . .« Er blieb abrupt vor Santhonax stehen. »Was sind Ihre Ansichten über die Durchführbarkeit?«

»Ohne die Seeherrschaft im Kanal ist es unmöglich. Wenn wir nicht zumindest die örtliche Überlegenheit haben, ist jeder Versuch unweigerlich zum Scheitern verurteilt, Bürger General. Die Bedingungen im Kanal können sich schnell ändern, wir müssen ihn aber mindestens eine Woche lang für den Nachschub offenhalten. Die britische Flotte muß, wenn wir sie schon nicht überwältigen können, durch Tricks und Bedrohungen fortgelockt werden.«

»Genau! In diesem Sinne habe ich das Direktorium informiert. Haben wir die Mittel, diese örtliche Überlegenheit zu erreichen?«

»Nein, Bürger General.« Santhonax senkte die Augen vor dem durchdringenden Blick Bonapartes. Während dieser junge Mann die österreichischen Armeen aus Italien verjagt hatte, hatte er selbst vergeblich an dieser Aufgabe gearbeitet, indem er versucht hatte, die holländische Flotte nach Brest zu bringen. Dieser Versuch war vor vier Monaten bei Kampenduin von den Briten vereitelt worden*.

»Wir stimmen in allen Punkten überein, Kapitän«, rief Bona-

* Siehe Richard Woodman: *Kutterkorsaren* (UB 20557)

parte aus. »Das ist ganz ausgezeichnet. Die englische Armee muß an anderer Stelle beschäftigt werden, nicht wahr, Androche?« Er wandte sich an den Husaren. »Das ist Androche Junot, Kapitän, ein alter Freund der Bonapartes.« Die beiden Männer verbeugten sich. »Wie beurteilen Sie die Engländer, Kapitän?«

Santhonax seufzte. »Sie sind eingeschworene Feinde der Revolution, General Bonaparte, und Gegner Frankreichs. Sie verfügen über außergewöhnliche Zähigkeit und dürfen keinesfalls unterschätzt werden.«

Bonaparte schnaubte unwillig. »Trotzdem sind Sie ihnen entkommen, oder? Wie paßt das in Ihre Beurteilung?«

»Nach meiner Ergreifung wurde ich ins Maidstone-Gefängnis gebracht. Einige Wochen später sollte ich nach Portsmouth auf die Gefangenenhulk gebracht werden. Da meine Uniform in der Schlacht bei Kampenduin sehr gelitten hatte, gelang es mir, einem meiner Wärter einen Zivilmantel abzuschwatzen. Während eines Pferdewechsels in Guildford konnte ich dann ausbrechen.«

»Und danach?«

Santhonax zuckte mit den Achseln. »Ich verschwand in der nächsten Gasse und setzte mich in der erstbesten Kneipe in eine Ecke. Ich spreche ein akzentfreies Englisch, Bürger General.«

»Und das?« Bonaparte zeigte auf die Narbe.

»Die Begleitmannschaft suchte nach einem Mann mit einem Gesichtsverband. Also nahm ich ihn ab und drückte mich in eine dunkle Ecke. Ich wurde nicht entdeckt.« Er machte eine Pause, dann setzte er hinzu: »Ich kenne einige Tricks.«

»Ja, ja, Kapitän, mir sind Ihre Verdienste um die Republik bekannt. Sie sind für Ihre Kühnheit und Unerschrockenheit berühmt. Admiral Briux hat eine hohe Meinung von Ihnen, auch wenn Sie zur Zeit beim Direktorium nicht gerade hoch im Kurs stehen.«

Santhonax errötete bei der Erinnerung an seinen Fehlschlag und schwieg.

»Admiral Briux hat Sie für dieses spezielle Kommando vorgeschlagen.« Der General blieb vor Santhonax stehen und blickte ihm direkt ins Gesicht: »Sie sind auf eine Fregatte beordert worden, nicht wahr, Kapitän?«

»Auf die *Antigone,* Bürger General. Sie wird zur Zeit in Rochefort für eine weite Reise ausgerüstet. Die Korvetten *La Torride* und *Annette* sind mir ebenfalls unterstellt. Ich werde den Verband als Kommodore führen, wenn ich meine endgültigen Befehle von Ihnen erhalten habe.«

»Gut, sehr gut.« Bonaparte streckte eine Hand nach dem Sekretär aus, und dieser übergab ihm ein versiegeltes Päckchen. »Die Briten unterhalten eine kleine Flottille im Roten Meer. Das sollte Sie aber nicht beunruhigen. Wie Sie wissen, wird die Armee unter meinem Kommando Ägypten besetzen. Wenn meine Veteranen die Küste des Roten Meeres erreichen, erwarte ich von Ihnen, daß Sie ausreichenden Schiffsraum bereithalten, örtliche Küstenfahrer natürlich, und einen Einschiffungshafen für eine Division hergerichtet haben. Sie werden diesen Verband nach Indien begleiten, Kapitän Santhonax. Kennen Sie sich dort aus?«

»Ich habe unter Suffren gedient, Bürger General. Also werden wir die Briten in Indien das Fürchten lehren!« Santhonax' Augen leuchteten in neu erwachter Begeisterung.

»Sie werden die Vorhut anführen. Paris brennt mir unter den Sohlen, Kapitän. In Indien wartet das Imperium, das Alexander uns hinterlassen hat. Dort erringen wir uns Unsterblichkeit!«

Das war durchaus nicht die Sprache eines blinden Fanatikers; Bonapartes Begeisterung wirkte echt und ansteckend. Nach der Niederlage von Kampenduin und seiner Gefangennahme hatte sich Santhonax ausgebrannt gefühlt. Aber nun, mit den wenigen Worten des dynamischen kleinen Korsen, versank die Vergangenheit. Neue Visionen von Ruhm und Ehre eröffneten sich ihm, aufgezeigt von einem Mann, dem nichts unmöglich schien.

Abrupt hielt Bonaparte ihm das versiegelte Päckchen entgegen. Junot beugte sich vor und flüsterte ihm etwas ins Ohr.

»O ja, Androche erinnert mich gerade daran, daß Ihre Frau eine umschwärmte Schönheit ist. Gut, gut. Heirat bindet einen Mann an seine Heimat, und Schönheit stachelt unsere Ambitionen an, nicht wahr? Sie sollten Ihre Frau heute abend mit in die rue Victoire bringen, Kapitän, meine Frau gibt dort eine Soirée. Sie brauchen erst morgen früh nach Rochefort aufzubrechen. Das wäre alles, Kapitän.«

Als Santhonax den Raum verließ, diktierte General Bonaparte bereits seinem Sekretär.

ERSTES KAPITEL

Februar–Juni 1798

Geleitschutz

Flache Nebelschwaden hingen im Tal des Meon, die fahle Sonne des düsteren Wintertages war noch nicht bis dorthin gedrungen. Unter den tropfenden Ästen der Apfelbäume wanderte Leutnant Nathaniel Drinkwater auf und ab, fröstelnd in der Morgenkühle. Er hatte schlecht geschlafen, ein böser Traum hatte ihn gequält, ausgelöst von den schrecklichen Erlebnissen vor seiner Heimkehr. Die nächtliche Stille des Hauses war ihm nach zwei Monaten Aufenthalt immer noch fremd, er vermißte das vertraute Knarren des Kutters *Kestrel*. So war er leise aufgestanden, ohne seine Frau zu wecken. Nun wanderte er in dem kleinen Garten herum, und die Kälte ließ die Wunde in seinem rechten Arm schmerzen. Das erinnerte ihn wieder an seinen Traum.

Es war Edouard Santhonax gewesen, der ihm diese Wunde beigebracht und von dem er geträumt hatte. Nachdem er sich gesammelt hatte, machte er sich klar, daß Santhonax nun sicher verwahrt war, ein Kriegsgefangener. Was seine bezaubernde Geliebte Hortense Montholon anging, so war sie in Frankreich, wo sie um Brot betteln mußte – der Teufel sollte sie holen. Er fühlte, wie die Sonne durch den Nebel drang, seinen Rücken wärmte und die Schatten der Nacht vertrieb. Die Stürme der letzten Tage waren vorüber und hatten kühlem, aber sonnigem Wetter Platz gemacht. Ein Klicken der Tür rief Nat in Erinnerung, daß er sich in glücklicheren Umständen befand.

Dunkles Haar fiel über Elizabeths Gesicht, und ihre braunen Augen blickten besorgt.

»Geht es dir nicht gut, mein Lieber?« fragte sie zärtlich und legte ihre Hand auf seinen Arm. »Hast du nicht das Klopfen an der Vordertür gehört?«

»Mir geht's gut, Bess. Wer war's?«

»Mr. Jackson von der Post hat den jungen Will von Petersfield mit Briefen für dich geschickt. Sie liegen dort auf dem Tisch.«

»Ich bin ihm für seine Freundlichkeit sehr verpflichtet.« Er wollte ins Haus, aber sie hielt ihn zurück.

»Nat, was bedrückt dich?« Dann fuhr sie etwas leiser fort: »Habe ich dich etwa enttäuscht?«

Er umarmte und küßte sie, dann gingen sie hinein, um die Briefe zu lesen. Den mit dem Siegel der Admiralität öffnete er zuerst:

Sir, mit dem Erhalt dieses Schreibens werden Sie aufgefordert und angewiesen, sich unverzüglich ...

Also wurde er als Erster Offizier an Bord der Brigg *Hellebore* versetzt. Kommandant war Commander Griffiths. Ohne ein Wort gab er den Brief an Elizabeth weiter und nahm den zweiten Brief auf. Er erkannte die zittrige, aber immer noch schwungvolle Schrift.

Mein lieber Nathaniel,
ohne Zweifel werden Sie den Brief Ihrer Lordschaften schon erhalten haben, der Sie an Bord meines Schiffes beordert. Es ist ein neues Schiff und liegt in Deptford. Überstürzen Sie nichts. Ich bin schon an Bord und werde für Sie Dienst tun. Wenn Sie Ende des Monats hier eintrudeln, ist das früh genug. Unsere Besatzung ist fast vollzählig, weil es mir gelungen ist, Kestrels *Mannschaft zum großen Teil zu übernehmen. Wir werden im Geleitdienst eingesetzt. Übermitteln Sie bitte meine besten Grüße an Ihre liebe Frau.*

Ich verbleibe usw.
Madoc Griffiths
P.S. Gestern erreichte mich die Nachricht, daß Monsieur Santhonax ausgebrochen ist und sich bereits seit einem Monat der Freiheit erfreut.

Drinkwater stand wie vom Donner gerührt. Der Alptraum der Nacht fiel ihm wieder ein. Elizabeth beobachtete ihn, die Augen voller Tränen.

»So bald schon, mein Liebling?«

Er lächelte wehmütig.

»Madoc hat meinen Urlaub noch ein wenig verlängert.« Er reichte ihr den zweiten Brief. »Er macht Dienst für mich, denn er hat kein Heim, wohin er gehen könnte.« Er legte einen Arm um ihre Hüfte, und sie küßten sich wieder.

»Komm, wir können die Einrichtung des Hauses in Petersfield noch vervollständigen und deine Köchin wird Ende der Woche eintreffen. Du wirst eine *grande dame* sein.«

»Nimmst du Tregembo mit?«

Er lachte. »Ich bezweifle, daß es in meiner Macht liegt, ihn von mir fernzuhalten.«

Sie verstummten. Elizabeth dachte an die langen vor ihr liegenden Monate der Einsamkeit. Drinkwater aber war schon in Gedanken auf der neuen Brigg. »*Hellebore*«, sagte er, »ist das nicht eine Blume oder so was Ähnliches? Elizabeth – warum, zum Teufel, lachst du?«

Leutnant Richard White hatte die Morgenwache an Bord der *Victory*. Sie führte die Flagge des Earl St. Vincent und stand mit kleinen Segeln auf nordwestlichem Kurs. Der Rest der Blockadeflotte folgte in Linie. Im Osten waren die Mole und der Leuchtturm von Cadiz schwach im Sonnenlicht zu sehen, aber White hatte sein Fernglas auf einen Kutter gerichtet, an dessen Mast ein Signal gesetzt war. Die Flaggen besagten, daß im Norden Segel in Sicht seien.

Ein kleiner Fähnrich kam zu ihm gelaufen. »Das wird der Konvoi sein, Sir.«

»Danke, Mr. Lee. Haben Sie bitte die Freundlichkeit, Ihre Lordschaft und den Kommandanten zu informieren.«

Mr. Lee war zehn Jahre alt und hatte sich White an die Rockschöße gehängt, weil der Leutnant der einzige Offizier an Bord war, der noch kleiner war als er selbst. Unwillkürlich musterte White das Deck, um sicher zu sein, daß jede Leine sauber aufgeschossen an ihrem Platz war, sich jeder Mann auf seiner Station befand und jedes Segel absolut richtig stand, bevor die wachsamen Augen St. Vincents das alles überprüften.

»Guten Morgen, Mylord«, sagte White und wechselte zur Leeseite, als der Admiral wegen des besseren Überblicks auf das

Poopdeck kletterte.

»Guten Morgen, Sir«, antwortete der Admiral mit der ihm eigenen vollendeten Höflichkeit, die seine gelegentlichen strengen Verweise um so eindringlicher machte.

Kapitän Grey und Sir Robert Calder, der Kommodore, kamen nun ebenfalls an Deck, sie wurden vom Ersten Offizier und weiteren Leutnants begleitet. Jede Begegnung mit einem anderen Schiff versprach Abwechslung durch Briefe, Neuigkeiten und Küstenklatsch aus der Heimat.

Der Konvoi war nun klar zu erkennen. Er bestand aus sechs Transportern unter dem Schutz einer Brigg. Vom Mast der Brigg wehte die bunte Reihe eines Flaggensignals aus. Mr. Lee quiekte die Zahlen des Signals in Mr. Whites Ohren, dann verstummte er, weil er das Signalbuch wälzte.

»Briggslup *Hellebore,* Sir, neu in Dienst gestellt unter Commander Griffiths.«

»Danke, Mr. Lee. Brigg *Hellebore,* Kapitän Griffiths, Mylord, mit Geleit.«

»Danke, Mr. White. Haben Sie die Freundlichkeit, ihn zu bitten, ein Boot mit einem Offizier zu schicken.«

»Aye, aye, Mylord.« White wandte sich an Lee, der aber schon eifrig das Signal auf seine Tafel kritzelte und die Flaggennummern an den Signalgast weitergab.

White überlegte, wo er den Namen Griffiths schon gehört hatte. Es dauerte nicht lange, bis er die Antwort bekam. Denn als das Boot der Brigg an den Rüsten der *Victory* festmachte, erkannte er den Offizier, der das Fallreep heraufkam.

»Nathaniel, mein Lieber, also bist du immer noch bei Griffiths. Ich freue mich riesig, dich zu sehen. Und du hast dich herausgemacht.« Er deutete auf den goldenen Ärmelstreifen des Leutnants, als der ihm im Überschwang des Willkommens die Hand schüttelte. »Verdammt, bin ich froh! Aber komm nach achtern, St. Vincent wird unser Geschwätz hier nicht schätzen.«

Drinkwater folgte seinem alten Freund. Es war viele Jahre her, daß er über das Deck eines Flaggschiffs gegangen war. Die geordnete Präzision an Bord der *Victory* ließ die kleinere, ausgepowerte und vom Wetter zerschlagene *Venerable,* sein letztes Flaggschiff, von Admiral Duncan armselig erscheinen.

Drinkwater machte eine kleine und, wie er hoffte, elegante Verbeugung, als er von White dem Earl vorgestellt wurde. Er fühlte sich von einem Paar scharfer alter Augen durchleuchtet, die in einem Gesicht brannten, das jeden Augenblick von Zustimmung zu Ablehnung übergehen konnte.

Lord St. Vincent studierte den Mann, der vor ihm stand. Er war vierunddreißig, schlank und von mittlerer Größe. Sein Gesicht war wettergegerbt, und um Mund und Augen zeigten sich die ersten Falten; über die linke Wange zog sich die weiße Linie einer alten Narbe. Über den Augenbrauen waren blaue Pulverspuren eingebrannt, sie wirkten wie zufällige Tintenspritzer. Das Haar war immer noch von kräftigem Braun und wurde in einem langen Zopf gebändigt. Vielleicht kein Offizier für ein Flaggschiff, entschied der Admiral, aber sicher ein guter, wenn man dem festen, energischen Mund und den entschlossenen Augen trauen konnte. Der Mund war dem Lord Nelsons nicht unähnlich, dachte er in schmerzlicher Erinnerung. Und dieser Nelson hatte sich als eine verdammte Plage erwiesen, seit er seine eigene Flagge hatte setzen dürfen. »Sind Sie verheiratet, Sir?« fragte St. Vincent scharf.

»Äh, jawohl, Mylord«, erwiderte Drinkwater verwundert.

»Schade, Sir, schade. Ein verheirateter Offizier geht dem Dienst zeitweise verloren. Kommen Sie, lassen Sie uns in meine Kajüte gehen und die Befehle für Ihren Konvoi besprechen. Sir Robert, würden Sie uns eine Minute Ihrer Zeit opfern . . .«

Nachdem die Flottengeschäfte erledigt waren, konnte Drinkwater Neuigkeiten mit White austauschen. Währenddessen setzte *Victory* ihre Großmarssegel back und rief *Hellebores* Boot längsseits.

»Wie geht es Elizabeth, mein Freund?«

»Es geht ihr prächtig, und wenn sie gewußt hätte, daß wir uns treffen, hätte sie dich sicher grüßen lassen.«

»Wann wurde deine Beförderung bekanntgegeben, Nat?«

»Nach Kampenduin.«

»Aha, du warst also dabei? Das gibt dir den Vorteil, daß du dich mit der Teilnahme an einer Seeschlacht brüsten kannst.« White grinste. »Sind noch andere alte Kumpane außer Griffiths an Bord eurer Brigg?«

»Aye, Tregembo, an den du dich sicher erinnern wirst, und der alte Appleby.«

»Was, der alte Windbeutel Appleby! Ich will verdammt sein!

Übrigens scheint es ein schnelles, handiges Schiffchen zu sein, Nat.« Er deutete mit dem Kopf auf die Brigg.

»Es ist gut genug, aber du hast mir doch einiges voraus«, erwiderte Drinkwater, mit einer ausholenden Handbewegung die *Victory* und ihr zahlreiches Personal umfassend. »Geleitschutz ist nicht die Gelegenheit, bei der man Lorbeeren ernten kann.«

»Nein, Nat, aber ich wette, daß ihr ins Mittelmeer beordert seid.« Als Drinkwater nickte, fuhr White fort: »Dort steht Nelson vor Toulon, und wo Nelson ist, da warten Ruhm und Ehre.« Whites Augen glänzten. »Wußtest du, daß St. Vincent ihn wieder ins Mittelmeer geschickt hat, obwohl wir es erst letztes Jahr geräumt haben? Vorigen Monat hat er ihn sogar mit Troubridges Küstengeschwader verstärkt. Er hat das ganze Geschwader von der Hafeneinfahrt abgezogen, noch bevor die Verstärkungen unter Curtis eingetroffen waren. Die verfluchten Dons* haben nicht mal gemerkt, daß das Küstengeschwader gewechselt hat. Wie findest du das?« Ohne eine Antwort abzuwarten, tätschelte er gönnerhaft Drinkwaters Arm. »Das Mittelmeer ist der richtige Platz für dich, Nat, Nelson wird eine Schlacht erzwingen.«

»Ich geleite nur einen Konvoi mit einer Brigg, Richard.«

White lachte wieder und streckte ihm die Hand entgegen. »Viel Glück, mein Freund, denn davon hängt letztlich doch alles ab. Das weißt du so gut wie ich.«

Sie schüttelten sich die Hände, Drinkwater stieg in das Boot, das von Mr. Quilhampton befehligt wurde. Der war zwar um zwei Jahre älter als Mr. Lee, hatte aber nur einen Bruchteil von dessen Erfahrung. Überwältigt von dem mächtigen Rumpf der *Victory,* verpatzte er das Ablegemanöver.

»Nur ruhig, Mr. Q. Lassen Sie vorne absetzen, legen Sie jetzt das Ruder hart über – und *nun* Riemen bei! So geht es ganz leicht, sehen Sie«, sagte Drinkwater geduldig; er blickte zurück auf die *Victory,* deren Großmarssegel sich bereits wieder füllte. Vor ihm wiegte sich die kleine, zerbrechlich wirkende *Hellebore* im Schwell der langen flachen Atlantikdünung. Die See glänzte blaugolden im Sonnenlicht, leichte westliche Winde kräuselten die Oberfläche. Dankbar spürte Nat die Sonnenwärme in den Muskeln seines verwundeten rechten Arms.

* Spitzname für Spanier

»*Hecuba* und *Molly* werden uns ins Mittelmeer begleiten, Sir, zu Nelson nach Toulon. Wir sollen so schnell wie möglich versegeln, Sir.« Drinkwater blickte Griffiths an, der sich schwer gegen die Reling legte und auf die stattliche Linie der britischen Kriegsschiffe im Osten starrte.

»*Prydferth, bach,* wunderbar, mein Junge«, murmelte der Waliser. Drinkwater blickte zurück auf ihre Konvoischiffe, deren Marssegel unordentlich backstanden, während sie darauf warteten, ihr Schicksal zu erfahren. Boote näherten sich der Brigg.

»Ich habe die Kapitäne rufen lassen«, erklärte Griffiths.

»Wie geht es heute Ihrem Bein, Sir?« fragte Drinkwater.

Der weißhaarige Alte blickte voll Abscheu auf das krumme, steife Bein herab, das er auf die Lafette einer Kanone gelegt hatte. »Ach, der Teufel soll es holen, es ist eine verdammte Plage. Und jetzt sagt mir Appleby, daß es die Gicht sei. Aber bevor Sie nun die Sprache auf meinen Alkoholkonsum bringen«, fuhr er fort, »möchte ich betonen, daß ich ohne meine Flasche nicht zu ertragen wäre, klar?«

Sie grinsten sich an. Ihre Vertrautheit stand in starkem Kontrast zur Förmlichkeit an Deck der *Victory*. Sie fuhren jetzt seit sechs Jahren zusammen, und ihre Beziehung beruhte auf fester Freundschaft und beruflicher Achtung. Griffiths war ein gebrechlicher Mann, der zeitweise von Malariaanfällen heimgesucht wurde. Er hatte das Kommando als Belohnung für gute Dienste erhalten, die er dem britischen Geheimdienst erwiesen hatte. Ohne *Hellebore* wäre er einsam an Land versauert, ein verbitterter Junggeselle in einer namenlosen Pension. Er hatte Drinkwater als Ersten Offizier angefordert, teils aus Dankbarkeit und teils aus Freundschaft. Obwohl er wußte, daß er damit seine eigene Position absicherte, weil er alles beruhigt an Drinkwater delegieren konnte, beschwichtigte er sein Gewissen damit, daß er dem jungen Mann auch einen Gefallen erwies.

»Sie vergessen, Mr. Drinkwater, daß Sie *Kestrel* nicht in der Schlacht von Kampenduin kommandiert hätten, wenn ich mir nicht das Bein gebrochen hätte.« Drinkwater mußte zustimmen, aber weitere Erörterungen unterblieben, da die Kapitäne der Versorgungsschiffe angekommen waren.

An Steuerbord glühten die braunen Ausläufer des Atlasgebirges im Abendrot. An Backbord liefen die Hügel Südspaniens im Vorgebirge von Tarifa aus. Vor dem Bugspriet der Brigg lag das nachtdunkle Mittelmeer. Das waagrecht einfallende Abendlicht hob alle Einzelheiten ihres Riggs scharf hervor: die scharfen Linien des stehenden und laufenden Gutes, die Blöcke, das rötliche Segeltuch und den unnatürlichen Glanz ihrer Bemalung. Achteraus folgten ihr zu beiden Seiten die dunklen Silhouetten von *Hecuba* und *Molly*. Drinkwater unterbrach seine Wanderung, als der winzige Fähnrich ihm den Weg verstellte.

»Ja, Mr. Q?« Die Offiziere der HM Brigg *Hellebore* hatten es längst aufgegeben, ihre Zungen an dem Namen Quilhampton zu verbiegen. Der Name war bei weitem zu anspruchsvoll für diesen Winzling. Wieder einmal rief der Anblick des Jungen in Drinkwater die Erinnerung an Elizabeth wach, denn er hatte ihm den Platz an Bord auf Drängen seiner Frau verschafft. Mrs. Quilhampton war eine junge adrette Witwe, die seiner Frau gelegentlich in der Schule half. Drinkwater war amüsiert und geschmeichelt gewesen, daß sie ihm genug Einfluß zutraute, einen Günstling unterzubringen, hatte seine Einwilligung unter einem Tarnmantel von Befürchtungen gegeben und war dafür von der Mutter mit einer Umarmung belohnt worden, die an die Grenze des Schicklichen ging. Nun ärgerte ihn das beflissene Gesicht des Jungen, das in ihm immer wieder Erinnerungen weckte.

»Ja«, sagte er kurz angebunden, »was wollen Sie?«

»Verzeihung, Sir, aber Mr. Appleby läßt höflichst fragen, wohin wir bestimmt sind.«

»Wissen Sie das nicht, Mr. Q?« fragte Drinkwater, schon wieder weich werdend.

»Nee ... nein, Sir.«

»Also, was sehen Sie dort an Steuerbord?«

»An Steuerbord, nun, das ist Land, Sir.«

»Und an Backbord?«

»Das ist auch Land, Sir.«

»Aye, Mr. Q, an Steuerbord liegt Afrika und an Backbord Europa. Und was liegt Ihrer Meinung nach dazwischen? Was hat Ihnen Mrs. Drinkwater zu diesem Thema beigebracht?«

»Könnte es das Mi ... das Mittelmeer sein, Sir?«

»Das ist es tatsächlich, Mr. Q«, erwiderte Drinkwater mit einem Lächeln. »Und wissen Sie auch, wer im Mittelmeer das Kommando hat?«

»Natürlich, Sir. Sir Horatio Nelson, Sir«, antwortete der Junge eifrig.

»Sehr gut, Mr. Q. Sie werden jetzt auf kürzestem Weg Mr. Appleby aufsuchen, ihm diese Fakten mitteilen und ihm sagen, daß wir vom Earl St. Vincent Befehl erhalten haben, diese zwei Halunken da hinten bei Konteradmiral Nelson vor Toulon abzuliefern.«

»Aye, aye, Sir.«

»Und, Mr. Q . . .«

»Sir?«

»Informieren Sie bitte Mr. Appleby, daß er einen Becher Roten für mich bereithalten soll, wenn ich bei acht Glasen herunterkomme.«

Drinkwater schaute dem aufgeregten Jungen nach, der hinunterflitzte. Er selbst war genauso neugierig auf Nelson wie der Fähnrich, den Mann, den nach seinem verwegenen Manöver in der Schlacht beim Kap St. Vincent jeder Schuljunge in England kannte. Es gab viele Offiziere, die erwarteten, daß Nelson über kurz oder lang wegen Nichtbeachtung eines Befehls erschossen werden würde. Andere warfen ihm vor, daß er kein Seemann sei. Nun hatte er zwar tatsächlich nicht die Fähigkeiten eines Pellew oder Keats, aber er war ein dynamischer Mann, dessen Fehler mit dem Mantel der Nächstenliebe zugedeckt wurden. Doch wie dem auch sei, Drinkwater kam zu dem Schluß, daß – ganz gleich, was White sagte – *Hellebore* als Brigg zu kaum mehr als ihrer jetzigen Aufgabe taugte.

Er setzte seinen Marsch in der zunehmenden Dunkelheit fort.

ZWEITES KAPITEL

Juli 1798

Nelson

»Sie hat das Signal nicht bestätigt, Sir. Soll ich einen Schuß nach Backbord abgeben lassen?«

Griffiths starrte nach achtern auf die *Hecuba,* deren vorderer Notmast beredt von dem schlechten Wetter draußen zeugte. Sie hinkte in die Bucht.

»Nein, Mr. Drinkwater. Vergessen Sie nicht, daß es sich um einen Frachter handelt, der nur ein Viertel unserer Besatzung hat. Und genau jetzt, *bach,* wird dort jeder alle Hände voll zu tun haben.«

Drinkwater ärgerte die milde Zurechtweisung, aber er schwieg. Diese Woche des Leidens war ohnehin bald vorbei. Südlich von Menorca, wo sie sich am Wind in Richtung Toulon vorangekämpft hatten, waren sie vom Mistral aus Norden mit ungewöhnlicher Stärke überfallen worden. *Hecubas* Fockmast war über Bord gegangen, deshalb waren sie abgefallen und hatten bei Korsika Schutz gesucht. Drinkwater betrachtete die düstere Küstenlinie der Insel. Die scharfen Umrisse der Berge hoben sich dunkel gegen die Morgendämmerung ab. An Backbord bot Kap Morsetta schon etwas Schutz. Langsam schlichen sie ostwärts in die Crovani-Bucht hinein.

»An Deck! Masten recht voraus, Sir!«

Der Ruf kam vom Masttopp, beide Männer hoben sofort ihre Ferngläser. Im Schatten der Küste lag ein dreimastiges Fahrzeug, an seinen Spieren war kein Segel angeschlagen, es ritt den Sturm vor Anker ab.

»Eine Polaccra«, brummte Griffiths. »Wir werden sie untersuchen, wenn diese lahme Ente erst vor Anker liegt.« Er zeigte über die Schulter.

Der Konvoi lief weiter in die Bucht ein. Bald konnte man einzelne Pinien an Land unterscheiden, die gerade und hoch gewachsen waren und hervorragende Masten abgeben würden.

»Bringen Sie das Schiff an den Wind, Mr. Lestock«, befahl Griffiths dem Navigator, einem kleinen, unruhigen Mann, der ständig einen aufgebrachten Eindruck machte.

»Sie können Ihre Kanone abfeuern, wenn unser Buganker fällt, Mr. Drinkwater.«

»Aye, aye, Sir.«

Lestock schrie in sein Sprachrohr, die Männer rannten an die Brassen, dankbar, daß sie endlich in Lee des Landes waren, wo das Deck von *Hellebore* einigermaßen waagrecht blieb. Das Großmarssegel schlug back und übertrug seinen Druck über den Mast und das stehende Gut auf den Rumpf. *Hellebore* kam zum Stehen und nahm langsam Fahrt über den Achtersteven auf.

»Laß fallen!«

Die Axt des Zimmermanns blitzte einmal auf, dann hob sich der Bug der Brigg kurz an, als er vom Gewicht des Ankers befreit war. Sein Klatschen ging im Knall des Sechspfünders unter. Während Lestock und seine Maaten die Segel aufgeien ließen, suchte Drinkwater mit seinem Glas die Bucht ab. *Molly* machte schon Fahrt achteraus, und er sah das Aufspritzen unter ihrem schwerfälligen Bug; ihr Anker war also gefallen. Aber *Hecuba* lief weiter auf die Küste zu, während ihre Besatzung sich bemühte, die Fock aufzugeien. Weil er wegen der Havarie nicht mit den Marssegeln manövrieren konnte, hatte sich ihr Kapitän wohl entschlossen, das große Segel so lange wie möglich stehen zu lassen, und jetzt war etwas schiefgelaufen.

»Warum läßt er das verdammte Ding nicht einfach back kommen«, murmelte Drinkwater vor sich hin. Neben ihm brüllte Lestock: »Aufentern und wegstauen!«

Die Matrosen sprangen eifrig in die Takelage, um die Segel der Brigg ordentlich zu bergen, damit sie schnell von ihren Stationen abtreten konnten.

Endlich begann *Hecuba* in den Wind zu drehen; ihr Großsegel legte sich so in Falten, als ob eine Wäscherin ihre Röcke raffte. Es drückte gegen das Rigg, und vor ihrem Bug klatschte der Anker ins Wasser.

»Der Konvoi liegt vor Anker, Sir«, meldete Drinkwater.

Der Commander nickte. »Es scheint, als habe Ihr Schuß noch weitere Folgen gehabt.« Griffiths deutete auf die Polaccra, die näher am Ufer ankerte, und Drinkwater betrachtete die ihm unbekannte Flagge, die jetzt an ihrem Masttopp auswehte.

»Die Flagge Ragusas, Mr. Drinkwater. Ich möchte schwören, daß Sie sie nicht von der großtürkischen unterscheiden können.«

Drinkwater spürte, wie die Spannung von ihm abfiel. »Sie haben recht, Sir.«

Lestock salutierte vor Griffiths. »Anker hält, Sir, und die Segel sind beschlagen.«

»Sehr gut, Mr. Lestock. Lassen Sie bitte die Männer zum Frühstück pfeifen. Danach soll sich eine Gruppe unter Mr. Rogers' Kommando bereit halten, um der *Hecuba* beim Aufriggen zu helfen. Schicken Sie Ihre beiden Maaten mit hinüber. Ach ja, Mr. Dalziell kann mitgehen. Ich möchte zu gern wissen, ob dieser junge Gentleman uns doch noch von Nutzen sein kann.«

»Aye, aye, Sir. Was ist mit Mr. Quilhampton, Sir? Er ist ebenfalls noch unerfahren.«

Griffiths blickte Lestock mit wachsender Abneigung an.

»Mr. Quilhampton soll mit dem Zimmermann eine Arbeitsgruppe an Land führen. Ich denke, daß uns einige dieser Pinien da drüben sehr willkommen sein werden. Oder sind Sie da anderer Meinung, Mr. Drinkwater?«

»Eine gute Idee, Sir. Was machen wir mit dem Schiff aus Ragusa?«

»Mr. Qs erste Aufgabe wird es sein, den Schiffer um einen Besuch bei mir zu bitten. Und nun, Mr. Drinkwater, Sie waren die ganze Nacht auf den Beinen, wollen Sie mit mir frühstücken, bevor Sie sich aufs Ohr legen?«

Eine halbe Stunde später dehnte sich Drinkwater wohlig mit vollem Bauch; er war noch zu faul, um sich auf den Weg in seine Kammer zu machen.

Griffiths tupfte sich den Mund mit einer gestärkten Serviette ab.

»Ich denke, daß Rogers die Arbeiten auf *Hecuba* überwachen kann«, sagte er.

»Hoffentlich, Sir«, gähnte Drinkwater. »Er legt jedenfalls

keine übertriebene Bescheidenheit hinsichtlich seiner Fähigkeiten an den Tag.«

»Und auch nicht bezüglich seiner Kritik an den Fähigkeiten anderer, Nathaniel«, sagte Griffiths ruhig.

Drinkwater nickte. Der Zweite Offizier strotzte schlicht vor Überheblichkeit; vor einem so alten Hasen wie Griffiths ließ sich das nicht verbergen.

»Das wäre nicht so schlimm, wenn Substanz hinter der Fassade steckte.«

Drinkwater stimmte schläfrig zu, er konnte die Augen kaum noch offenhalten.

»Ich bin viel besorgter wegen Mr. Dalziell.«

Drinkwater zwang sich zur Aufmerksamkeit. »Ja, Sir. Es gibt zwar nichts, wo man ansetzen könnte, aber . . .« Der Satz blieb unvollendet, sein Hirn verweigerte weitere Anstrengungen.

Griffiths rief, und sofort erschien Merrick in dem kleinen rechteckigen Gelaß, das den Offizieren der Brigg als Messe diente.

»Begleiten Sie Mr. Drinkwater in seine Unterkunft, Merrick!«

»Es geht schon, Sir.« Drinkwater erhob sich langsam und steuerte die Tür seiner Kammer an; dabei stieß er gegen die füllige Gestalt des Arztes.

Griffiths betrachtete lächelnd die Ausweichmanöver der beiden; der eine war schlaftrunken ungeschickt, der andere beflissen hilfsbereit. Schließlich setzte sich Appleby an den Tisch.

»Guten Morgen, Sir. Das war eine schreckliche Nacht . . .« Der Schiffsarzt verfiel in eine längere Abhandlung über die Bewegungen einer Brigg im Vergleich zu denen eines Linienschiffes, unter Berücksichtigung ihrer Auswirkungen auf die menschliche Gemütsverfassung. Griffiths hatte längst gelernt, die Tiraden des Arztes über sich ergehen zu lassen, die mit zunehmendem Alter immer häufiger wurden. Griffiths erinnerte sich an ihre frühere gegenseitige Abneigung. Aber das hatte sich alles geändert. Nachdem Griffiths in Great Yarmouth im Herbst des vergangenen Jahres hatte an Land bleiben müssen, war es Appleby gewesen, der ihn dort besucht hatte, als *Kestrel* außer Dienst gestellt worden war.

Es war ebenfalls Appleby gewesen, der die Unfähigkeit der dortigen Ärzte verflucht hatte und beinahe ein Duell mit einem gewissen Dr. Spriggs ausgetragen hätte, weil er mit der Art, wie dieser Griffiths' Oberschenkelknochen gerichtet hatte, nicht einverstanden war. Appleby hätte den Knochen am liebsten wieder gebrochen und neu zusammengefügt, aber das hatte Griffiths verhindert, der das Gefühl hatte, daß ihm die Dinge etwas aus der Hand zu gleiten drohten.

Vor Wut schäumend, hatte Appleby einen Brief an Lord Dungarth geschrieben, in dem er auf die wertvollen Dienste hinwies, die ihm Griffiths als Kommandant des Kutters *Kestrel* geleistet hatte. Daraufhin wurde der auf Halbsold gesetzte Commander mit dem lahmen Bein auf der Brigg *Hellebore* wiederverwendet. Das mindeste, was Griffiths danach tun konnte war, Appleby die Stelle des Schiffsarztes anzubieten, und so waren sie sich in den verflossenen Wochen recht nahe gekommen.

Aber Lord Dungarth hatte die Gelegenheit wahrgenommen, ihnen Mr. Dalziell als Fähnrich aufzubürden. Es wurde bald deutlich, warum der Earl den Jungen nicht auf eine schneidige Fregatte geschickt hatte, obwohl er der Familie Dalziell offenbar verpflichtet war. Griffiths seufzte. Glücklicherweise war Mr. Dalziell nur ein kleines Licht und würde ihm wohl nicht allzuviel Kopfzerbrechen bereiten. Er goß sich neuen Kaffee ein, als Appleby endlich zum Ende kam.

»Und deshalb bin ich überzeugt, Sir, daß die lebhaften Bewegungen einer Brigg zwar eine Vielzahl kleiner Prellungen hervorrufen, aber gleichzeitig dafür sorgen, daß mehr Muskeln produziert und die Körpersäfte besser angeregt werden als beispielsweise auf einem Schiff der ersten Klasse. Dessen schwerfällige Bewegungen können eine Erschlaffung bewirken, die durch den Blockadedienst noch verstärkt wird und so zur Erkrankung und Langeweile führt, den unvermeidlichen Begleiterscheinungen eines solchen Einsatzes. Sie stimmen mir doch zu, Sir?«

»Wie? Oh, Sie haben zweifellos recht, Mr. Appleby. Aber um ehrlich zu sein, ich frage mich, was mit diesen gelehrten Spekulationen zu bewirken ist.«

Appleby seufzte. »Nun ja, Sir, es spielt ja auch keine große Rolle ... Wie lange werden wir hier bleiben?«

»Nur so lange, wie Mr. Rogers braucht, um der *Hecuba* beim Setzen eines neuen Vormastes zu helfen. Gemessen an den Umständen haben die Burschen sich prächtig gehalten.«

»Gewiß. Ich habe nachgedacht, Sir. Nathaniel meinte, man

könnte eine Leine mit einer Rakete hinüberschießen, wenn das ginge ...« Appleby brach ab, als sich der Kopf von Mr. Q um die Ecke schob.

»Entschuldigung, Sir, aber der Kapitän des Schiffes aus Ra ... Rag ...«

»Ragusa«, ergänzte Griffiths.

»Jawohl, Sir. Also, er ist hier, Sir.«

»Dann führe ihn herein, Junge.«

Griffiths ließ Drinkwater gegen Mittag aus tiefem Schlaf wecken. Die kleine Kommandantenkajüte war mit Karten übersät, und Lestock stand in nervöser Bereitschaft mittendrin.

»Ah, Mr. Drinkwater, bitte schenken Sie sich ein Glas ein.« Griffiths deutete auf eine Karaffe, die sein geliebtes *sercial* enthielt. Während der Leutnant dieser Aufforderung nachkam, gab Griffiths eine Zusammenfassung der Ereignisse vom Morgen.

»Der Mistral, der verhinderte, daß wir nach Toulon weiterlaufen konnten, war ein Glück im Unglück.« Drinkwater sah Lestock weise Zustimmung nicken. »Daß wir ablaufen mußten, hat wahrscheinlich verhindert, daß wir in die Hände der Franzosen fielen.«

Immer noch müde, runzelte Drinkwater ungläubig die Stirn. Nelson blockierte doch Toulon, worauf, zum Teufel, wollte Griffiths hinaus?

»Die Franzosen sind draußen, irgendwo im östlichen Mittelmeer. Die Polaccra hatte bei Kap Passaro am 21. Juni mit Nelson Verbindung, also vor zwei Wochen. Sie ist auf dem Weg nach Barcelona und wurde vom Admiral nach dem Verbleib der französischen Armada befragt.«

»Armada, Sir? Sie meinen eine Invasionsflotte?«

Griffiths nickte. »Genau das meine ich, *bach. Myndiawl,* sie sind Nelson entwischt!«

»Konnte der Raguser Sir Horatio irgendwelche Hinweise liefern?«

»Doch, das konnte er. Die Polaccra hat die gesamte Flotte passiert. Sie lag auf Ostkurs ...«

»Nach Osten? Und Nelson ist ihr umgehend gefolgt?«

»Ja, natürlich. Und wir müssen ihm folgen.«

Drinkwater mußte die Neuigkeit erst verdauen. Nach Osten?

Während seines ganzen bisherigen Dienstes hatte sich die Royal Navy bemüht, eine Vereinigung der französischen Mittelmeerflotte aus Toulon mit der Atlantikflotte in Brest zu verhindern. Solch eine Flottenkonzentration im Kanal durfte nicht geduldet werden, und auch sein gesamter Einsatz auf *Kestrel* hatte diesem Ziel gedient. Aber nach Osten? Das ergab keinen Sinn, außer man deutete es als großangelegte Finte. Die Franzosen gewannen Zeit, sie konnten im östlichen Mittelmeer ihre Besatzungen drillen und Nelson hinter sich herlocken – ein so ungestümer Offizier würde sich nicht abwartend verhalten. Dann konnten sie hoffen, nach Westen zu entkommen, durch die Straße von Gibraltar zu schlüpfen, St. Vincent vor Cadiz zu überraschen und sich mit der spanischen Flotte zu vereinigen.

»Weiß Ihr Informant, wer der französische Oberbefehlshaber war, Sir?«

»Kein geringerer als Bonaparte«, antwortete Lestock ruhig.

»Bonaparte! Aber wir haben doch in der Zeitung gelesen, daß Bonaparte die Englandarmee kommandiert. Ich erinnere mich, daß Appleby spottete, die englische Armee habe schon lange auf solch ein militärisches Talent gewartet.«

»Mr. Applebys Witze können einem das Blut in den Adern gerinnen lassen, Mr. Drinkwater«, sagte Lestock ohne die Spur eines Lächelns.

Drinkwater wandte sich wieder an Griffiths.

»Sie sagten, wir wollen Nelson folgen. Zu welchem Treffpunkt, Sir?«

»Was würden Sie vorschlagen, Mr. Drinkwater? Mr. Lestock?«

Lestock begann nervös: »Nun, Sir, ich, äh . . . meine, da wir keinen vereinbarten Treffpunkt haben, sollten wir, äh . . .«

»Nach Malta, Sir!« unterbrach ihn Drinkwater abrupt. »Wenn die Franzosen wieder zum Atlantik durchbrechen wollen, haben wir da Platzvorteile. Außerdem dürften dort zweifellos Befehle für uns deponiert sein.«

»Nein, Mr. Drinkwater. Ihre Überlegungen sind zwar völlig richtig, aber der Raguser hat uns erzählt, daß Malta inzwischen von den Franzosen besetzt worden ist.« Griffiths stellte sein Glas ab und nahm den Zirkel auf, um ihn als Zeigestock zu benutzen. »Wir werden nach Süden gehen, durch die Straße von Bonifacio, und nach Neapel segeln. Dort werden vielleicht Neuigkeiten für uns bereitliegen – oder hier in Messina – oder hier in Syrakus.«

Aber in Neapel gab es keine Neuigkeiten für sie, wenn man davon absah, daß Nelsons Flotte am 17. Juni dort haltgemacht hatte. Doch diese Nachricht war älter als die der Polaccra. Also ging Griffiths nicht erst vor Anker, und seine Männer konnten nur gierig den legendären Hafen anstarren. Die ockerfarbenen Paläste und Wohnhäuser boten aus der Ferne einen einladenden Eindruck, und die Seebrise erlaubte ihnen einen atemberaubenden Blick über die blauen Wasser der Bucht bis zum schwarzen Massiv des Vesuvs im Hintergrund.

»Bei Gott, da möchte ich mal eine Nacht durchmachen«, grübelte Rogers, der sich beim Wiederauffriggen der *Hecuba* bewährt hatte und nun wohl der Meinung war, daß er sich Ausschweifungen in Neapel verdient hätte.

Appleby, der in Hörweite stand und das Grinsen der Seeleute sah, bemerkte: »Seien Sie froh, daß Sie einen weisen Kommandanten haben, Mr. Rogers. Die neapolitanischen Pocken sind als sehr ansteckend bekannt und wegen ihrer Unheilbarkeit gefürchtet.«

Rogers wurde bleich wie die Wand, und die Männer schossen die Fallen mit ungewohnter Hast auf.

Hellebore arbeitete sich nun langsam nach Süden vor, durch die Inseln des Tyrrhenischen Meeres und die enge Straße von Messina. Aber keine Nachrichten über Nelsons Verbleib erreichten sie – oder über den der Franzosen. Am 16. Juli lief der Konvoi in die Bucht von Syrakus ein, um Holz und Wasser zu übernehmen. Sie wurden herzlich empfangen. Durch die Vermittlung des britischen Botschafters am Hofe Beider Sizilien, Sir William Hamilton, wurde den Briten die Möglichkeit gegeben, ihre Schiffe auszurüsten und zu verproviantieren.

»Es scheint«, sagte Griffiths zu den versammelten Offizieren, »daß Sir Horatio Syrakus als Basis gewählt hat. Wir brauchen nur abzuwarten.«

Sie warteten drei Tage. Kurz vor Mittag des Neunzehnten stand die britische Flotte mit *Leander* an der Spitze vor der Hafeneinfahrt. Drei Minuten nach drei Uhr nachmittags hatten die vierzehn Linienschiffe unter dem Kommando von Konteradmiral

Nelson geankert, und innerhalb einer Stunde waren ihre Boote über die Bucht ausgeschwärmt. Die Besatzungen schleppten sich mit Holz und Wasserfässern ab, die Zahlmeister durchstreiften die Märkte nach Gemüse und Fleisch.

Hellebores Beiboot wurde zielstrebig durch das Durcheinander der Boote gerudert, bedrängt von örtlichen Bumbooten, die auf gute Geschäfte mit der Flotte hofften. Die Burschen der Offiziere erstanden Hühnchen, um die Mahlzeiten ihrer Herren aufzubessern, und daneben entwickelte sich ein schwungvoller, heimlicher Handel mit eingeweidezerfressendem Schnaps. Die Geschäftigkeit hatte eine Zielstrebigkeit an sich, die ansteckend wirkte, und Drinkwater mußte sich zwingen, eine fast kindliche freudige Erregung zu unterdrücken. Neben ihm saß Griffiths mit steinernem Gesicht. Weiße, unordentliche Haarsträhnen lugten unter seinem neuen, glänzenden Dreispitz hervor. Drinkwater fühlte eine Welle der Sympathie für den alten Mann mit der einzelnen glitzernden Epaulette. Griffiths fuhr seit einem halben Jahrhundert zur See. Er hatte als Steuermann auf Sklavenschiffen gedient, bevor er zur Kriegsmarine gepreßt worden war. Er war alt, erfahren und fähig genug, um das Kommando über diese ganze Flotte zu führen, aber der Mann, der sie tatsächlich befehligte, war nur wenige Jahre älter als Drinkwater.

»Sie kommen besser mit mir«, hatte Griffiths gesagt, als er seinem Ersten Offizier erlaubte, ihn an Bord der *Vanguard* zu begleiten. »Ich sehe doch, daß Sie ganz versessen darauf sind, einen Blick auf diesen Nelson zu werfen.«

Drinkwater schaute Quilhampton an, der seine Neugier teilte. Mr. Qs Hand lag nervös auf der Pinne des Bootes. Der Junge wirkte konzentriert, er kümmerte sich nicht um den prachtvollen Anblick britischer Seemacht, die ihn umgab.

»Boot ahoi!« Der Ruf kam vom Deck des Flaggschiffes, das über ihnen aufragte. Spieren und Rigg zeichneten sich schwarz gegen den leuchtenden Himmel ab, am Besanmast flatterte die blaue Flagge eines Konteradmirals. Drinkwater wollte Quilhampton schon ermahnen, als der Junge sich erhob, sich räusperte und mit wohlklingendem Sopran: »Hellebore!« herausschmetterte. Damit wurde die Anwesenheit eines Kommandanten gemeldet. Quilhampton bemerkte erfreut das kleine zufriedene Lächeln, das ihm Mr. Drinkwater zukommen ließ.

An der Eingangspforte begrüßten vier weißbehandschuhte Decksläufer und ein Bootsmannsmaat den Commander und seinen Ersten Offizier. Der Wachoffizier bat sie achtern, sich etwas zu gedulden, während er sie dem Halbgott meldete, der unter der Poop residierte. Neugierig blickte sich Drinkwater um. *Vanguard* war kleiner als Nelsons frühere *Victory,* nur ein Zweidecker mit vierundsiebzig Kanonen, aber es herrschte dieselbe präzise Ordnung, allerdings gemischt mit noch etwas anderem. Man spürte es an der Art, wie die Leute ihrer Arbeit nachgingen; wie die Seeleute mittschiffs die leeren Wasserfässer zur Gangway rollten, wie ein Geschützführer auf dem Quarterdeck die Feuersteine der achteren Karronaden auswechselte. Alle schienen sich bewußt, daß sie an einer großen Aufgabe mitarbeiteten. Später erinnerte sich Drinkwater noch oft an diesen Eindruck, diesen Eigenantrieb, der die Anstrengungen vervielfältigte und bekannt wurde als *Nelson touch.* Dies beeindruckte ihn mehr als das berühmte, vielbeschriebene Manöver sieben Jahre später bei Trafalgar, das Nelson die Unsterblichkeit brachte.

»Sir Horatio wünscht Sie jetzt zu sehen, Sir«, teilte ihnen der Leutnant bei seiner Rückkehr mit. Drinkwater folgte Griffiths, die zurückweisende Handbewegung des Diensttuenden übersehend. Sie traten unter einer Reihe lederner Feuerpützen hindurch in den Schatten der Poop, kamen an der Kapitänskajüte mit ihrem stocksteifen Wachsoldaten vorbei und betraten die Kajüte des Admirals. Sir Horatio Nelson erhob sich hinter seinem Schreibtisch, und Griffiths stellte Drinkwater vor, der sich höflich verbeugte.

Die kleine Statur Nelsons enttäuschte Drinkwater zunächst, er hatte ihn sich anders vorgestellt. Enttäuschend war auch der abgetragene Uniformrock und der unordentliche Schopf ergrauenden Haares. Aber bald verlor sich diese erste Enttäuschung, als der Admiral Griffiths über die Ausrüstung von *Hecuba* und *Molly* befragte. Seiner Sprache fehlte die übliche Förmlichkeit, er strahlte Vertrauen aus, das er sogleich auf andere übertrug. Eine Aura des Besonderen umgab den kleinen Mann. Er wirkte weitaus älter als neununddreißig Jahre, seine Gesichtszüge waren fein geschnitten, die Haut wirkte über den Wangenknochen fast durchsichtig. Seine große Nase und der breite, bewegliche Mund schienen irgendwie überdimensioniert im Vergleich zum übrigen Körper. Das verbliebene Auge war von blauer Farbe und blickte scharf und aufmerksam, der leere Jackenärmel legte Zeugnis für Nelsons Unerschrockenheit ab.

»Wissen Sie etwas über meine Fregatten, Kapitän?« fragte er Griffiths. »Der Mangel an Fregatten macht mich ganz verrückt. Die Franzosen sind mir entwischt, Sir, und ich habe nur eine Brigg zur Verfügung, als Aufklärer für eine ganze Flotte.«

Drinkwater spürte die nagende Frustration dieses ausgezeichneten Flaggoffiziers. Er konnte das Gefühl der Amputation nachempfinden, weil er seiner spähenden Augen beraubt war. In dem Sturm, der die *Vanguard* entmastet hatte, waren seine Fregatten versprengt worden. Die *Vanguard* konnte mit Bordmitteln wieder einsatzbereit gemacht werden, und die restliche Flotte war eindrucksvoll genug, um den Franzosen Angst und Schrecken einzujagen – wenn dieser einarmige Dynamo sie nur zu fassen kriegte.

»Da wäre noch die *Hellebore,* Sir Horatio«, bot Griffiths bereitwillig an.

»Gewiß, Kapitän, wenn der Verbleib der Franzosen meine einzige Sorge wäre. Aber ich weiß, daß ihre Flotte außer aus Linienschiffen, Fregatten, Mörserschiffen und so weiter auch noch aus dreihundert Truppentransportern besteht. Eine Armada also, die Sizilien mit günstigem westlichem Wind verlassen hat. Klar, daß ihr Ziel im Osten liegt. Ich denke, daß sie einen ägyptischen Hafen erobern und sich an der Spitze des Roten Meeres festsetzen wollen, um von dort aus eine ungeheure Armee in Richtung Indien in Marsch zu setzen. Diese könnte dann erfolgreich mit dem rebellischen Tipoo Sahib zusammenwirken. Nein, Kapitän, ich kann mir den Luxus nicht erlauben, *Hellebore* bei mir zu behalten...«

Der Admiral schwieg, und Drinkwater wartete besorgt; dann traf Nelson seine Entscheidung.

»Es kann mich meinen Ruf kosten, aber das muß hinter meinen Verpflichtungen zurückstehen. Und dazu gehört, daß ich die Offiziere unserer Flottenbasen davon unterrichte, in welcher Gefahr sie schweben. Ich habe schon an Mr. Baldwin, unseren Konsul in Alexandrien, geschrieben, ob die Franzosen bereits Schiffe im Roten Meer stationiert haben. Doch bis jetzt habe ich keine Antwort. Deshalb, lieber Griffiths, sollen Sie unverzüglich Wasser und Holz übernehmen und dann ein Boot herüberschicken, das Ihre schriftlichen Befehle abholt. Wenn Sie alles vorbereitet haben, sollen Sie ins Rote Meer versegeln.«

Drinkwater fühlte, wie sein Mund trocken wurde. Die Fahrt zum Roten Meer und zurück, um das Kap der Stürme an der Südspitze Afrikas, das bedeutete eine Reisedauer von mindestens einem Jahr. Und Elizabeth hatte ihm für den Sommer ein Kind angekündigt.

DRITTES KAPITEL

Juli–August 1798

Die Brigg

Leutnant Drinkwater blickte achteraus. Er beobachtete, wie die auflaufenden Seen das Backbordheck anhoben und vorwärtsschoben; dann waren sie unter dem Kiel durch, und das Schiff senkte sich langsam in den folgenden Wellentrog. *Hellebore* trug alle Arbeitssegel einschließlich der Bramsegel. Sie stürmte vor dem Passat nach Südwesten, die Küste Mauretaniens lag fünfzig Meilen im Osten.

Drinkwater sah, daß Mr. Quilhampton das Logg auslaufen ließ, und erwartete die Meldung des Jungen. Der Quartermaster bestätigte, daß sie volle sieben Knoten liefen. Irgend etwas hinderte ihn daran, sich vom Bild des grün-weiß schäumenden Kielwassers loszureißen, das unter dem Heck hervorstrudelte und sich als unregelmäßiges Band in der Ferne verlor, verschoben durch das Gieren des Schiffes und die brechenden Wellen. Da und dort stürzte sich ein Seevogel in das aufgewühlte Wasser.

Drinkwater war niedergeschlagen gewesen, als sie die Straße von Gibraltar passierten, da es ihm nicht gelungen war, einen Brief an Elizabeth abzusenden. Die Überfahrt von Syrakus war zu flott gegangen und die Befehle des Admirals waren zu dringlich gewesen. Nun würde er sie erst nach der Geburt des Kindes wiedersehen und bedauerte nur, daß er ihr den überstürzten Abschied nicht erleichtern konnte.

Er spürte, daß sich neben ihm etwas bewegte, und wollte sich die Störung schon verbitten. Aber es war Tregembo. »Verzeihung, Sir.« Der Vollmatrose, der zehn Jahre älter war als er, hatte sich ihm vor langer Zeit freiwillig und mit rührender Anhänglichkeit angeschlossen. Er hatte ihre Bindung noch verstärkt, indem er Elizabeth mit einer Köchin, seiner Frau Susanne, versorgt hatte. Denn Tregembo war der Meinung, daß es Sicherheit bedeutete, wenn man bei den Drinkwaters in Diensten stand.

»Was gibt es?« knurrte dieser.

»Ihr Degen, Sir. In einer Viertelstunde ist es Zeit zum Appell.«

Drinkwater blickte schuldbewußt auf das Stundenglas im Kompaßhaus und ergriff seinen Degen. Seit sie das Mittelmeer verlassen hatten, war von Griffiths das Drei-Wachen-System eingeführt worden. Das war für die Männer angenehmer und besser der langen Reise angepaßt, die vor ihnen lag. Damit gab es keine Hundewachen mehr, aber um fünf Uhr nachmittags Bordzeit wurde Klar-Schiff-zum-Gefecht befohlen, um ihnen allen die Ernsthaftigkeit ihrer Aufgabe vor Augen zu führen.

Drinkwater wandte sich nach vorn und überblickte das Deck der *Hellebore*. Sie war ein schmuckes Schiffchen, eins der neuen Klasse von Briggslups, die als Geleitfahrzeuge und Handelsstörer eingesetzt wurden. Er stand auf der kleinen, erhöhten Poop, die auch den Kopf des Ruderschafts abdeckte. Direkt vor der Poop wurden die Steuerleinen über Blöcke zum Ruderrad geführt, wo auch das Kompaßhaus stand. Davor befanden sich Skylight und der Niedergang zu den Kammern der Offiziere. Unter dem Skylight lag ein Vorraum, der den beiden Leutnants, dem Navigator, dem Arzt und dem Zahlmeister als Messe dient. Ihre Kammern mußten sie von dort aus betreten. Auch Griffiths aß hier, es sei denn, daß er es vorzog, allein in seiner Kajüte zu speisen, die am Heck lag und ebenfalls nur durch die Messe erreichbar war. Vor dem Niedergang zu diesen Unterkünften erhob sich der Großmast, umgeben von Belegbänken, aufgeschossenem Tauwerk, Pumpenschwengeln und Rohrleitungen. Zwischen dem Groß- und dem Vormast bedeckten Grätings die Kuhl, verschafften aber den Wohnräumen darunter nur mäßige Ventilation. Beim ersten Anzeichen von schlechtem Wetter wurden sie überdies mit Persenningen abgedeckt. Unmittelbar vor dem Vormast ragte der Kombüsenschornstein empor, direkt daneben lag der Niedergang zum Mannschaftsdeck. Dort hausten die hundert Besatzungsmitglieder mit ihren Hängematten in drangvoller Enge. Die Quartiere der Deckoffiziere und die Vorratsräume hatten irgendwie noch unter dem kleinen dreieckigen Vordeck Platz gefunden. Eine winzige erhöhte Plattform diente als Back. Sie bot gerade genug Platz für die Bedienung der Vorsegelschoten und für die Kranbalken der Anker.

Die Brigg war mit zwanzig Geschützpforten konstruiert worden, aber der Platz war im Vorschiff so beengt, daß die vorderen beiden leer bleiben mußten. Die übrigen Pforten hatten eiserne Sechspfünder erhalten. Diese Kanonen blieben ein beliebtes Diskussionsthema unter den Offizieren. Viele Schiffe gleicher Größe waren mit kurzläufigen Karronaden ausgerüstet, die zwar nur eine begrenzte Reichweite aufwiesen, aber eine verheerende Feuerwirkung erzielen konnten. Sie verliehen den kleinen Schiffen im Nahbereich eine Feuerkraft und ein Geschoßgewicht, die es ihnen erlaubten, sich mit einer Fregatte der sechsten Kategorie zu messen. Aber die *Hellebore* war von einem Traditionalisten ausgerüstet worden, der an den Langrohrgeschützen festgehalten hatte, von denen jedes mit einem durch Segeltuch geschützten Feuersteinschloß versehen war. Die einzige Karronade an Bord war das zwölfpfündige Bootsgeschütz, das unter der Back festgelascht lag.

Drinkwater stieg vom Poopdeck, als Griffiths erschien. Das Stundenglas war herumgedreht und die Besatzung auf Gefechtsstationen gepfiffen worden. Die Leute rannten bereitwillig an ihre Plätze, die Bootsmannsgehilfen schwangen zwar hier und dort ihre »Starter«, aber mehr der Form halber als aus Notwendigkeit. Drinkwater achtete nicht darauf, er beobachtete, wie seine mühsam erarbeitete Gefechtsrolle sich in der Praxis bewährte. Die Geschützmannschaften hasteten zu ihren Stücken, warfen die Laschings los und senkten die Rohre von den hölzernen Querbalken über den Geschützpforten. Die Pforten wurden geöffnet, die bunten Mündungsschoner entfernt, und die Männer warfen sich mit ihrem vollen Gewicht in die Richttaljen. Unregelmäßig, aber nicht allzu unterschiedlich rumpelten die Lafetten über das Deck. Nach und nach hoben die Geschützführer zum Zeichen ihrer Bereitschaft den rechten Arm, ihre Mannschaft kniete in der vorgeschriebenen Stellung. Anders als auf einer Fregatte gab es keine Schotten, die gelegt werden mußten, da *Hellebore* ihre gesamte Artillerie auf dem Oberdeck trug; kein Trommler der Seesoldaten schlug den *rafale*. Es eilten auch nicht Dutzende von Offizieren umher, nachdem der Stückmeister im Magazin verschwunden und Lestock mit Drinkwater auf dem Achterdeck erschienen war. Ein Geschützführer hatte in jeder Abteilung die Aufsicht, ein Steuermannsgehilfe befehligte jeweils eine Batterie. Der Zweite Offizier Rogers kommandierte jeweils auf der Gefechtsseite, von Mr. Quilhampton als Melder unterstützt. Dalziell, der einzige etatmäßige Fähnrich, der einer Brigg zustand, führte die Feuerlöschmannschaften an, jeweils zwei Mann von jeder Geschützbedienung. Drinkwater selbst befehligte die Entermannschaft, Lestock war für die Segelführung verantwortlich. Die Leute in den Mastkörben, die Toppgasten und die Scharfschützen unterstanden ebenfalls Drinkwater.

Er blickte zum Großtopp auf, wo Tregembo als Vormann bestätigend den Knöchel an die Stirn legte; im Vortopp meldete ein gewisser Kellet ebenso die Einsatzbereitschaft seiner Leute. Drinkwater meldete Griffiths: »Hauptbatterie feuerklar, Sir, ich gehe unten kontrollieren.«

»Sehr gut.«

Es war nur eine Formalität. Unter dem Oberdeck hatte *Hellebore* Lagerräume, die aus verschiedenen Plattformen bestanden. Das Wohndeck über dem Laderaum war nicht höher als fünf Fuß. Im düsteren Stauraum für die Hängematten fand Drinkwater den Zimmermann mit seinen zwei Gehilfen, ihrem Werkzeug und einem Sack hölzerner Pflöcke, mit denen im Ernstfall Einschüsse verschlossen werden sollten. »Alles in Ordnung, Mr. Johnson?«

Der Mann grinste. »Alles klar, Mr. Drinkwater.« Sein zerfurchtes Gesicht und sein Liverpooler Akzent erinnerten Drinkwater an *Kestrel;* damals hatte eben dieser Johnson das Ankertau mit der Axt gekappt, als sie in einer schrecklichen Nacht schleunigst von der französischen Küste verschwinden mußten. Das war vor zwei Jahren gewesen.

Er ging weiter und stieg eine zweite Leiter hinab, an deren Fuß er den leise vor sich hinpfeifenden Appleby fand, der sich über seine geöffnete Kiste mit den schrecklichen Instrumenten beugte. Lampenlicht glänzte matt auf Kugelzangen, Sägen, Sonden und Haken. Applebys zwei Gehilfen saßen auf umgedrehten Wannen, die für die Aufnahme amputierter Glieder bestimmt waren, und schärften chirurgische Instrumente. Hier herrschte eine ganz andere Stimmung. Drinkwater hob eine Augenbraue, Appleby nickte kurz angebunden zurück. Damit brachte er die grundsätzliche Gegnerschaft seines Berufsstandes zu dem des Kriegers zum Ausdruck.

Drinkwater ging weiter nach achtern, wo unter den Räumen der Offiziere das Pulvermagazin lag. Dort betrug die Kopffreiheit nur vier Fuß. Trussels Gesicht spähte durch die Falten des Fellvorhangs.

»Fertig, Mr. Trussel?«

»Aye, Sir, ich bin fertig, wenn Sie es sind.« In dem häßlichen Gesicht dominierten die gelben Augen, die im Schein der Blendlaternen funkelten.

Drinkwater mußte an eine Bemerkung Applebys über die Physiognomie des Stückmeisters denken: »Sein Arsch ist so oft nur sechs Zoll von der Ewigkeit entfernt, das muß sich in seinem Gesicht niederschlagen.« Der bizarre Kopf des Stückmeisters, durch den Fellvorhang noch betont, kontrastierte scharf zu dem Quartett der Pulveräffchen – Jungen von acht oder neun Jahren, die zusammengekrümmt darauf warteten, die Kartuschen vorsichtig wie heiße Kartoffeln an Deck zu tragen.

Drinkwater kehrte ins Wohndeck zurück und kam am Koch und seinem Gehilfen vorbei; Dampfschwaden vom Löschen des Herdfeuers umwehten sie. Der Zahlmeister stand auf seiner Station bei der Deckwaschpumpe. Er blinzelte in die ungewohnte Helligkeit.

»Schiff ist klar zum Gefecht, Sir!« meldete er.

»Sehr gut. Mr. Rogers, eine Breitseite nach Backbord bitte, drei schnelle Salven, jeweils eine Kugel!«

»Aye, aye, Sir.«

Drinkwater beobachtete, wie Rogers seinen Degen blankzog, wie Quilhampton nach achtern lief und um Pulver rief. Auf einem so kleinen Schiff und einer so langen Reise lehnte es Griffiths ab, die Kanonen ständig geladen zu lassen. Er hielt das dann notwendige morgendliche Freischießen der Rohre, um das feucht gewordene Pulver zu ersetzen, für eine teure Extravaganz. Die beiden Pulveräffchen, die der Backbordbatterie zugeteilt waren, tauchten auf und hasteten zwischen den Sechspfündern umher. Die Kartuschen, Stopfen und Kugeln wurden eingerammt, die Geschützführer setzten die Lunten an, während Rogers schrie: »Spannt die Schlösser!« Die Besatzungen zogen sich zurück, die Geschützführer strafften die Abzugsleinen, jeder von ihnen hob seine freie Hand.

»Backbordbatterie feuerbereit, Sir!« meldete Rogers.

»Sie können das Feuer eröffnen«, sagte Griffiths.

»Feuer!«

Der Donner, der aus Rauchwolken und Blitzen rollte, klang mit dem Gerumpel der im Rückstoß nach innen fahrenden Lafetten zusammen. Tägliches Exerzieren hatte die Breitseite nahezu perfekt gelingen lassen.

»Schnellfeuer ohne Ausführungsbefehl!«

In den nächsten zwei Minuten wurde an Backbord hektisch ausgewischt und nachgeladen, wurden Geschütze ausgerannt und abgefeuert. Die Kameraden der Steuerbordseite beobachteten alles mit wachsamen Augen.

»Nummer zwei und acht sind am schnellsten, Sir«, überschrie Drinkwater den Lärm.

»Warten Sie's ab. Wenn wir bekalmt liegen und Sie auf Ziele schießen lassen, Mr. Drinkwater, dann kommt es nicht auf bloße Schnelligkeit, sondern auf Genauigkeit an.«

Kanone acht war bereits wieder gesichert, die Bedienungsmannschaft kniete straff aufgerichtet neben ihrer Waffe. Die bloßen Oberkörper hoben und senkten sich keuchend.

Da erscholl auf dem Vorschiff ein gellender Schmerzensschrei. Im Bemühen, nicht die letzten zu sein, hatte die Crew Nummer vier zu früh gefeuert, und die zurückschnellende Lafette war dem Mann an der achteren Trimmtalje über den Fuß gerollt. Er lag wimmernd an Deck. Blut lief ihm aus dem Mund, er hatte sich die Zunge zerbissen. Sein rechter Fuß war eine blutige Masse.

Drinkwater rannte nach vorn.

»Mr. Q, warnen Sie den Arzt vor! Sie dort, Stokely, fassen Sie mit an!«

Sie zogen den Verletzten aus dem Bereich der Kanone, Drinkwater nahm das Kopftuch des Matrosen und band ihm damit das Bein ab. Als die Tragbahre kam, war er ohnmächtig geworden.

»Alle Geschütze sichern! Sichern dort drüben!« bellte Rogers und trieb die Männer wieder an die Arbeit. Nachdem der Verletzte hinuntergebracht worden war, wurden die Kanonen mit größter Erhöhung der Rohre gegen die Querbalken gefahren. Die

Geschützpforten wurden geschlossen und die Laschings dichtgesetzt.

»Beide Batterien gesichert, Sir«, meldete Rogers. »Dieser verdammte Narr hatte seinen Fuß im Weg ...«

»Das reicht, Mr. Rogers!« schnaubte Griffiths; Zornesröte stieg ihm ins Gesicht, die buschigen weißen Augenbrauen zogen sich drohend über der Nasenwurzel zusammen. »Lassen Sie die Männer von den Gefechtsstationen wegtreten, Mr. Drinkwater.« Ärgerlich verschwand der Kommandant nach unten.

Rogers blickte Drinkwater so kläglich an, als erhoffe er von ihm Beistand. »Alter Bastard«, murmelte er.

Drinkwater musterte den jungen Leutnant lange und merkte zum ersten Mal, daß er ihn nicht leiden konnte. »Machen Sie weiter, Mr. Rogers. Ich habe an Deck zu tun.« Damit ging er nach vorn.

Rogers drehte sich nach achtern um, wo Fähnrich Dalziell Signalbuch und Kladde zusammenpackte. »›Ich habe an Deck zu tun‹«, äffte Rogers den Ersten nach und sah dankbar, daß Dalziell ihm verschwörerisch zugrinste.

Die Sonne ging mit prächtigen Farben unter. Danach ließ Drinkwater die Boote überprüfen, die zu beiden Seiten in den neumodischen Davits hingen, für den Fall, daß sie während der Nacht gebraucht wurden. Die Deckswache kontrollierte auch die Laschings der vier langen Pinienstämme, die außenbords befestigt waren, weil sich innen kein Platz mehr gefunden hatte. Dabei wurde Drinkwater bewußt, daß er seine Niedergeschlagenheit weitgehend abgeschüttelt hatte. Schuldbewußt mußte er sich eingestehen, daß der Unfall und Rogers' Mangel an Mitgefühl ihn wieder an seine Pflichten erinnert hatten. Die Worte des Earl of St. Vincent kamen ihm in den Sinn: »Ein verheirateter Mann geht dem Dienst zeitweise verloren ...«

Das durfte nicht der Fall sein. Er hatte eine Verpflichtung gegenüber dem Schiff, gegenüber Griffiths und seinen Männern und besonders gegenüber Elizabeth und dem Kind, das in ihr wuchs. Und seine Arbeit gelang ihm am besten, wenn er sie mit Freude und Fleiß anpackte. Sie hatten einen langen Weg vor sich – und einen noch längeren zurück.

Bei acht Glasen ging Drinkwater zu Appleby hinunter, der, obwohl frisch gewaschen, noch immer nach geronnenem Blut roch,

aber mit Appetit seinen Schiffszwieback aß und an seinem Wein-
nippte.

»Wie geht es dem Kranken?« fragte Drinkwater, Mantel und
Hut in seiner Kammer aufhängend. Er trat zum Arzt in die Messe.
»Es war Tyson, nicht wahr?«

»Ja. Es geht ihm den Umständen entsprechend gut.« Krümel
sprühten von Applebys Lippen. »Da wir uns nicht im Gefecht befanden, konnte ich mir die nötige Zeit für ihn nehmen.« Er
schwieg, leerte das Glas und betupfte seinen Mund mit einer gestärkten Serviette. »Ich habe den Fuß retten können. Wenn er keinen Wundbrand bekommt, wird er wieder auf dem Bein laufen
können, allerdings humpelnd und mit Gleichgewichtsstörun-
gen.«

»Großartig, Harry, wirklich ganz großartig!« Appleby steckte
das Lob des Freundes erfreut ein, seine runden Wangen röteten
sich.

»Ich muß meine Bücher führen«, fuhr Drinkwater fort und
langte in das Regal mit dem halben Dutzend handgeschriebener
Folianten, ohne die kein Schiff des Königs – unabhängig von seiner Größe – existieren konnte. Er öffnete das entsprechende Buch
und suchte die sorgfältig geschriebene Musterrolle heraus. »Verdammt, der Mann gehört zur Entermannschaft . . . Wann wird er
wieder einsatzfähig sein?«

Appleby zuckte mit den Schultern. »Wenn es keine Entzün-
dung gibt, vielleicht in einem Monat. Aber je eher er etwas zur Ab-
lenkung zu tun bekommt, desto besser für ihn.«

»Sollte mich wundern, wenn er schreiben könnte.«

»Das bezweifle ich, aber ich kann ihn fragen.«

Mr. Trussel kam auf ein Glas Madeira herein. »Ich habe gehört, daß der Kommandant auf den Kanaren nicht anlegen will,
stimmt das, Sir?«

»Wir unterbrechen die Reise nur, wenn wir Wasser brauchen,
Mr. Trussel. Die Befehle Admiral Nelsons sind in dieser Hinsicht
sehr klar«, erläuterte Drinkwater. »Und wir müssen uns auf ein
Glas Wein pro Abend beschränken, um einen kleinen Vorrat zu
behalten.«

Trussel verzog das Gesicht. »Wissen Sie denn nicht, daß Pulver
einem Mann die Feuchtigkeit entzieht?«

»Daran zweifle ich keineswegs, Mr. Trussel. Aber das Nötige

entscheidet über das Mögliche, wenn der Teufel den Kurs absetzt, nicht wahr?«

»Dann muß ich das eine Glas um so mehr genießen«, antwortete der alte Stückmeister säuerlich.

Drinkwater beugte sich über seinen Folianten und stellte die Wachen und Manöverrollen neu zusammen. Als Lestock hinzutrat, rückte er mit seinem Stuhl etwas zur Seite, damit dieser seinen Sextanten und die Bücher verstauen konnte.

»Ich krieg' sie nicht raus, ich krieg' sie nicht raus«, murmelte der Navigator vor sich hin.

Drinkwater klappte den Deckel seines Tintenfasses zu. »Was kriegen Sie nicht raus, Mr. Lestock?«

»Unsere Länge, Mr. Drinkwater. Wenn unsere Abfahrtslänge bei Kap Espartel wirklich sechs Seemeilen westlich . . .«

Drinkwater lauschte Lestocks langwierigen Ausführungen über das Problem ihrer geographischen Länge. *Hellebore* hatte keinen Chronometer an Bord, denn für ihren Einsatz als Geleitschiff in küstennahen Gewässern wäre auch keiner vonnöten gewesen. Doch nun mußten sie die geographische Länge bestimmen, um sicher über die Weiten des Ozeans navigieren zu können. Lestock hatte es mit Monddistanzen versucht, einem langen, komplizierten Verfahren, das auf dem Vergleich mehrerer, nahezu gleichzeitig genommener Beobachtungen beruhte und dessen Auswertung die mathematischen Fähigkeiten vieler Offiziere und sogar mancher Navigatoren überstieg. Theoretisch war die Methode denkbar einfach. Aber das schwankende Deck der Brigg, die durch ferne Wellenberge gestörte Kimm, der vom Rigg immer wieder teilweise verdeckte Himmel verliehen der Sache eine Komplexität, die Lestock klar überforderte.

Drinkwater machte sich Vorwürfe, daß er dieses Problem nicht schon in Syrakus bedacht hatte. Nelson hatte ihnen alles zur freien Verfügung angeboten, was sie von der Flotte brauchten. Er hätte an einen Chronometer denken müssen. Mit Seekarten war *Hellebore* bis südlich der Kanarischen Inseln ausreichend versorgt. Darüber hinaus hatten sie nur das Allernotwendigste auftreiben können, und die Karte des Roten Meeres wies so wenige Details auf, daß Lestock schon jetzt ein Schauder nach dem anderen über den Rücken lief.

»Und wenn der Kommandant unterwegs keinen Hafen anläuft,

werden wir noch mehr Schwierigkeiten bekommen!« schloß er.

»Wir können die bekannte Länge von Kaps und Inseln zum Vergleich benutzen«, beruhigte ihn Drinkwater. »Sie schaffen das schon. Ach ja, noch etwas. Morgen früh werde ich auf meiner Wache ein Stag über die Kuhl spannen und daran ein Sonnensegel aufriggen lassen, um Regenwasser aufzufangen. Lassen Sie also während Ihrer Wache zwei Wasserfässer an Deck klarstellen, die füllen wir dann auf, sobald sich Gelegenheit dazu ergibt. Kapitän Griffiths wird Land nur anlaufen, wenn es wirklich unvermeidlich ist. Ansonsten werden wir das Kap der Guten Hoffnung in weitem Abstand runden, um den Agulhasstrom zu meiden. Wasser und Holz übernehmen wir dann irgendwo an der Küste von Madagaskar. Bis dahin fangen Sie bitte jeden Tropfen Regenwasser auf.«

Lestock kehrte an Deck zurück, die Sorgenfalten in seinem Gesicht hatten sich eher noch vertieft.

»Mir scheint, daß auch ein Übermaß an Salzluft einem Mann die Feuchtigkeit entziehen kann«, bemerkte Appleby würdevoll.

»Aye, Mr. Appleby. Und sie pökelt auch sein Gehirn«, erwiderte Trussel.

Tag auf Tag verging, der Passat blieb gleichmäßig, und das Bordleben verlief nach den unumstößlichen Gesetzen des Dienstplanes. Jeden Tag nach dem Gefechtsalarm konnte sich die Mannschaft eine Stunde austoben, dann wurde zum Austeilen der Hängematten gepfiffen. Fliegende Fische stoben vor dem Bug auf und ab, sie dienten oft zur Aufbesserung des Frühstücks, denn ihr Fleisch schmeckte forellenähnlich und sehr delikat. Tagsüber umspielten Delphine den Rumpf, trotzten aber jedem Versuch, sie zu fangen. Bei Nacht war die See oft von einem geheimnisvollen Leuchten erfüllt, in dem sich die Spuren der Delphine wie unterseeische, feurige Raketenschweife abzeichneten. Und Lichtkaskaden verzauberten das Kielwasser der Brigg.

Gleichmäßig spulten sie ihre Knoten ab. Royals und Leesegel blieben gesetzt, doch allmählich ließ der Wind nach. Auf der Breite von Kap Verde verließ sie der Passat, aber zum Glück blieb noch soviel Wind übrig, daß stets eine kleine Welle am Vorsteven gluckste. Es war schlicht herrliches Segeln. Drinkwater schüttelte auch die letzten Depressionen ab und genoß die befriedigende

Routine des Bordalltags. Für einen Marineoffizier gab es immer genug zu tun, trotzdem hatte er Zeit zum Lesen und für seine Bordbücher. Aber er wußte, so konnte es nicht bleiben.

Schließlich erstarb der Wind völlig, und der Regen begann. Sie füllten ihre Wasserfässer. Griffiths ließ jede Wache auf Suche nach Wind tagsüber zwei Stunden rudern. »Ich kann keine Kalmen brauchen«, knurrte er, während Drinkwater nach Osten starrte, wo unsichtbar hinter dem Horizont die Küste von Gambia lag. »Ich erinnere mich noch zu deutlich an den Gestank, *bach.* Schrecklich, schrecklich.«

Einen Augenblick verstand ihn Drinkwater nicht, dann erinnerte er sich an Griffiths' Dienst auf einem Sklavenschiff. »Den Gestank von Gambia, Sir?« fragte er leise.

»Richtig. Diese Flüsse – grün und langsam. Die Niederlassungen waren voller Menschen, Häuptlinge, halbblütige Händler und Araber... und wir...« Er brach den Satz ab. »Bei Gott, es war fürchterlich.«

Zum ersten Mal hatte er Drinkwater gegenüber diese Zeit erwähnt. Sie hatten sich oft über die technische Einrichtung von Sklavenschiffen unterhalten, über ihre Geschwindigkeit und ihren schönen Anblick aus der Ferne. Obwohl sich in England wachsende Opposition gegen den Sklavenhandel bildete, hatten weder er noch Griffiths das Problem jemals unter moralischen Aspekten diskutiert. Aber Drinkwater fragte sich, warum Griffiths so lange dabeigeblieben war.

Der alte Mann beantwortete die unausgesprochene Frage. »Und trotzdem bin ich geblieben und sogar Steuermann geworden. Warum?« Er erwartete keine Antwort und fuhr fort wie ein Mann bei der Beichte, der schon zuviel gesagt hat, um noch aufhören zu können. »Ich war jung, ich war eben jung. Es gab dabei viel Geld zu verdienen, Geld mit privaten Geschäften – und Frauen, *bach*! Frauen, von denen Sie nicht mal träumen können. Kohlrabenschwarz, geschmeidig und jung wie knospendes Grün im Frühjahr.« Er seufzte. »Sie waren zu allem bereit, um aus dem stinkenden Zwischendeck zu entkommen – zu allem.«

Drinkwater ließ den alten Mann schweigend seinen Erinnerungen nachhängen. Griffiths stand noch immer an der Reling, als Lestock bei acht Glasen die Wache übernahm.

Am nächsten Morgen war eine frische Brise aufgekommen.

VIERTES KAPITEL

September 1798

Dunkle Wolken

»Ich verlange, daß er ausgepeitscht wird, Drinkwater!«

Drinkwater blickte von seinem Frühstück hoch und in das ärgerliche Gesicht Leutnant Rogers'.

»Es ist nicht Ihres Amtes, über Bestrafungen zu entscheiden«, sagte er kalt.

»Ich weiß, daß Tregembo Ihr verdammter Liebling ist, Drinkwater, und daß Sie und der Kommandant unter einer Decke stecken! Aber verdammt noch mal, ich habe ihm eine Auspeitschung versprochen, und die soll er auch bekommen!«

»Ich werde die Fakten dem Kommandanten vortragen und . . .«

»Ach, der Teufel soll die Fakten holen, und Ihr scheinheiliges Gewäsch soll er gleich mitnehmen . . .«

»Hüten Sie Ihre Zunge, *Mister* Rogers.« Drinkwater betonte die Anrede und widerstand dem Impuls, aufzustehen und in dieses cholerische Gesicht zu schlagen. Aber seine Selbstbeherrschung wurde nicht belohnt.

»Lassen Sie ihn auspeitschen, Drinkwater, oder bei Gott, ich werde gegen Sie Anklage erheben wegen Vernachlässigung von Zucht und Ordnung an Bord.«

»Sie werden nichts dergleichen tun, Sir!« bellte Drinkwater. »Sie werden sich hinsetzen und schweigen, während ich herausfinde, was sich abgespielt hat. Und noch eins: Reden Sie mich mit *Mister* an!«

»Das beeindruckt mich nicht sonderlich, *Mister* Drinkwater. Ihre Bestallung ist gerade zwei Wochen älter als die meine. Das gibt Ihnen noch nicht das Recht, sich so aufzuspielen.«

Drinkwater sprang auf und beugte sich über den Tisch. »Noch ein Wort, Sir, und ich lasse Sie auf der Stelle in Eisen legen, verstanden? Sie sind zu weit gegangen! Meine zwei Wochen reichen aus, um Sie hängen zu lassen!«

Ihre Gesichter waren wenige Zentimeter voneinander entfernt. Lange verharrten sie so, dann gab Rogers nach und beantwortete Drinkwaters Fragen mit widerstrebender Einsilbigkeit.

Während der Mittelwache war Fähnrich Dalziell auf seiner Routinerunde über die Füße Tregembos gestolpert; der Mann aus Cornwall hatte an Deck geschlafen, denn durch das Drei-Wachen-System und die tropische Hitze war der knappe Platz im Wohndeck unerträglich geworden. Viele Männer zogen es vor, an Deck zu schlafen. Es hatte einen Wortwechsel zwischen dem Fähnrich und dem Matrosen gegeben, der damit endete, daß Dalziell Tregembo nach achtern zu Rogers schleppte. Nach allem, was Drinkwater mit Dalziell erlebt hatte, war er über Tregembos Reaktion nicht überrascht; er konnte der Auffassung des Earl St. Vincent nicht uneingeschränkt folgen, daß der Uniformrock eines Fähnrichs zu respektieren sei, auch wenn er nur zum Trocknen auf einem Besenstiel hing. Er machte es davon abhängig, daß sich der Fähnrich, zumindest teilweise, diesen Respekt auch verdiente, und bezweifelte, daß Mr. Dalziell dieser Anforderung entsprach. Außerdem widerstand es Drinkwater, daß Tregembo oder einem anderen wegen eines trivialen Zwischenfalls der Rücken zerschlagen werden sollte.

»Danke, Mr. Rogers.«

»Ich verlange, daß der Hurensohn ausgepeitscht wird, haben Sie gehört!« knirschte Rogers noch im Hinausgehen über die Schulter.

Drinkwater saß allein in der Messe. Sonnenlicht, das durch das Skylight fiel, zeichnete sechs hin und her wandernde Parallelogramme auf den Tisch. Er wußte, daß Griffiths auspeitschen ließ, wenn es nötig war, denn Aufsässigkeit durfte nicht toleriert werden. Aber war Tregembo aufsässig gewesen? Drinkwater war sich da nicht so sicher, aber er erinnerte sich daran, daß der Mann schon einmal ausgepeitscht worden war. Griffiths, der früher selbst eine Hängematte im Zwischendeck eines Vierundsiebzigers bewohnt hatte, verstand die Mentalität der Crew. Es gab immer einige Schlauberger, die die Autorität provozierten, wenn sie meinten, sich herausreden zu können. Das Leben unter Deck war hart genug, auch ohne die Belastungen durch Taschendiebe, Schwule, Betrüger und Lügner, ganz zu schweigen von den Trunkenbolden. Sie alle konnten einen in einer dunklen Nacht aus Rache von der Rah stoßen. Nein, die Notwendigkeit schneller Bestrafung wurde von beiden Seiten eingesehen. Aber nur, wenn sie gerecht war.

»Mr. Lestock, Mr. Appleby, wir sitzen hier zusammen, weil wir die genauen Umstände eines Vorfalls zu klären haben, der sich heute nacht ereignet hat. Während der Mittelwache soll der Vormann der Großtoppgasten, der Vollmatrose Tregembo, den Fähnrich Dalziell mit Worten beleidigt haben.«

Die beiden Decksoffiziere nickten. Lestock rutschte aufgeregt hin und her, weil er an Deck von Trussel abgelöst worden war und nun befürchtete, daß er den Meridiandurchgang der Sonne verpassen könnte. Appleby gab sich gekonnt dramatisch, war aber – jedenfalls zu diesem Zeitpunkt – noch ruhig.

»Leutnant Rogers«, Drinkwater neigte den Kopf in Richtung des Zweiten Offiziers, der ihm gegenüber saß, ein Bein über die Armlehne seines Stuhles geworfen, »hat die Rolle des anklagenden Offiziers übernommen.« Er hob die Stimme: »Mr. Q!«

Die Tür öffnete sich. »Sir?«

»Lassen Sie Mr. Dalziell kommen, und sorgen Sie dafür, daß sich Tregembo draußen bereithält.«

»Aye, aye, Sir!« Der Junge blickte sich verängstigt in der Messe um, die ihr normalerweise einladendes Aussehen verloren hatte und jetzt eisige Förmlichkeit ausstrahlte. Dalziell klopfte und trat ein. Er hatte nicht das Gespür gehabt, daß bei dieser Gelegenheit seine beste Uniform angebracht gewesen wäre.

»Nun, Mr. Dalziell, diese Untersuchungskommission hat die Ereignisse zu klären, die sich heute morgen abgespielt haben sollen.« Drinkwater erledigte schnell die vorgeschriebenen Formalitäten und lauschte dann Dalziells sorgfältig vorbereiteter Erklärung.

Der Fähnrich war auf seiner Runde nach vorne gegangen und hatte den Seemann Tregembo schlafend unter der Back vorgefunden. Dessen Beine hatten den Zugang zur Leiter versperrt. Er war über sie gestolpert, worauf der Mann erwachte. Es hatte einen

Wortwechsel gegeben, und Dalziell hatte Tregembo daraufhin nach achtern zum Wachhabenden gebracht. »Und Leutnant Rogers sagte, er werde dafür sorgen, daß der Mann für seine Aufsässigkeit ausgepeitscht wird.« Das klang alles sehr plausibel, fast zu schlüssig; nur die Bosheit, die im letzten Satz mitschwang, setzte ein großes Fragezeichen hinter seine Ausführungen.

Sie riefen Tregembo herein. »Was haben Sie zu Mr. Dalziell gesagt, als er über Sie stolperte?« fragte Drinkwater, darum bemüht, Tonfall und Gesichtsausdruck strikt neutral zu halten.

Tregembo zuckte mit den Achseln. »Ich wurde aus dem Schlaf gerissen, Sir, und dachte, es wäre einer meiner Kumpels.«

»Waren Sie beleidigend?« bohrte Lestock nach. »Kommen Sie, Mann, wir wollen es genau wissen.«

Tregembo warf einen Blick auf Drinkwater. »Ich war vielleicht etwas kurz angebunden.« Nach einer Pause fuhr er fort: »Ich hielt ihn eben für einen meiner Kumpels, Sir, und sah nicht, daß es Mr. Dalziell war.«

»Ein Sturm im Wasserglas«, murmelte Appleby, und Rogers wurde rot. Drinkwater wollte die Sache schon beenden, aber Lestock bohrte eifrig weiter: »Was *genau* haben Sie gesagt, Mann?«

Drinkwater seufzte gequält. Sowohl Rogers als auch Dalziell hielten nur mit Mühe an sich. »Nun los, Tregembo«, sagte er resignierend, »was haben Sie gesagt?«

Tregembo runzelte die Stirn. Er wußte, daß ihn Drinkwater nicht beschützen konnte, und stieß den Kopf streitlustig nach vorn. »Also gut, Sir, ich habe zu meinem vermeintlichen Messekameraden gesagt, er sei so blöd, daß ihn sogar die Schweine beißen würden – Sir.«

Drinkwater unterdrückte ein Grinsen. Er sah, wie sich Rogers und Dalziell entspannten, als sei nun alles bewiesen.

»Das scheint doch eine offensichtliche Beleidigung zu sein«, meinte Lestock, und Drinkwater fühlte plötzlich Ärger über den ganzen unsinnigen Aufwand in sich aufsteigen. Ohne die taktlose Einmischung Lestocks hätte er den Quatsch längst beenden können, aber nun mußte er die Offensive ergreifen.

»Überlegen Sie gut, Tregembo. Was wurde Ihnen daraufhin geantwortet? Erinnern Sie sich genau, denn wir wollen die ganze Wahrheit wissen, wie Mr. Lestock so richtig bemerkte.«

Tregembo blickte Dalziell an, öffnete den Mund, schloß ihn dann wieder. Er fing Drinkwaters festen Blick auf. Er kannte den Leutnant lange genug, um daraus die richtigen Schlüsse zu ziehen.

»Er nannte mich einen aufsässigen verhurten Bastard, Sir, und befahl mir, mich mit meinem pockennarbigen Arsch ins Zwischendeck zu scheren, wo ich hingehörte.«

Drinkwater blickte den Fähnrich an; der wollte offensichtlich nichts abstreiten, war nur leicht errötet. »Er hat mich daraufhin einen frechen Schnösel genannt, verdammt noch mal!« platzte er heraus.

»Ruhe, Mister!« schnappte Drinkwater. »Tregembo, hüten Sie in Zukunft Ihre Zunge besser, wenn Sie einen Offizier vor sich haben!« Sie tauschten einen langen Blick aus, dann wurde Tregembo entlassen. Drinkwater wandte sich an seine beiden Beisitzer, denn ihm wurde plötzlich bewußt, daß er den Fall ohne Beratung mit ihnen abgeschlossen hatte. »Ich bin sicher, Gentlemen, Sie sind mit mir der Meinung, daß Tregembos erste Bemerkung unter der falschen Voraussetzung gemacht wurde, daß einer seiner Kameraden über ihn gestolpert sei. Die Art, wie er danach von Mr. Dalziell angefahren wurde, entspricht in keiner Weise dem üblichen Befehlston, den ein Vollmatrose mit Fug und Recht von einem Fähnrich erwarten kann.« Rogers zog scharf die Luft durch die Nase ein, aber Drinkwater ließ sich nicht beirren. »Die Fähnriche auf jedem Schiff, auf dem ich Erster Offizier bin, haben sich anständig zu benehmen. Ich gedenke, schmutzige Reden über Hurerei nicht zu tolerieren, auch wenn sie gerade große Mode zu sein scheinen. Es ist deshalb nicht im Interesse der Borddisziplin, die Prügelstrafe an Tregembo zu vollziehen.«

»Verdammt, Drinkwater, gehen Sie zur Hölle!« Rogers sprang auf.

»Ruhe, Sir!« brauste Drinkwater auf, jetzt wieder wütend auf Rogers. Dann wandte er sich ruhiger an den Navigator und den Arzt. »Nun, meine Herren, stimmen Sie mir zu?«

»Natürlich, Nathaniel. Das Ganze war von Anfang an eine verkorkste Geschichte.« Appleby blickte Rogers mißbilligend an.

»Soll hier mein Verhalten von einem Quacksalber diskutiert werden...?« Rogers kam nicht weiter. Aus seiner Kajüte trat Commander Griffiths, und es war klar, daß er durch das Schott jedes Wort mitgehört hatte. Die Männer erhoben sich.

»Ich billige Ihre Entscheidung ebenso, Mr. Drinkwater, wie ich Ihre Anschuldigung mißbillige, Mr. Rogers.« Griffiths sprach langsam, dann hielt er inne und wandte das kummervolle Gesicht Dalziell zu. Seine buschigen weißen Augenbrauen zogen sich zusammen. »Nun zu Ihnen, Sir. Ich kenne nur einen Platz, an dem mich Ihre Anwesenheit nicht belästigt. Ab in den Topp des Vormastes mit Ihnen!« Mit Verachtung ging der Commander schwerfällig zwischen Rogers und dem krebsroten Fähnrich hindurch und verschwand zum Oberdeck.

Sie hatten den Polarstern hinter dem Horizont zurückgelassen, ebenso die vertrauten Sternbilder des Nordens. Auf besondere Feiern anläßlich der Äquatorüberquerung war verzichtet worden. Im Süden strahlten Canopus, Alpha Centauri und das Kreuz des Südens, und über ihnen am Himmelsäquator spreizte sich der Orion. Auf fünf Grad südlicher Breite hatten sie den Südostpassat gefunden und jagten nun südwärts. Die Angelegenheit mit Dalziell war fast augenblicklich aus Drinkwaters Gedächtnis verschwunden, nachdem der Junge wieder aus dem Masttopp an Deck gekommen war. Der unerbittlich gleichmäßige Drill eines Kriegsschiffes bestimmte ihr Leben. Sie waren allen Schiffen aus dem Weg gegangen, da sie auf keinen Fall mit einem französischen zusammenstoßen wollten. Die Wahrscheinlichkeit war zwar nicht sehr groß, aber sie durften kein Risiko eingehen, da ein Scheitern ihrer Mission das labile strategische Gleichgewicht des Empires stören konnte. Schon ein Schiff gleicher Stärke mochte ihre Aufgabe verhindern, und ein französischer Handelsstörer im Südatlantik konnte eine schnelle, gut ausgerüstete Fregatte sein.

Doch eines Morgens, als Sonnenschein und Schatten schnell wechselten, weil eine endlose Prozession großer Cumuluswolken mit dem frischen Wind dahinzog, wurde die Angelegenheit Dalziell wieder akut. Als Mr. Quilhampton zum Schießen der Mittagsbreite an Deck erschien, zierte ihn ein blaues Auge.

»Woher hast du denn das, Junge?« fragte Drinkwater, der es sich zur Gewohnheit gemacht hatte, Lestock auf der kleinen Poop bei der Breitenberechnung zu helfen.

»Ach, ich bin gegen die Tür meiner Kammer gelaufen, Sir.« Der Junge unterdrückte nur mühsam ein Schluchzen, und seine

Erklärung war offensichtlich falsch. Er versäumte es, die Sonne zum Zeitpunkt ihrer größten Höhe auf die Kimm zu setzen, und es war Dalziells hämische Meldung: »Ich habe eine Höhe von 70 Grad und 54 Minuten gemessen, Mr. Lestock«, die Drinkwater auf den Gedanken brachte, daß Mr. Dalziell der Urheber von Mr. Quilhamptons Blessur sein konnte. Darin wurde er noch durch das gedämpfte Grunzen der Genugtuung bestätigt, das Dalziell ausstieß, als Drinkwaters eigene Messung nur um eine Bogenminute von seiner abwich. Lestock schürzte mißbilligend die Lippen, als Quilhampton sein Versagen eingestehen mußte.

»Mr. Q hat ein verletztes Auge, Mr. Lestock. Zieh ab, Junge, geh zum Arzt und laß es untersuchen.« Drinkwater sah dem Davoneilenden nach und wandte sich dann an Mr. Dalziell: »Nun, was für eine Breite errechnet sich daraus?« Er wußte, daß er damit Lestock ins Handwerk pfuschte, aber Dalziell wirkte sofort weniger selbstbewußt. Letztlich war es eine simple Additions- und Subtraktionsaufgabe, aber Dalziell scheiterte daran. Drinkwater vermutete, daß er sonst bei Quilhampton abschrieb, der ein bemerkenswert gutes Verhältnis zu den Geheimnissen der astronomischen Navigation entwickelt hatte.

»Äh, sechzehn Grad ... äh ... ungefähr sechzehn Grad Süd, Sir, äh ...« Dalziell sah mit gerunzelter Stirn auf seine Kladde nieder, während Lestock mißbilligend mit der Zunge schnalzte und zustimmend seine Zahlen mit denen Drinkwaters verglich.

»Vielleicht sollten Sie lieber im ›Robinson‹ nachlesen, als Ihre Messekameraden zu schlagen, Mr. Dalziell.«

Dalziells erstauntes Glotzen ließ Drinkwater beim Herabklettern von der Poop innerlich kichern. Er erinnerte sich, daß er sich als Fähnrich immer gefragt hatte, wieso die Ersten Offiziere anscheinend allwissend waren. Aber Erfahrung war eben ein hervorragender Lehrmeister – und es gab wenig Neues unter der Sonne. Auch das Ergebnis ihrer Standortbestimmung war erfreulich, deshalb hatte er ausnehmend gute Laune, als er den Sextanten in seinen sorgfältig festgelaschten Mahagonikasten legte. Dabei fiel sein Blick auf ein kleines Aquarell, das den amerikanischen Kaperer *Algonquin* zeigte, der die britische Flagge über der amerikanischen führte.* Es war sein erstes selbständiges Kommando

* Siehe Woodman: *Die Augen der Flotte* (Ullstein Buch 20531)

gewesen, eine Prise. Elizabeth hatte das Bild für ihn vor ihrer Heirat gemalt, aber jetzt war es in der Feuchtigkeit etwas fleckig geworden. Die Erinnerung an Elizabeth trübte seine Hochstimmung, und plötzlich war er wieder bei Quilhampton und dem schweren Los eines Fähnrichs. Er rief nach dem Messesteward.

»Bitten Sie Mr. Quilhampton zu mir, Mr. Merrick.«

Als der Junge erschien, hatte er offensichtlich geweint. Dabei war er eigentlich noch gut dran, dachte Drinkwater. Weil das Schiff keine Fähnrichsmesse hatte, waren die zwei Fähnriche in winzigen Kammern untergebracht, besseren Hundehütten, aber jedenfalls mußten sie nicht im bestialischen Gestank des Orlopdecks hausen, wie er seinerzeit auf *Cyclops*. Nichtsdestoweniger war es für den Jungen nicht einfach.

»Also los, Mr. Q, wischen Sie sich die Augen und erzählen Sie mir, was passiert ist.«

»Nichts, Sir.«

»Aber, aber, nun machen Sie bloß keine Ehrensache daraus. Was war los?«

»Nichts . . . Sir.«

Drinkwater seufzte. »Mr. Q, wenn ich Ihnen befehlen würde, eine Entermannschaft auf das Deck einer französischen Fregatte zu führen, würden Sie den Befehl ausführen?«

»Natürlich, Sir!« Empörung klang aus der Antwort.

»Also, Mr. Q, dann gehorchen Sie mir bitte auch jetzt.«

Die Muskeln um Mr. Quilhamptons Mund verhärteten sich. »Mr. Dalziell hat mich geschlagen, Sir. Es war ein fairer Kampf.« Letzteres setzte er noch schnell hinzu.

»Kämpfe sind selten fair, Mr. Q. Worum ging es?«

»Um nichts weiter, Sir.«

»Mr. Quilhampton«, sagte Drinkwater scharf, »ich will Sie nicht noch einmal daran erinnern müssen, daß Sie im Dienste des Königs stehen und nicht auf dem Schulhof.«

»Nun ja, Sir, er hat Sie beleidigt, Sir . . . Er hat etwas über Sie und den Kommandanten gesagt, Sir – etwas Unkorrektes.«

Drinkwater runzelte die Stirn. »Weiter!«

»Ich, äh, ich empfand es als ungerechtfertigt und habe, äh, Einwendungen gemacht, Sir.« Der Junge hatte seine Sprache wiedergefunden, aber der Gedanke an das, was er sagen wollte, drehte Drinkwater den Magen um.

»Deutete er an, daß der Kommandant und ich eine gewisse Intimität genießen, Mr. Q?« fragte er leise.

Erleichterung zeichnete sich auf dem Gesicht des Jungen ab. »Jawohl, Sir.«

»Sehr gut, Mr. Q. Ich danke Ihnen. Nun denn, zur Übung und dafür, daß Sie meinem Befehl nicht unverzüglich Folge geleistet haben, werden Sie einen Aufsatz über die Eigenschaften einer Briggslup schreiben. Sie können das nachmittags unter Deck tun und ihn mir bei acht Glasen abgeben.«

Der Junge verließ den Raum trotz dieser Strafarbeit fröhlicher. Aber für Drinkwater war der ganze Tag verdorben, ein finsterer Verdacht stieg in ihm auf. Er nahm sich Dalziell vor, als er Rogers am Ende der Nachmittagswache ablöste. Quilhampton hatte ihm ein mit Tintenflecken übersätes Papier abgeliefert, das er sorgfältig faltete und hinter seinem Rücken versteckte.

»Für die Prügelei mit Mr. Q, Mr. Dalziell, erwarte ich von Ihnen einen Aufsatz über die Briggslup. Ich will, daß Sie ihn mir heute abend abliefern, wenn ich abgelöst werde.«

Dalziell murmelte seine Zustimmung und wandte sich zum Gehen.

Drinkwater rief ihn zurück. »Sagen Sie, Mr. Dalziell, wie sind Sie mit Lord Dungarth verwandt?«

Dalziells Gesicht entspannte sich zu einem halbvertraulichen Grinsen. Der Fähnrich schien der Meinung zu sein, daß Drinkwater sich scheue, einen Günstling des Earls zu streng zu bestrafen.

»Ich bin mit seiner verstorbenen Frau verwandt, Sir.«

»Und wie ist Ihr Verwandtschaftsgrad?«

»Ich bin ein Vetter zweiten Grades der Gräfin.« Dalziell warf sich in die Brust, als sei diese Tatsache etwas Bedeutendes, und Drinkwater vertiefte das Thema nicht; Mr. Dalziell mußte nicht erfahren, daß Lord Dungarth Initiator der geheimdienstlichen Unternehmen des Kutters *Kestrel* gewesen war.

»Sie sind zu Ihren Verbindungen zu beglückwünschen, Mr. Dalziell«, sagte er nur.

Der Junge grinste wieder. »Ich habe noch einen Cousin mütterlicherseits, der Sie kennt, Mr. Drinkwater«, setzte er hinzu.

»Tatsächlich?« fragte Drinkwater ohne sonderliches Interesse, da er bemerkte, daß Rogers es versäumt hatte, die Bramsegelgordings trimmen zu lassen. »Wer könnte das sein?«

»Leutnant Morris.«

Drinkwater erstarrte. Langsam drehte er sich um und fixierte Dalziell mit eisigem Blick. »Und was folgert daraus, Mr. Dalziell?«

Plötzlich wurde Dalziell klar, daß er sich geirrt hatte, als er meinte, er hätte einen Vorteil gegenüber dem Ersten Offizier errungen. Er erkannte, daß Drinkwater sich weder durch versteckte Anspielungen kleinkriegen lassen noch die Geschmacklosigkeit vergessen würde, die durch Quilhampton ans Licht gebracht worden war. »Oh, nichts ... nichts, Sir.«

»Dann gehen Sie unter Deck und schreiben Sie Ihren Aufsatz.« Drinkwater drehte sich um und begann seine Wanderung an Deck, aber er hatte die Bramsegelgordings vergessen. Die Art Dalziells und seinesgleichen war ihm widerwärtig. Nicht nur dieser Tag, die ganze Reise der *Hellebore* wurde ihm nun durch Dalziell vergiftet, diese leibhaftige Erinnerung an die Schrecken, die er auf der Fregatte *Cyclops* durch Morris hatte erdulden müssen. Morris war der schwule Tyrann ihrer Fähnrichsmesse gewesen und vor vielen Jahren, während des amerikanischen Unabhängigkeitskrieges, auf Drinkwaters Betreiben schließlich versetzt worden. Dabei hatte Morris noch Glück gehabt, daß er mit dem Leben davongekommen war, denn es gab einen Kriegsartikel, der sein Verbrechen mit der Henkersschlinge ahndete. Eine finstere Drohung, die Morris damals betrunken ausgestoßen hatte, kam Drinkwater wieder in den Sinn. Morris schien seinen weiteren Weg tatsächlich mit wachsamen Augen verfolgt zu haben. Vielleicht stand er sogar hinter der Bitte an Dungarth, für Dalziell einen Platz auf *Hellebore* zu finden; allerdings war Drinkwater sicher, daß der Earl die Zusammenhänge nicht kannte.

Eine halbe Stunde lang stapfte Drinkwater von der Leiter der Poop zum Großmast und wieder zurück, den Kopf voll dunkler irrationaler Ängste, die vor allem um Elizabeth und ihr ungeborenes Kind kreisten. Vor langer Zeit hatte Morris Drinkwaters Liebe zu ihr entdeckt und sie beide bedroht. Nur langsam beruhigte er sich und zwang seine Gedanken in logische Bahnen. Trotz des Einflusses, den Morris damals durch die horizontalen Talente seiner Schwester auf einige Mitglieder der Admiralität hatte, war er also noch immer nur Leutnant; außerdem waren viele Jahre seit dem Zwischenfall in New York vergangen. Was Dalziell auch über die Ereignisse auf *Cyclops* wissen mochte, es konnte nicht viel mehr als die Tatsache sein, daß Morris und er Feinde waren. Bestimmt hatte Morris die wahren Gründe ihrer Feindschaft verschwiegen. Es war schon riskant, daß er in dem Fähnrich die Vorstellung geweckt hatte, Drinkwater sei in jene Praktiken verstrickt gewesen, die ihn selbst damals beinahe Kopf und Kragen gekostet hätten.

Immerhin dauerte es zwei Stunden, bis sich Drinkwater wieder an die Bramsegelgordings erinnerte. Dann stellte er fest, daß sich schon Mr. Quilhampton darum gekümmert hatte.

FÜNFTES KAPITEL

September–Oktober 1798

Die *Mistress Shore*

Am nächsten Morgen fand Drinkwater Zeit, die literarischen Ergüsse der beiden Fähnriche zu studieren. Ihm war klar, daß Mr. Dalziells Aufsatz dadurch gelitten hatte, daß er erst *nach* dem von Mr. Quilhampton entstand. Die Geläufigkeit war bei Dalziell erkennbar besser, Mr. Quilhamptons ungeschickte, verkleckste Niederschrift ließ in der Form viel zu wünschen übrig. Allerdings war Dalziells Aufsatz nicht viel mehr als eine Abschrift aus Falconers' Marine Dictionary, mit einigen Verzierungen versehen, die Mr. Dalziell ganz augenscheinlich für literarisch hielt:

> ›Die Briggslup, so genannt, um anzuzeigen, daß sie von einem Commander oder Slupkapitän befehligt wird, im Gegensatz zur Kanonenbrigg, die nur von einem Leutnant befehligt wird, fand ihren Eingang in die Flottenlisten und erfüllt die Aufgaben eines kleinen Kreuzers zur nicht geringen Zufriedenheit der Admiralität . . .‹

Stak in diesem langen Satz nicht eine Bosheit, oder war Drinkwater voreingenommen? Jedenfalls enthielt er nur wenige Informationen.

Im Gegensatz dazu verriet Mr. Quilhamptons ungelenker, spekkiger Erguß, so unordentlich er war, doch Eifer und Engagement:

> ›Die Marinebrigg entstand aus der Schnau und der Brigg, beides Handelsschiffe, die mit zwei Masten ausgerüstet sind. Beim ersteren werden am Großmast sowohl Groß- wie Besansegel gefahren.

Das Besansegel hat zumeist ein loses Unterliek, das Luvliek wird dabei durch eine kleine Spiere gehalten – Pferd genannt –, die dicht hinter dem Großmast befestigt ist. Die Brigg führt kein Großsegel. Das Großmarssegel wird über eine kleine Rah geschotet, die unserer Kreuzsegelrah sehr ähnelt. Das Hauptsegel ist offensichtlich das Besansegel, welches größer als das der Schnau und an einem Baum angeschlagen ist, der weit nach achtern reicht, weshalb das Segel bei achterlichem Wind einen vorzüglichen Treiber darstellt . . .‹

Drinkwater nickte zufrieden, die klare gedankliche Linie des Jungen ließ sich deutlich erkennen. Der war nun im besten Zuge und stürzte sich auf die Untiefen geschichtlicher und maritimer Überlieferungen.

›Die Marinebrigg wird in zwei Klassen unterteilt: erstens die Kanonenbrigg, die gewöhnlich nur geringen Tiefgang aufweist und von einem Leutnant kommandiert wird, und zweitens die Briggslup, befehligt von einem Commander. Der Zusatz Slup (wie auch Schiffsslup oder Korvette) deutet in diesem Zusammenhang auf ihren Status als Kommando eines Kapitäns oder Commanders hin. Die Schiffsslup mit zwanzig Kanonen ist das kleinste Schiff, das unter dem Kommando eines Postcaptains stehen kann. Der Kapitän einer Briggslup (manchmal, vor allem in ausländischen Marinen, als Briggkorvette bezeichnet) wird aus Gründen der Höflichkeit mit »Kapitän« angesprochen, in der Praxis allerdings meist mit Commander oder Master, denn früher waren diesen Schiffen keine Segelmeister beigegeben, welche die Navigation des Schiffes besorgten. Der Ausdruck Slup sollte nicht zu Verwechslungen mit dem einmastigen Schiff führen, das oberflächlich einem Kutter gleicht. Diese Slups sind in der Marine nur noch selten zu finden, da sie durch den schnelleren Kutter ersetzt wurden. Sie unterscheiden sich vom Kutter dadurch, daß sie eine kleinere Segelfläche aufweisen, einen festen Bugspriet und einen schnabelförmigen Bug haben . . .‹

Drinkwater ließ die Ausführungen voller Bewunderung sinken. Der junge Mr. Q hatte einige sehr interessante Punkte angesprochen, besonders bezüglich des Commanders und des Segelmei-

sters. Er wußte, daß viele junge, ambitionierte Leutnants es unter-
ließen, sich der Prüfung durch das Trinity House zu unterziehen,
die sie zur Schiffsführung berechtigt hätte. Die vielen Beförderun-
gen, die auf Auslandsstationen ausgesprochen werden mußten,
um die Kriegsverluste auszugleichen, hatten dieses System durch-
löchert. Die Bestimmung, die von einem Fähnrich verlangte, daß
er das Steuermannsexamen abgelegt haben mußte, bevor er eigen-
verantwortlich eine Prise kommandieren durfte, wurde auch nur
auf dem Papier beachtet – vor allem dann, wenn etwas schiefgelaufen war. Folgerichtig hatte die Admiralität auf die meisten
Briggs Segelmeister oder wenigstens diensttuende Segelmeister
gesteckt, um Schiffsverluste durch fehlerhafte Navigation geringer zu halten. Im Falle Lestocks sah Drinkwater in dieser Maßnahme allerdings mehr eine Belastung als einen Vorteil für das
Schiff.

Quilhamptons Essay gab auch die Diskussion über die Bewaff-
nung einer Brigg wieder: Karronade gegen Langlaufgeschütz. Er
zog den weisen, lehrbuchhaften Schluß: ›. . . *Gleichgültig, was nun
die Hauptwaffe an Deck einer Achtzehn-Kanonen-Brigg ist, jedenfalls bleibt sie nach den Bestimmungen von 1795 das kleinste Schiff,
auf dem eine Karronade gefahren werden kann.*‹

Drinkwater faltete die Seiten zusammen, da veranlaßte ihn ein
Ruf, schnell an Deck zu eilen.

»Segel in Luv!«

Er machte an der Leiter Griffiths Platz, der schmerzvoll humpelnd, aber voll offensichtlicher Eile, hinaufwollte. Als die beiden
Männer an Deck kamen, schrillten die Pfeifen an den Niedergängen. Lestock sprang von der Luvreling und bot sein Glas Griffiths
an.

»Ein Franzose, meiner Meinung nach.«

Griffiths fluchte, Drinkwater griff nach seinem eigenen Glas.
Ohne jeden Zweifel war es eine Fregatte, obendrein eine sehr
schnelle, wenn man in Betracht zog, wie rasch sich ihre Konturen
vergrößerten. Sie war bestimmt in Frankreich erbaut und hier,
südlich von Ascension, mitten auf der Route der heimkehrenden
Indienfahrer, unter französischem Kommando.

»Ich habe Alle-Mann pfeifen lassen, Sir«, sagte Lestock beflissen.

»Gehen Sie vor den Wind und setzen Sie jeden Fetzen Tuch,

den wir haben.« Offensichtlich wollte Griffiths kein Risiko eingehen. »Mr. Drinkwater, lassen Sie die Mastkeile herausschlagen
und außerdem zusätzliche Backstagen an die Toppen der Bramse-
gelstengen anschlagen!«

»Aye, aye, Sir!« Lestock brüllte schon Befehle, und die Toppsgasten flitzten die Webeleinen hinauf, um die Leesegelspieren zu
riggen. Drinkwater ging nach vorne zu Mr. Johnson, dem Zimmermann, der das Kommando über die Vorsegel hatte. Er hatte
den Flieger setzen lassen und spielte mit der Schot, um den
schwachen Hauch einzufangen, der sich in den Windschatten der
Rahsegel verirrte. Die vierkant gebraßten Segel deckten die Vorsegel fast völlig ab.

»Mr. Johnson, nehmen Sie Ihre Gehilfen und schlagen Sie die
Mastkeile heraus, wir wollen dem Mast etwas Spiel geben. Wir
brauchen jeden Bruchteil eines Knotens. Danach lassen Sie die
Bilge lenzen und halten Sie sie trocken, so lange es irgend geht.«
Drinkwater zeigte vielsagend nach achtern.

Johnson bestätigte den Befehl und rief mit nicht wiederzuge-
benden Obszönitäten nach seinen Gehilfen.

Drinkwater machte sich auf die Suche nach Mr. Grey, dem
Bootsmann.

»Mr. Grey, lassen Sie zwei vierzöllige Leinen als zusätzliche
Backstagen riggen. Führen Sie sie durch die achteren Geschützpforten nach oben an den Topp der Bramsegelstenge und
sichern Sie sie dort. Wir holen sie dann mit den Geschütztaljen
steif durch.«

»Aye, aye, Sir.«

»Und, Mr. Grey . . .«

»Sir?«

»Ich möchte nicht, daß an der Pforte irgend etwas schamfielt!
Achten Sie bitte darauf.«

Er hatte einem erfahrenen Mann etwas Selbstverständliches gesagt, aber in der Hektik des Augenblicks wollte er sich nicht auf
Qualitäten verlassen, die im Durcheinander verloren gehen konnten.

Als er wieder nach achtern ging, bemerkte Drinkwater, daß das
Geräusch des Windes in der Takelage nachgelassen hatte. Da *Hellebore* nun aufrecht in der See lag, alle Schoten gefiert, mußte man
achteraus zum Horizont sehen, um festzustellen, daß die Wellen

noch immer weiße Mützen trugen und von einer kräftigen Brise vorwärtsgetrieben wurden; sonst hätte man meinen können, das Wetter sei plötzlich handiger geworden.

Schon wurden die Leesegel aus ihrem Stauraum nach oben gehievt. Sie blähten sich auf und verbogen die dünnen Spieren. Lestock verwünschte die Toppsgasten des Fockmastes. Sie hatten beim Aufbringen eines Leesegels einen Fehler gemacht, was bei dem Spinnwebgewirr der Leinen leicht passieren konnte. Ein Mann kletterte unter Lebensgefahr hinaus auf die Rahnock, um das Hindernis zu klarieren.

Lestocks Stimme überschlug sich kreischend, was Drinkwater ärgerte. »Lassen Sie das, Mr. Lestock, Sie machen den Mann nur nervös. Das Segel steht deshalb nicht eine Sekunde eher.«

Lestock drehte sich um, bleich vor Ärger: »Mischen Sie sich da nicht ein! Verdammt, noch immer bin *ich* hier der Wachhabende, und dieser Hurensohn von Vormann kriegt ein gestreiftes Hemd an der Gangway, bei Gott!«

Drinkwater ignorierte den Navigator. Die Unterbrechung hatte ihn wenigstens so lange ruhig gehalten, daß das Leesegel gesetzt werden konnte. Drinkwater stellte sich achtern neben Griffiths an die Reling und hob sein Glas.

»Er holt auf, *bach*. Aber noch möchte ich nicht Trinkwasser oder Kanonen opfern, um Gewicht zu verlieren, noch nicht.«

»Wir können die vorderen Kanonen nach achtern holen. Das wird den Bug leicht anheben, er buddelt im Augenblick etwas...« Beide sprachen, ohne die Ferngläser von den Augen zu nehmen.

»Tatsächlich? Dann sorgen Sie dafür. Und lassen Sie die achteren Taljen der hinteren Beiboote auffieren, so können die auch etwas Wind einfangen.«

Drinkwater schob sein Glas zusammen und winkte Quilhampton herbei.

»Mr. Q, lassen Sie bitte die Hecks der achteren Boote wegfieren. Nicht so weit, daß sie Berührung mit dem Wasser bekommen, aber weit genug, daß sie wie Segel wirken.« Er entließ einen etwas verwirrten Mr. Q und registrierte zufrieden die Schnelligkeit, mit der Greys Männer die vierzölligen Manilasprings als Backstagen aufgeriggt hatten. Die Geschütztaljen waren schon angeschlagen und wurden nun von schwitzenden Helfern durchgesetzt.

»Mr. Rogers!«

»Ja? Was ist?«

Drinkwater erklärte ihm, was er mit den Kanonen vorhatte. »Wir beginnen mit den beiden vorderen und lesen halbstündlich das Log ab, um die beste Position für sie zu ermitteln.«

Rogers nickte. »Er kommt auf, nicht wahr?«

»Ja.«

»Glauben Sie, daß der alte Bastard die Nerven verloren hat?« Rogers hielt ein, denn er sah den Ärger in Drinkwaters Augen. »Ich meine, es könnte ja auch ein Brite sein . . .«

»Oder auch nicht. Sie mögen es vielleicht darauf abgesehen haben, in einer französischen Festung zu verrotten, aber ich für meinen Teil bin nicht scharf darauf. Deshalb meine ich, wir sollten unsere Befehle ausführen.«

Drinkwater wandte sich ab, voll Wut darüber, daß der Mann es wagte, Griffiths solch ehrabschneidende Motive zu unterstellen. Obwohl der Fremde noch gut außerhalb der Schußweite war, genügte ein unglücklicher Zufallstreffer, um ihre Flucht zu beenden. Dann wartete die Festung von Bitche auf sie. Drinkwater verbot sich das Spekulieren und begann, den Transport der Kanonen nach achtern zu organisieren.

In der Kuhl übertönte das rhythmische Stöhnen der Männer, die Frondienste an den Taljen leisteten, die Geräusche von Wind und Wellen. Jeweils zwei schwere Blöcke waren vorn und achtern angeschlagen worden, um die Bewegungen der Kanonen abzufangen, wenn das Schiff rollte. Immer wieder halfen Greys Männer den Rädern der Lafette mit Handspaken über einen Ringbolzen. Nach vier Stunden Arbeit hatten sie vier Kanonen hinter dem Großmast, und das Loggen ergab eineinhalb Knoten mehr Fahrt. Aber dies hatte *Hellebore* nicht nur vier ihrer vorderen Reißzähne gekostet, es beeinträchtigte auch die Einsatzbereitschaft der achteren Kanonen, da die anderen nun in ihrem Rückstoßraum standen.

Nachdem die vierte Kanone festgelascht war, richteten sich die beiden Leutnants auf. Drinkwater hatte Rogers' Stänkerei schon wieder vergessen.

»Ich hoffe nur, daß der Bastard uns nicht erwischt, sonst wird es auf eine verdammt schnelle Übergabe hinauslaufen«, murmelte Rogers säuerlich.

»Warten Sie's ab, Rogers. Es ist schon Nachmittag, wir können uns wahrscheinlich in die Dunkelheit retten.«

»Sie sind ein heilloser Optimist, Drinkwater.«

Drinkwater zuckte die Achseln und ging wieder nach achtern. Es hatte den Anschein, als hätte sich Griffiths während ihrer stundenlangen Arbeit nicht von der Stelle gerührt. Wie er so versunken dastand, hätte man meinen können, er sei in Halbschlaf gefallen – aber nur, bis man seine scharfen Augen sah, die unablässig achteraus spähten. Es gab keinen Zweifel mehr, sie mußten das Rennen verlieren. Die große Fregatte war immer deutlicher zu erkennen. Ihr Rumpf stand schon hoch über der Kimm, und nun wurden drüben auch schon Versuchsschüsse abgegeben. Einstweilen fielen die Kugeln noch harmlos in *Hellebores* Kielwasser.

»Er probiert es seit einer halben Stunde«, sagte Griffiths. »Es wird wohl noch zwei Stunden dauern, bis wir die Spritzer im Gesicht fühlen, und eine weitere Stunde, bevor die ersten Splitter fliegen.« Er umklammerte die Reling fester, als wolle er das Holz vor dem Unabwendbaren retten.

»Wir können eins unserer Buggeschütze nach achtern richten, Sir«, schlug Drinkwater vor.

Griffiths nickte. »Genau wie dieser *cythral* Santhonax, als er *Kestrels* Toppmast runterschoß, nicht wahr?«

»Aye.«

»Wir werden sehen. Vorläufig hat es noch keinen Sinn. Hat Lestock in seinem Arbeitseifer das Kombüsenfeuer löschen lassen?«

»Ich habe nicht die geringste Ahnung, Sir.« Bei der Erwähnung der Kombüse merkte Drinkwater, wie hungrig er war.

»Dann sehen Sie mal, was noch zu machen ist, *bach*. Die Jungs sollen ruhig essen. Wie immer es ausgeht, mit vollem Bauch läßt es sich besser ertragen.«

Eine halbe Stunde später schlang Drinkwater eine Schüssel Eintopf hinunter. In der Messe, wo er mit Lestock und Appleby die improvisierte Mahlzeit einnahm, herrschte unnatürliche Gespanntheit. Überall im Schiff bewegten sich die Männer wachsam wie Katzen, eine Niederlage fürchtend und auf ein Entkommen hoffend. An welche der beiden Möglichkeiten man glaubte, hing vom persönlichen Temperament ab. Drinkwater konnte sich den Luxus derartiger Spekulationen nicht leisten. Seine persönlichen

Ängste und seine Berufsehre verlangten, daß er nach außen von der Rettung überzeugt schien.

»Ich sage Ihnen, Appleby, wenn diese Schlafmützen nicht bei dem Leesegel Mist gebaut hätten, würden wir eine halbe Meile voraus stehen«, sprühte Lestock in seinen Porridge, mit seinen Nerven am Ende.

»Unsinn, Mr. Lestock«, sagte Drinkwater beruhigend, nicht bereit, das Thema wieder aufzunehmen. »Bei solchen Gelegenheiten kommen immer kleine Fehler vor. Vielleicht ist auch bei unserem Verfolger etwas schiefgelaufen, was ihn eine Minute oder zwei gekostet hat. Hoffen wir, daß wir bis zur Dunkelheit durchhalten können.« Drinkwater erhob sich.

»Ah«, erwiderte Appleby spöttisch, »die berühmte blaue Stunde . . .«

»Und habt auch ein wenig Vertrauen zu Madoc Griffiths«, schnaubte Drinkwater ärgerlich.

»Ja, ja, der walisische Zauberer . . .«

Drinkwater verließ die Messe, Lestocks klägliches Gelächter in den Ohren. Es gab Momente, in denen Harry Appleby ihn zur Weißglut reizen konnte. Er wußte, daß die Ursache in Applebys tiefer Abneigung gegen Blutvergießen lag und in der Verachtung des dadurch erworbenen Ruhms. Aber im Moment konnte er keine Toleranz für die Ideale des Arztes aufbringen. Ihm wurde klar, daß er mit Rogers die Furcht vor einer schmachvollen Übergabe teilte.

Er ging wieder an Deck. Die Fregatte war zweifellos näher gekommen. Er fluchte unterdrückt und näherte sich Griffiths.

»Haben Sie gegessen, Sir?«

»Ich habe keine Lust auf Essen, *bach.*« Griffiths drehte sich um, sein Gesicht verzerrte sich vor Schmerzen, als durch diese Bewegung das Blut in seinem Bein wieder zu kreisen begann. Nur mühsam konnte er die Balance halten. Ein Strom walisischer Flüche floß aus seinem Mund, als Drinkwater ihn stützen mußte.

»Mir geht es gut. Aber das Alter ist eine fürchterliche Plage. Übernehmen Sie für kurze Zeit, ich muß den Hals eines kleinen grünen Freundes streicheln.«

Nach zehn Minuten war er wieder an Deck. Er roch nach Schnaps, hatte aber mehr Farbe im Gesicht. Nach einem kritischen Blick auf die Segel nickte er Zustimmung.

»Vielleicht wird der Wind bei Sonnenuntergang schwächer. Das könnte uns einen kleinen Vorteil verschaffen.«

Möglich, dachte Drinkwater, aber keineswegs sicher. Eine Stunde später spürten sie das Spritzwasser der Probeschüsse, die in ihr Kielwasser einschlugen.

Der Wind machte keine Anstalten abzuflauen.

Schließlich nahte Applebys blaue Stunde und mit ihr das erste Anzeichen, daß noch nicht alles verloren war. Der Sonnenuntergang wurde von heraufziehenden Wolkenbänken begleitet, was eine Verkürzung der Dämmerung und eine Wetterverschlechterung bedeutete. Die Brigg raste noch immer unter Vollzeug dahin, und Lestock, der vorher wegen des Setzens der Leesegel so besorgt gewesen war, machte sich nun Sorgen, wie er sie bergen sollte. Wenn das Manöver bei Dunkelheit ausgeführt wurde, gab es unzählige Möglichkeiten, daß etwas schiefging. Schon ein Vertörnen der Leinen konnte in solch einem Augenblick eine Katastrophe heraufbeschwören. Lestock teilte seine Befürchtungen dem Kommandanten mit.

»Ich stimme Ihnen zu, Mr. Lestock, aber Leesegel interessieren mich im Augenblick nicht.« Griffiths rief Drinkwater und Rogers heran, und zu viert starrten sie angestrengt achteraus.

»Er wird uns gegen die sinkende Sonne noch eine Weile sehen. Natürlich rechnet er damit, daß wir etwas unternehmen. Ich werde auf ihn zudrehen...« Griffiths verstummte, um die Neuigkeit wirken zu lassen. Rogers stieß einen leisen Pfiff aus; Drinkwater lächelte – einesteils weil die langen Stunden des Nichtstuns nun vorbei waren, andererseits über die schiere Angst auf Lestocks Gesicht.

»Mr. Lestock hat völlig recht, was die Leesegel angeht«, fuhr Griffiths fort. »Aber mit den zusätzlichen Backstagen fürchte ich nicht für den Mast. Wenn die Spieren brechen oder die Segel aus den Lieken fliegen – zum Teufel mit ihnen! Schließlich haben wir noch all unsere Kanonen und unser ganzes Frischwasser... Nun zu den Kanonen, Mr. Rogers. Ich möchte alle, die einsatzbereit sind, doppelt geladen und mit höchstem Anstellwinkel feuerbereit wissen. Aber Sie feuern nur auf meinen ausdrücklichen Befehl hin – unter Androhung der Todesstrafe. Es wird nur zurückgeschossen, wenn wir gesehen werden. Mr. Drinkwater, ich verlange absolute Ruhe im Schiff. Ich lasse jeden Mann auspeitschen, dem auch nur ein lauter Wind entschlüpft. Die Toppsgasten sollen ihre Messer bereithalten, damit sie alles kappen können, was sich da oben losreißt oder vertörnt ... Haben Sie mich verstanden, Gentlemen?«

Die drei Offiziere murmelten ihre Zustimmung. Eine Kugel schlug ins Heck und warf eine Wolke von Splittern auf.

»Sehr gut«, sagte Griffiths gefühllos. »Lassen Sie uns hoffen, daß er uns in vierzig Minuten nicht mehr sehen kann. Treffen Sie bitte Ihre Vorbereitungen.«

»Anluven!«

Die Brigg begann sich nach Backbord zu drehen, die Rahen schwangen herum, als sie an den Wind ging. Seine Stärke wurde sofort spürbar. Streifen fliegenden Spritzwassers klatschten über das Vorschiff, als sie sich nach Luv zu kämpfen begann.

»Voll und bei auf Steuerbordbug, Sir!« meldete Lestock, sich selber beruhigend. *Hellebore* lag unter dem Druck der Segel weit über.

Drinkwater trat zu Griffiths an die Reling, und beide starrten in die Dämmerung nach Backbord, wo die Fregatte sein mußte.

»Da ist sie, Sir, und bei Gott, sie dreht auch!« rief er.

»*Myndiawl!*« Drinkwater spürte die Spannung des Kommandanten, der ins Düstere blickte. »Denken Sie, daß wir ihm in die Arme laufen?«

Drinkwater antwortete nicht. Man konnte es unmöglich sagen, wahrscheinlich hatte der Fremde Griffiths' Manöver geahnt, wenn auch nicht genau gesehen.

Die beiden Schiffe preschten keine neun Kabellängen voneinander entfernt dahin, jetzt auf beinahe parallelen Kursen. Drinkwater studierte den Gegner. Er war nun sicher, daß es sich um einen Franzosen handelte. Zwei Dinge wurden durch das Nachtglas deutlich. *Hellebore* hatte einen kleinen Vorteil, denn der andere barg gerade seine Leesegel. Das damit verbundene Durcheinander machte ihn im Augenblick langsamer. Zweitens wurde sein Umriß größer, was bedeutete, daß er nicht so hoch am Wind lag wie der Brite. Wenn es *Hellebore* gelang, vor seinem Bug durchzulaufen, konnte sie immer noch entkommen. Sein Kurs ließ vermuten, daß der französische Kommandant ein vorsichtiger Mann war. Die Leesegel wurden sorgfältig behandelt, die Aufmerksamkeit der Männer mußte für etwa zehn Minuten binnenbords fixiert sein. Der Franzose würde bei halbem Wind die Segel kürzen und bis Sonnenaufgang warten. Er rechnete wohl damit, *Hellebore* auf jeden Fall bei Tagesanbruch noch in Sicht zu haben und dann beenden zu können, was er am Tag zuvor begonnen hatte. Drinkwater flüsterte Griffiths seine Vermutung zu, der sie scheinbar eine Ewigkeit bedachte.

»Wenn das der Fall sein sollte, dann wäre es am besten, wenn wir hinter seinem Heck vorbeihalsen würden.«

»Damit wären wir ihn aber nicht los, da wir dann nach Norden segeln würden. Und wie ist es, wenn wir so weiterlaufen, nach Luv durchbrechen und verduften?«

Er hörte Griffiths schnaufen. »Nun denn!« sagte er schließlich.

Der Abstand betrug jetzt eine halbe Meile und verringerte sich noch weiter. Jeden Moment mußten sie entdeckt werden. Drinkwater blickte aufmerksam nach oben, er sah einen weißen Fleck, das mußte Lestocks Gesicht sein; daneben standen Dalziell und Mr. Q. *Hellebores* Großmast passierte den Bug der Fregatte. Drinkwater sah, wie sich ihre Bramsegel bauschten, als die Schoten losgeworfen und die Gordings dichtgeholt wurden, um die Segel zu bergen. Er war sicher, daß seine Annahme stimmte, aber ein neuer Gedanke schoß ihm durch den Kopf. Ein Toppsgast dort drüben auf der Rah konnte die Brigg so dicht in Lee gar nicht übersehen.

Eine Minute später ertönte der Warnruf. Sie konnten ihn über die Entfernung von dreihundert Metern deutlich hören. Drinkwater versuchte zu erkennen, ob die Leestückpforten geöffnet waren, und wartete auf die verheerende Breitseite. Rogers blickte zu ihnen nach achtern, begierig darauf, das Feuerkommando zu geben. Nun hörte man mehrere Rufe auf dem Fremden, zweifelsfrei in Französisch. Ein Gemurmel lief über *Hellebores* Deck.

»Mr. Q, lassen Sie bitte die holländische Flagge setzen.«

Ein Ruf klang über das Wasser, gefolgt von einem Kanonenschuß, der das leewärtige Leesegel durchschlug. Eine Sekunde später war es aus den Lieken geflogen. Die horizontalen Streifen der holländischen Flagge verschafften ihnen einen kurzen Aufschub, einen Moment der Unentschlossenheit auf dem Achterdeck der Fregatte. Dann stiegen die senkrechten Farbbänder der französischen Trikolore an ihrem Mast hoch, und die vorderen

Geschütze an Steuerbord krachten. Drei Kugeln trafen. Sie schlugen unter dem Achterdeck in den Rumpf und verwandelten Rogers' Kammer in ein Chaos. Doch niemand wurde verletzt. Die Brigg war nun so weit voraus, daß sie die Kanonen des Gegners nicht länger bestreichen konnten. Achtzig Meter vor seinem Bugspriet passierte *Hellebore* den Feind.

»Er luvt an, Sir.«

»Will uns eine Breitseite verpassen, der Bastard.« Griffiths blickte über sein eigenes Deck nach vorn. »Halten Sie sie voll und bei, Mr. Lestock. Ich möchte keine Handbreit Höhe verlieren, verstanden?«

Drinkwater sah das französische Schiff an den Wind drehen und beobachtete das unregelmäßig aufblitzende Mündungsfeuer der Steuerbordbatterie. Über seinem Kopf brachen Leinen, und Löcher klafften in den Segeln; aber keine Spiere wurde beschädigt.

»Ha!« röhrte Griffiths jubelnd. »Seht ihn euch an, verdammt!«

Drinkwater wandte seine Aufmerksamkeit von *Hellebores* Gefieder ab und wieder der Fregatte zu. Er hörte Warnrufe und ärgerliche Schreie, weil sie zu weit an den Wind gedreht hatte und Fahrt verlor; er sah ihre Segel einfallen. Eine zweite Breitseite blitzte auf, ging aber daneben. Griffiths grinste breit.

»Lassen Sie die Leesegel stehen, Mister, auch wenn sie alle bis morgen früh zum Teufel gegangen sind. So eine Chance kriegen wir kein zweites Mal.«

»Stimmt, Sir. Kann ich die Kanonen sichern und die Freiwache wegtreten lassen?«

Griffiths nickte, und Drinkwater hörte ihn flüstern: »Das war verdammtes Glück, bei Gott!«

»Mr. Rogers! Lassen Sie die Geschütze sichern und die Freiwache wegtreten. Mr. Lestock, lassen Sie Rudergänger und Ausguck ablösen und steuern Sie bis auf weiteres voll und bei.«

Lestock bestätigte den Befehl. Drinkwater stellte nach achtern blickend fest, daß schon zwei Meilen zwischen den beiden Schiffen lagen. Der Franzose hatte die Jagd erneut aufgenommen, aber fünf Minuten später war er im ersten Regenschauer der Schlechtwetterfront verschwunden.

Bei Tagesanbruch waren sie allein auf dem leeren Ozean, und nach einigen Stunden wurde klar, daß sie ihren Verfolger abgeschüttelt hatten. Sie behielten den Kurs bei, brachten die Kanonen wieder in Stellung und setzten ihre Reise fort. Die Leesegelausrüstung mußte überholt werden, denn drei Spieren waren während der Nacht gebrochen, und mehrere Segel mußten erneuert werden.

Eine Woche später war an Bord der gleichmäßige Trott wieder eingekehrt und hatte die Verfolgungsjagd in das Reich der Erinnerung verwiesen. Dann überraschte sie der Südatlantik ein zweites Mal. Bei vier Glasen am Vormittag, acht Tage nach ihrem Entkommen, trieb ein Ruf des Ausgucks Drinkwater an Deck.

»Ein Boot, Sir, gut auf der Luvseite!«

Er trat zu Lestock an die Reling und stützte sein Glas auf eine Jungfer. Wenig später kam Griffiths zu ihnen gehumpelt.

»Also«, brummte er mißmutig, »können Sie's sehen?« Beide mußten verneinen. Geduldig suchten sie die brechenden Seen ab, bis sich plötzlich eine Silhouette scharf gegen den Himmel abzeichnete. Es war zweifelsfrei ein Boot, und für einen Sekundenbruchteil konnten sie verzweifelt winkende Arme ausmachen und einen roten Streifen, der im Wind wehte.

»Querab, Sir, dort! Es treibt schnell vorbei!« Das Boot war nicht weiter als eine halbe Meile entfernt und wieder in einem Wellental verschwunden.

»Machen Sie das Schiff klar zum Halsen, Mr. Lestock. Alle Mann an Deck.«

»Ich werde aufentern, Sir, und es im Auge behalten.«

Ohne auf die Erlaubnis zu warten, sprang Drinkwater in das Rigg des Großmastes und kletterte schnell zum Topp. Die Aufregung verlieh ihm zusätzliche Energie, und er bewegte sich so flink wie ein junger Fähnrich. Mit dem Rücken nach unten hängend, passierte er den Großmars, packte die Stengewanten und warf schließlich ein Bein über die Doppelungen im Großmasttopp. Unter ihm wurde das Bramsegel aufgegeit. *Hellebore* hatte ihre Drehung nach Steuerbord begonnen, die Wache trimmte die Rahen, bis sie den Wind genau von achtern hatten. Drinkwater schaute nach Steuerbord und konnte zunächst nichts entdecken. Die Leute im Boot mochten verzweifelt zusammengesunken sein. Auch er konnte sich keine größere Enttäuschung vorstellen, als so dicht von einem Schiff passiert und nicht gesehen zu werden. Doch plötzlich fand er den roten Flecken wieder. Die Verzweiflung war in Freude umgeschlagen, als die Schiffbrüchigen das Manöver der Brigg erkannten. *Hellebore* drehte immer noch, der rote Fleck lag nun fast voraus. Unter Drinkwater rumpelten die Rahen leise beim Anbrassen.

»Halten Sie sie auf halbem Wind, Sir, wir haben das Boot jetzt eben in Luv!« rief er nach unten. *Hellebore* lief mit halbem Wind weiter, ihre Crew diskutierte aufgeregt, drängte neugierig nach vorne. Drinkwater sah, wie einer den Arm ausstreckte, er hatte das Boot also ausgemacht. Auf seine Würde bedacht, kletterte er wieder an Deck.

»Achterdeckswache! Klar bei Großmastbrassen! Fier auf an Backbord, hol dicht an Steuerbord!« *Hellebore* drehte bei, Großmarssegel und Großbramsegel schlugen gegen den Mast back und stoppten so die Fahrt des Schiffes. Schließlich lag es ruhig auf Backbordbug bei. Das Boot war ungefähr achtzig Meter entfernt.

Sie konnten es nun deutlich erkennen. Die Insassen hatten Riemen hervorgeholt und versuchten angestrengt, auf die Leeseite zu gelangen.

»Oho, da ist eine Frau im Boot, verdammt!« erscholl ein Ruf vom Vorschiff, wo sich die Besatzung drängelte. Schrille Pfiffe, erregtes Grinsen und obszöne Gesten begleiteten diesen Ausruf.

Sie wurden von Drinkwater abgewürgt: »Ruhe! Ruhe da vorn!« Er wechselte einen Blick mit Griffiths. Der Kommandant hatte aus gutem Grund auf eine Äquatortaufe verzichtet. ›Sie schminken und putzen die Pulveräffchen wie Straßenmädchen, und dann kommen sie auf alle möglichen Ideen, Nathaniel. Nein, davon wollen wir nichts wissen‹, hatte er geknurrt, und tatsächlich war in dieser Beziehung alles glatt gelaufen. Nun wurden sie mit einem weitaus schwierigeren Problem konfrontiert.

Augenscheinlich waren drei Frauen im Boot. Eine schien eine große Person zu sein, die mit dem Riemen umgehen konnte wie ein Fährmann. Sie trug rote Stoffetzen um die Schultern, damit hatte sie gewinkt und allen das Leben gerettet. Weniger interessant waren die sechs Männer im Boot, die Vogelscheuchen glichen.

Die Mannschaft der Brigg kletterte in die Rüsten, um den

Schiffbrüchigen zu helfen. Es gab ein eifriges Ziehen und manch aufmunterndes Spottwort, als die Unglücklichen an Bord gehievt wurden.

»Hier, faßt mal mit an, helft unserem verwundeten Offizier.«

Ein Toppgast sprang ins Boot hinunter, und der schlaffe Körper eines rotberockten Infanteriehauptmanns wurde über die Reling gezogen. Appleby nahm den Bewußtlosen sofort unter seine Fittiche. Inzwischen wurden die anderen an Deck aufgereiht und tranken durstig aus den Bechern, die man ihnen anbot. Die sechs durchnäßten Männer entpuppten sich als zwei Seeleute und vier einfache Soldaten in ausgebleichten roten Röcken; ihre üblichen Ledergurte fehlten. Sie waren rotäugig, ihre verbrannten Gesichter schälten sich. Die beiden Seeleute waren in etwas besserem Zustand, ihre bereits gebräunte Haut hatte sie vor dem Schlimmsten bewahrt. Aber es waren die Frauen, denen die Aufmerksamkeit der Besatzung galt.

Die Große war um die Vierzig, rotgesichtig und kräftig, die Oberarme dick wie Schinken. Eine ungebändigte Flut schwarzer Haare fiel ihr über die Schultern, als sie den Kopf zurückwarf und sich breitbeinig auf die Planken pflanzte. Neben ihr stand eine jüngere Ausgabe ihrer selbst, ein strammes Mädchen, dessen stattliche Figur von den Überresten eines Baumwollkleides nur unvollkommen verhüllt wurde. Das Gesicht wies leichte Pockennarben auf.

Drinkwater hörte Griffiths neben sich seufzen. »Deportierte«, murmelte er. Erst jetzt bemerkte Drinkwater die Male der Fußfesseln an ihren Knöcheln.

Die dritte Frau war eine hagere Spitzmaus, ihr Gesicht wurde von einer Adlernase beherrscht. Sie war etwa fünfunddreißig und sah sich mit ihren dunklen Augen bereits unter den bewundernden Männern um.

»Welcher Ihrer Männer ist Schneider, Mr. Drinkwater?«

»Hobson, Sir.«

»Er soll noch heute etwas zusammenflicken, womit sie ihre Blöße bedecken können. Er kann Flaggentuch verwenden, wenn sich nichts anderes findet. Aber wenn ich morgen noch mehr sehe als einen Knöchel oder einen Hals, lasse ich Hobson das Fell abziehen.«

»Aye, aye, Sir.«

»Werfen Sie die beiden Fähnriche aus ihren Kammern, sie sollen die Hängematten in der Messe aufschlagen. In den Kammern werden die Frauen untergebracht.« Der Kommandant hob die Stimme. »Nachdem ihr nun getrunken habt – wer soll für euch sprechen? Wer seid ihr, und woher kommt ihr?«

»Wir sind von Seiner Majestät Transportschiff *Mistress Shore*, Kapitän«, antwortete die große Frau und machte sich die Kehle frei, indem sie auf das makellose Deck spuckte. Den Offizieren traten bei dieser schweren Ungehörigkeit die Augen aus dem Kopf. Ein normaler Seemann hätte dafür drei Dutzend Peitschenhiebe bekommen. Ungerührt ließ Griffiths die Freiwache den Speichel von Seiner Majestät Planken spülen.

»Machen Sie das nicht noch einmal«, sagte er ruhig, »oder ich lasse Sie dafür auspeitschen. Also, warum trieben Sie hier herum?«

»Das fragen Sie besser die Soldaten, Kapitän, das sind die Lumpen, die . . .«

»Halt den Mund, Weib«, blaffte ein Soldat, der sich offensichtlich langsam erholte. Drinkwater vermutete, daß die armen Teufel seekrank wie die Hunde gewesen, aber vom unbeugsamen Willen der großen Frau am Leben gehalten worden waren. Jetzt zuckte sie mit den Schultern, und der Soldat nahm den Faden wieder auf, wobei er sich zu einer Art Habt-acht-Stellung aufraffte.

»Verzeihung, Euer Ehren, Sir, aber ich bin Anton, Sir, Soldat im New South Wales Corps, einer Abteilung, die für die Botany Bay bestimmt war, Sir. Der verwundete Offizier ist Hauptmann Torrington. Wir waren an Bord der *Mistress Shore* zwanzig Mann und der Hauptmann. Der größte Teil der Wachen wurde von französischen Emigranten und ehemaligen Kriegsgefangenen gestellt, die unter unserer Flagge dienen wollten.« Anton verdrehte die Augen, um seine Mißbilligung auszudrücken, und versagte es sich im letzten Augenblick, auf das Deck zu spucken. Er wischte sich nur mit dem Handrücken über den Mund. »Verzeihung, Sir. Diese Hunde meuterten eines Nachts unter der Leitung eines Franzosen namens Minchin, überwältigten die Wachen, ermordeten die Offiziere und übernahmen das Schiff.«

»Sie übermannten die gesamte Besatzung?«

»Es kam sehr überraschend, Sir«, rechtfertigte sich Anton. »Sie setzten neunundzwanzig von uns in das Langboot und uns zwölf in den Kutter. Zwei von uns starben, Sir.«

»Wie viele Tage sind Sie getrieben?«

»Nun, Sir, ich kann . . .«

»Zweiundzwanzig, Kapitän«, antwortete statt seiner die große Frau. »Mit einem kleinen Sack Schiffszwieback und einem Wasserfäßchen.«

Griffiths wandte sich an Drinkwater: »Die Männer sollen bei den Seeleuten schlafen. Die Soldaten können bei Gefechtsalarm in den Mastkörben eingesetzt werden, die Seeleute bei den Geschützbedienungen. Über die Frauen werde ich morgen entscheiden, wenn sie respektabler anzusehen sind. Bis dahin, Mr. Lestock, sollten Sie sich darauf vorbereiten, daß wir Kapstadt anlaufen werden.«

Vielfältig und seltsam sind die Pflichten, die ein Leutnant im Dienste Seiner Majestät zu erfüllen hat, schrieb Drinkwater in seinem langen Brief an Elizabeth, den er von Kapstadt aus nach Hause senden wollte. Zwei Tage waren seit Rettung der Schiffbrüchigen vergangen, und sie waren bereits völlig in den Borddienst eingegliedert worden. Drinkwater hatte einiges über ihre Vorgeschichte erfahren. Die große Frau und ihre Tochter waren wegen Hehlerei nach Australien verbannt worden und hatten ihre Tugend so erfolgreich gegen die verräterischen Franzosen verteidigt, daß Monsieur Minchin sie weise alle dem anderen Boot zugeteilt hatte, bevor sie ihn um seine neue Freiheit bringen konnten. Die Frau wurde Big Meg genannt, ihre Tochter hieß Mary. Hobson hatte beide mit einem bizarren Kostüm versorgt, weshalb Big Meg auch »Nummer Vier« genannt wurde, da der größte Teil ihrer Kleidung aus dem Schwarz und Gelb dieses Zahlenwimpels bestand. Meg wie Mary übernahmen gern die Aufgaben, die ihnen von Drinkwater zugewiesen wurden. Sie arbeiteten mit den Männern zusammen und vermieden zu Griffiths' Erleichterung flüchtige Liebschaften.

Die Männer nahmen das hin. Es gab auf den großen Linienschiffen mitreisende Ehefrauen, die in den Schiffslisten geführt wurden und unschätzbare Dienste bei der Pflege Verwundeter leisteten. Sie vertraten Mutterstelle an den Männern, wurden Vertraute, aber keine Geliebten. Sie wurden sogar ausgepeitscht, wenn sie sich gegen die eisernen Gesetze des Zwischendecks vergingen. Aber auf *Hellebore* war die Situation doch delikater. Während die Frauen dachten, sie könnten jedermann gut Freund, aber keinem zu Willen sein, während sie die Männer also an der Nase herumführten, übten sie in Wirklichkeit einen heilsamen Einfluß aus. Sie verbesserten sogar die Manieren und die Sprechweise der Offiziere.

Rogers machte Miss Mary verschämt den Hof. Sie war von Hobson mit einem karmesinroten Kleid herausgeputzt worden, das geschmackvolle Einfassungen aus gebleichter Angelschnur noch verfeinerten. Nach allgemeiner Auffassung sollte man sich nett zu den Frauen benehmen. Sie waren die guten Geister des Zwischendecks. Wenn sie im Sinne des Gesetzes auch schuldig sein mochten, so war in ihnen doch keine Spur Verworfenheit.

Big Meg und ihre Tochter zupften Werg, schrubbten Leinwand, säuberten Eßgeschirre, nähten und wuschen; die dritte Frau half Appleby. Ihr Verbrechen war nicht so leicht zu erfahren gewesen, ein düsteres Geheimnis umgab sie. Ihre Kameradinnen machten dunkle Andeutungen, daß Abtreibung oder Mord der Grund für ihre sieben Jahre Deportation seien und nicht Kuppelei, wie gemunkelt wurde. Sie selbst erzählte, daß sie Hebamme gewesen sei, und sogar Appleby sah sich genötigt, ihr gewisse medizinische Grundkenntnisse zuzugestehen.

Drinkwater, der Applebys tief verwurzeltes Mißtrauen gegen alles Sexuelle kannte, amüsierte dessen anfängliches Unbehagen über seine unverhoffte Assistentin namens Catherine Best. Aber seinen Gehilfen wurde ihre nicht gerade beneidenswerte Arbeit erheblich erleichtert. Catherine sorgte dafür, daß sie bald als unentbehrlich galt. Zwar war sie keine Schönheit, aber ihre Figur reichte aus, den beiden Gehilfen einzuheizen. Sie spielte den einen gegen den anderen aus und sicherte sich so die Aufmerksamkeit beider. Außerdem übernahm sie die Pflege von Hauptmann Torrington und erntete dafür von Appleby schließlich ein gegrunztes Lob.

Die geretteten Matrosen waren bald in die Mannschaft integriert, die Soldaten exerzierten unter ihrem schnell beförderten Korporal Anton. Hauptmann Torrington war nach einer Woche fieberfrei, allerdings hatte er durch seine Degenwunden viel Blut verloren.

Die Sonne folgte der Brigg immer weiter nach Süden, und sie

konnten einen frühlingshaft warmen Oktober genießen. Albatrosse begleiteten sie wie riesige Eissturmvögel, elegant und anmutig auf ihren enormen Schwingen schwebend. Hier fanden sie auch die Sturmtaucher wieder, die sie zuletzt am Ausgang des Kanals gesehen hatten, und die schwarz-weißen Sturmvögel, die Seeleute ›Kaptauben‹ nannten.

Am zweiten Sonntag im Oktober wurde Griffiths monotone Vorlesung aus der Heiligen Schrift vom Ruf des Ausgucks unterbrochen: Land in Sicht! Mittags schrieb Lestock in seine Kladde: ›Frischer Wind und teilweise Bewölkung, zweites Reff gesteckt. Wir haben den Tafelberg des Kaplandes in E1/2N gepeilt, Abstand sechzehn bis achtzehn Meilen.‹ Am Nachmittag schlugen sie die Pfropfen aus den Kettenklüsen, holten die Ankerleinen an Deck und steckten sie an. Am folgenden Morgen näherten sie sich dem Land unter ständigem Loten, aber es wurde Nachmittag, bis sie die Buganker fallen lassen konnten, an einem schönen Ankerplatz auf zweiundzwanzig Faden Wasser mit Sandgrund. Nördlich von ihnen dräute das mächtige Massiv des platten Tafelberges, darunter drängte sich das weiße, von Holländern erbaute Städtchen. Drinkwater meldete Griffiths die Brigg aufgeklart.

»Sehr gut, Mr. Drinkwater. Morgen wollen wir sehen, was wir an frischen Lebensmitteln finden können und wo wir an Trinkwasser herankommen. Wenn wir Zitrusfrüchte bekommen können, kaufen wir so viel wie möglich, informieren Sie bitte den Zahlmeister entsprechend. Unsere Gäste setzen wir alle an Land, mit Ausnahme der Seeleute; die bleiben. Ich werde den Gouverneur aufsuchen, und in der Zwischenzeit lassen Sie bitte Rogers den Salut für das Fort schießen.«

»Aye, aye, Sir.« Er drehte sich um.

»Mr. Drinkwater . . .«

»Sir?« Griffiths ließ sich auf einen Sessel nieder, das gebrochene Bein steif von sich gestreckt. Schweißperlen standen auf seiner Stirn, sein Gesicht war grau. Er litt offenbar starke Schmerzen.

»Weiter drinnen liegen einige Indienfahrer. Einer von ihnen kann bestimmt Post von uns nach England mitnehmen.«

»Jawohl, Sir. Danke, Sir.«

Als er sich hinsetzte, um den langen Brief an Elizabeth zu beenden, krachten die ersten Salutschüsse über seinem Kopf.

SECHSTES KAPITEL

Oktober–November 1798

Das Kap der Stürme

Drinkwater schreckte aus tiefem Schlaf hoch und war schlagartig hellwach. Er starrte in die pechschwarze Dunkelheit, die Ohren gespitzt, und wartete auf die Wiederkehr des Geräusches, das ihn geweckt hatte.

Das Schiff quietschte und ächzte, wenn die nachlaufenden Seen sich unter sein Heck schoben, es anhoben und unter dem Rumpf durchliefen. Der Südwest hatte fast Sturmstärke erreicht, als er vor zwei Stunden von Deck gegangen war, und jetzt hatte ihn ein ungewohntes Geräusch geweckt. Was es auch gewesen war, die Deckswache hatte es jedenfalls nicht alarmiert, denn es waren keine Warnrufe zu hören. Drinkwater dachte an die zehn Kanonen, die sie vor einer Woche, ehe sie Kapstadt verließen, im Laderaum verstaut hatten. Sie waren dort zu gut gelascht und verkeilt, als daß sie sich hätten losreißen können. Die beiden Boote waren aus den Davits genommen und kieloben zu beiden Seiten des Spills aufgestellt worden, weil dort die Sechspfünder fehlten; außerdem schützten sie wenigstens teilweise die mit Persenningen abgedeckten Grätings. Aber er bezweifelte, daß sie derartige Stöße verursachen konnten, wie er glaubte, gehört zu haben.

Dann wiederholte es sich, ein leichtes Stoßen, das aber trotzdem im ganzen Rumpf zu vibrieren schien. Es war von so unbarmherziger Eindringlichkeit, daß Drinkwater völlig wach wurde. Er schwang die Beine aus der Koje und langte nach Hose und Stiefeln. Die Ursache dieser Erschütterung war an Deck zu suchen, nicht hier unten. Irgend etwas hatte sich oben gelöst. Im Brüllen und Zischen der See und beim Pfeifen des Windes in der Takelage mochten es die Männer an Deck überhören. Er zog seinen Ölmantel über und verschloß die Ärmel an den Handgelenken mit einer Länge Schiemannsgarn. Dann drückte er sich den Hut fest auf den Kopf und verließ seine Kammer. Er war doppelt besorgt, denn im Grunde kommandierte *er* die Brigg. Griffiths hatte einen schweren Malariaanfall. Er war jetzt über ein Jahr beschwerdefrei gewesen, doch als *Hellebore* den Südlichen Ozean erreicht hatte, um auf vierzig Grad Breite, den Agulhasstrom meidend, das Kap zu runden, hatten ihn Fieberphantasien niedergestreckt.

Der Wind packte Drinkwater, als er an Deck trat. Seinen Hut festhaltend, suchte er mit den Augen das Rigg ab, dann schwankte er zum Fuß des Großmastes und legte eine Hand auf seine Oberfläche. Er konnte nur das normale Zittern fühlen. Eine Gestalt tauchte neben ihm auf. »Sind Sie das, Mr. Drinkwater?«

»Ja, Mr. Lestock«, rief er zurück. »Irgendwo ist etwas lose, aber ich will verdammt sein, wenn ich weiß, wo.«

Er wandte sich nach vorn, wo die Seen weiß über die Reling spülten. Der erste Sturm nach einer langen Schönwetterreise war immer der gefährlichste. Er fröstelte unter dem Anprall des eisigen Wassers und fluchte gotteslästerlich, als er den Fockmast erreichte. Die Bramstengen waren an Deck genommen worden, der Masttopp beschrieb vor dem Himmel seine Kreise. Die fliegende Gischt machte es Drinkwater unmöglich, Einzelheiten zu unterscheiden, nur das fahle Rechteck des dreifach gerefften Marssegels hob sich deutlich ab. Als er die Hand an den Mast legte, fühlte er sie sofort: eine Erschütterung, die lautlose, aber starke Vibrationen durch den Mast sandte, die sich bis auf die Kielsohle übertrugen. Er blickte wieder nach oben, Spritzwasser brannte ihm in den Augen. Ihm fiel auf, daß Lestock nach dem Wachwechsel die Fock hatte bergen lassen. Drinkwater hätte das Marssegel weggenommen, um den Angriffspunkt der krängenden Kraft niedrig zu halten. Lestock handelte stets rein routinemäßig, er war ein verknöcherter, schlecht ausgebildeter Offizier. Wieder fühlte Drinkwater die Erschütterung, und dann sah er die Ursache. Das Vormarssegel stand ungewöhnlich, sein Fußliek bildete eine scharfe Hyperbel an Stelle des zu erwartenden elliptischen Bogens. Die Fockrah unter dem Segel sah merkwürdig aus, sie war nicht gerade, sondern zeigte schräg nach oben.

»Mr. Lestock!« rief Drinkwater nach achtern. Irgendwo in der Nähe des Racks mußte die große Spiere gebrochen sein, und nur das an ihr entlang aufgetuchte Focksegel verhinderte, daß sie von oben kam.

»Mr. Lestock!« Drinkwater stolperte nach achtern und scheuchte die Wachgänger auf, die sich im Schutz der Boote zusammengekauert hatten.

»Vermutlich ist die Fockrah an der Heißtalje gebrochen«, rief er Lestock zu. »Ein Ende scheint noch vom Rack gehalten zu werden, aber die andere Seite ist lose und gefährdet den Mast. Unter Deck sind die Stöße deutlich zu hören. Wir müssen das Vormarssegel wegnehmen. Aber lassen Sie um Himmels willen nicht die Brassen fieren, dann fliegt uns alles um die Ohren. Halten Sie das Schiff unter Vormaststagsegeln genau vor dem Wind und alarmieren Sie alle Mann.« Er brüllte es dem Navigator ins Ohr, aber jemand hatte mitgehört; im nächsten Augenblick rief der Bootsmannsmaat der Wache seinen Alarm in den Niedergang hinunter. Drinkwater griff sich einen Matrosen.

»Stokeley, lassen Sie alle hinter den Booten antreten, denn wenn der ganze Mist von oben kommt, reißt er noch einiges andere mit. Wer ist auf der Back?«

»Davies, Sir.«

»In Ordnung. Mr. Lestock! Mr. Lestock!«

»Was ist?«

»Geben Sie mir das Sprachrohr.« Er setzte es an und rief hindurch: »Achtung Back! Davies! Kommen Sie sofort nach achtern!«

Der Wind trug seine Stimme nach vorn, und der Mann kam schnell nach achtern. Drinkwater überließ die Erklärungen Stokeley und ging zu den Männern, die sich am Großmast eingefunden hatten.

»Nun paßt gut auf, Jungs. Die Fockrah ist gebrochen. Wir müssen die Schoten des Marssegels loswerfen und das Segel so schnell wie möglich wegnehmen. Ich brauche außerdem vier Freiwillige, die mit mir nach oben gehen und ein Ende um das abgebrochene Teil legen, damit wir es bis zum Morgen festlaschen können.«

Die Männer gingen nach vorne. Rogers tauchte aus dem achteren Niedergang auf, ebenso die beiden Fähnrichte.

»Also, meine Herren, mir nach.«

Er verteilte die Leute, die das Bramsegel bergen sollten. Aber als die Schoten gefiert wurden, sah er gleich, daß es so nicht klappen würde. Der Eifer, mit dem die Männer die Geitaue und Gordings durchzusetzen versuchten, um das schlagende Segel zu bändigen, verstärkte nur den Winddruck darin, drängte es nach oben wie Wäsche auf der Leine. Die Marssegelschoten zogen die Nokken der Fockrah nach oben und verdrehten das große aufgetuchte Segel. Vielleicht scheuerte das zerbrochene Holz die Segelzeisinge der Fock durch, denn plötzlich brachen drei, vier Bändsel, und die Fock blähte sich als große, fahle, wogende Masse auf. Es knallte wie eine Geschützsalve, dann löste sich das Segel in tausend auswehende Bänder auf, die von der gebrochenen Rah wegflatterten. Das Segel war völlig aus dem Liektau gerissen worden, die Beschädigung der Rah war nun klar zu erkennen: ein Anblick, der allen Männern den Atem stocken ließ. Dann kam mit Donnergetöse die Steuerbordhälfte der Rah herunter. Das Marssegel wurde erst flachgezogen, dann riß es ein, kam lose, löste sich auf und wurde nach Lee davongeweht. Die Backbordhälfte der Rah tauchte mit der Nock ins Wasser, dabei zerriß sie die Toppnanten, Fallen und Gordings, die sich als unordentliches Gewirr über Deck schlängelten, vom Wind über die Seite geweht und dann im Wasser nachgeschleift wurden. Was Drinkwater als geordnete Aktion geplant hatte, endete als ein Chaos von Rufen, Flüchen und Befehlen. Auch Drinkwater fluchte aus tiefstem Herzen und begann, Befehle zu brüllen. Die Spieren mußten gerettet werden, koste es, was es wolle. Sie selbst waren zwar nicht so wertvoll, aber ihre eisernen Beschläge waren hier unersetzlich.

»Mr. Lestock! Halten Sie das Schiff vor dem Wind! Mr. Rogers! Sichern Sie mit einer Abteilung die abgerissene Rah, bevor wir sie verlieren!«

Rogers sammelte seine Männer. Er war also nicht streitlustig, schoß es Nat durch den Kopf; die ernsten Umstände und die Aufrechterhaltung der Disziplin verlangten gemeinsame Anstrengungen. Drinkwater wandte sich an seine Freiwilligen. Er hob ein langes Ende Manilatauwerk auf, das offensichtlich früher ein Teil des Toppnants gewesen war, und zog es mit nach oben in die Takelage; die Männer halfen ihm dabei. Der Stumpf der abgebrochenen Rah hatte sich unter der Mars verklemmt, jener hölzernen Plattform, die um die Verbindung von Unter- und Obermast lief. Unter der Mars befand sich eine große Talje, die die Rah am Rack in Position brachte und fixierte. Diese Talje schamfielte, hatte sich verdreht und stieß hin und her. Das zersplitterte Rahende scheuerte und knallte so hart unter die Mars, daß sie erbebte. Und über die äußeren Teile der Mars, die den Wanten der Marsstege zur Befestigung dienten, war die Marsstenge in Gefahr. Zur Zeit hing ihre Manövrierbarkeit nur vom Vorstengestagsegel zu ihren Füßen ab; dessen Stag war über dem Rack der Rah angeschlagen und ebenfalls gefährdet.

Drinkwater beugte sich über die Vorderkante der Mars, sein Ölmantel blähte sich auf und schlug über seinem Kopf zusammen. Die Männer krochen heran und erwarteten seine Befehle. Unter seinem Bauch fühlte er die schweren Balken der Plattform rucken und ächzen. Selbst in der Dunkelheit konnte er das Schamfielen des Racks erkennen, und seine ausgestreckten Finger bestätigten ihm die schlimmsten Befürchtungen.

Er wälzte sich herum und musterte seine Helfer. Tregembo war da, Stokeley, Kellet und auch Mr. Quilhampton, dessen Augen vor Aufregung leuchteten. Ob der Junge sich wohl der Gefahr bewußt war, in der sie schwebten? Wenn *Hellebore* bei dieser See querschlug, bedeutete es den sicheren Tod für sie alle. Mr. Quilhampton hatte eine sehr schöne Mutter, erinnerte sich Drinkwater, sie würde sich um ihren Sohn die Augen rotweinen. Dann verscheuchte er diesen Gedanken, denn es wurde ihm bewußt, daß er ein Symptom seiner Entschlußlosigkeit war.

»Mr. Q!«

»Sir?«

»Klettern Sie an Deck und bitten Sie Mr. Lestock, daß er in Höhe der Reling einen starken Stropp um die Rah legen läßt. Lassen Sie dann eine Geschütztalje daran anschlagen und dichtholen. Ich will Bescheid haben, wenn das erledigt ist. Sagen Sie ihm, daß die Rah abgefiert werden muß, die Racktalje aber schon stark schamfielt hätte. Haben Sie alles verstanden?«

Quilhampton wiederholte die Anweisungen.

»Gut, dann ab mit Ihnen.«

»Soll ich danach wieder aufentern, Sir?«

»Nein.« Zumindest soviel konnte er für die hübsche Witwe tun.

Quilhampton verschwand über die Püttings, Drinkwater wandte seine Aufmerksamkeit wieder der Rah zu.

»Wir müssen eine Bucht um die Rah legen und das Ende dann wieder hierher zurückgeben. Tregembo, hol den Block dort oben. Stokeley, schneiden Sie ein paar Yards Tau ab und machen Sie daraus einen Stropp.«

»Aye, aye, Sir.«

Drinkwater blickte über die Vorderkante der Mars, während er darauf wartete, daß die Männer fertig wurden. Das Scheuern wurde schlimmer. Es blieb nur noch wenig Zeit. Er schaute nach unten. Rogers' Abteilung war ein Gemenge aus ziehenden, schneidenden und drückenden Männern, aber er konnte das Steuerbordteil der Rah schon schwach erkennen. Er fragte sich, welchen Schaden sie wohl beim Herabstürzen angerichtet hatte. Glücklicherweise war es das kleinere Stück gewesen, ohne die schweren Beschläge des Racks.

»Hier, Sir.« Stokeley hatte den Stropp und Tregembo den Block. Drinkwater ließ sich über den Rand der Plattform hinab.

»Nicht doch, Sir, ich mache das«, sagte Tregembo indigniert, aber Drinkwater ignorierte ihn. Es war seine Aufgabe. Wenn er seinen Dienst einige Wochen vor ihrem Auslaufen angetreten hätte, wie es sich für einen guten Ersten gehörte, dann wäre ihm die defekte Stelle wahrscheinlich aufgefallen. Er hätte nicht annehmen dürfen, daß Griffiths die Arbeit genausogut erledigen könne wie er selbst. Jetzt mußte er dem Schicksal die Schulden für die zusätzlichen glücklichen Tage mit Elizabeth bezahlen.

Er verlagerte sein Gewicht langsam auf die wackelnde Spiere. Vorsichtig löste er den Griff und packte den unteren Block der Rahtalje. Die ganze Angelegenheit war höchst aufregend, vor allem, da sein Leben jetzt von den richtigen Bewegungen abhing. Nach oben langend, ergriff er das Ende des Stropps und ließ sich mit ihm weiter hinabrutschen, die Beine um das Holz geklammert. Er ließ den Block der Talje los, um beide Hände für den Stropp frei zu haben. Sein ganzer Körper lag nun auf der gefährlich schiefen Spiere. Die Bewegungen verstärkten sich, er pendelte hin und her. Am Ende jedes Ausschlags gab es einen Stoß, der ihn jedesmal fürchten ließ, er könne abgeworfen werden.

Plötzlich gab es einen heftigen Ruck. Drinkwater umklammerte die Rah mit den Armen, geistesgegenwärtig hielt er trotzdem den Stropp fest. Weil keine weiteren Erschütterungen folgten, wähnte er sich schon im freien Fall. Da erscholl ein Ruf von Deck: »Das

Ende ist gesichert, Sir!« Der Ruck war durch das Beilaschen des äußeren unteren Endes entstanden. Lestocks Männer hatten nicht sehen können, in welch prekärer Situation sich ihr Erster Offizier oben befand.

Drinkwater legte eine Bucht um die Spiere, holte die Enden hindurch, dann zog er die Bucht dicht, die Parten wurden fest bekniffen. Er reichte sie weiter nach oben. Stokeley packte sie, und Drinkwater zog sich wieder auf die Mars. Tregembo hatte schon das eine Ende an der Marsstenge befestigt, das andere durch den Block geschoren. Nun wurde der Block von Stokeley an der Mars angeschäkelt. Jetzt mußten sie nur noch die holende Part durch einen weiteren leeren Block scheren. Tregembo hatte einen Gordingsblock mitgebracht und schäkelte ihn nun so an, daß die Leine klar zum Deck laufen konnte. Ein paar Minuten Arbeit, und ihr provisorischer Flaschenzug war einsatzbereit.

Mr. Quilhampton erschien wieder und meldete: »Mr. Rogers hat das Steuerbordteil gesichert, Sir.«

»In Ordnung. Und nun alle niederentern. Ich bleibe hier. Lassen Sie Mr. Lestock die Rahtalje bemannen. Er soll sie sinnig fieren und das Gewicht über diese Trosse hier auffangen. Achten Sie darauf, daß mindestens ein Törn genommen wird.«

»Aye, aye, Sir.«

Drinkwater lehnte sich an die Marsstenge und sah zu, wie sie hinabstiegen. Ihm war warm, obwohl der Sturm an ihm zerrte. Noch verspürte er Euphorie, aber er wußte, gleich würde er als Reaktion zu zittern beginnen. Gott sei Dank stand ein guter Mann am Ruder, das Schiff war nicht vom Kurs abgekommen. Er mußte daran denken, daß der Bursche ein dickes Lob verdient hatte.

»Achtung, Mars!« erreichte ihn ein Ruf von Deck.

»Hol durch die Leine!« brüllte er zurück. Er legte sich auf den Bauch, um das Manöver besser beobachten zu können. Der Stropp kam stramm.

»Fier langsam, langsam die Rahtalje!«

Die Plattform unter ihm erzitterte. *Hellebore* tauchte in ein Wellental, die um etwa einen Fuß abgesenkte Rah schwang vom Mast weg. Jetzt war die Welle unter dem Kiel durchgelaufen, der Klüverbaum zeigte gen Himmel, die Spiere schwang zurück und knallte mit einem heftigen Schlag gegen den Mast. Verdammt! Er hätte daran denken müssen, sie brauchten einen Niederholer.

»Halt! Belegen!« Er blinzelte nach unten, die Rah pendelte. Wieder fühlte er ihren Schlag gegen den Mast bis in die Fingerspitzen. Dann hatte er die Lösung. Er griff nach unten. In einem der Geitaublöcke hing noch ein loses Ende. Wenn er das erreichen konnte ...

Seine Finger verfehlten es um Zentimeter. Er dachte daran, die Rah wieder vorheißen zu lassen, aber das mochte die Talje überanspruchen. Er wälzte sich so über die Kante, daß seine Füße herunterhingen. Mit den Zehenspitzen fischte er nach dem losen Ende, es verfing sich hinter seinem Hacken, er konnte es hochziehen und mit der Hand ergreifen. Damit schob er sich wieder auf die Mars zurück. Schnell hatte er einen Achtknoten hineingeschlagen, dann ließ er es los.

»Mr. Lestock! Bemannen Sie die Steuerbordgei, nehmen Sie sie von der Nagelbank, setzen Sie sie durch und führen Sie sie über den Kranbalken. Benutzen Sie sie als Niederholer, um die Rah frei vom Mast zu halten!«

»Aye, aye!«

Es entstand eine kurze Pause, während Lestock in dem Gewirr die richtige Leine suchte. Dann erklang die Vollzugsmeldung. Wieder plierte Drinkwater über die Kante. Sein Knoten hatte sich vor dem Block fest zusammengezogen, die Leine zeigte stramm nach unten.

»Vorsichtig fieren und haltet den Niederholer steif!«

Die Rah begann zu sinken. Die Rahtalje brach, ihre Teile wurden nach Lee fortgeweht, die Männer unten fielen, von der Last befreit, auf den Rücken. Die Ausschläge der Rah wurden um so größer, je tiefer sie sank, aber die Gei, gespannt wie eine Violinsaite, verhinderte das Schlagen an den Mast. Als sich der Anstellwinkel der Rah verkleinerte, fierten die Männer an der Reling die Lasching auf. Schließlich gab es einen dumpfen Aufschlag, als auch der zweite Teil der gebrochenen Rah an Deck fiel. Als ob sie es mit einem wilden Tier zu tun hätten, warfen sich die Männer darüber und laschten sie fest. Drinkwater kletterte erschöpft hinunter. Schwankend näherte er sich dem Navigator.

»Gut gemacht, Mr. Lestock. Wer war am Ruder?«

»Gregory, Sir.«

»Sagen Sie ihm bitte, daß ich sehr zufrieden bin, er hat das Schiff vorzüglich vor dem Wind gehalten. Wenn alles gesichert ist, kann die Freiwache unter Deck gehen. Wie spät ist es?«

»Zwei Glas in der Mittelwache.«

»Großer Gott, ich hatte ja keine Ahnung . . .«

Die Anstrengung hatte drei Stunden gedauert. Drinkwater schien höchstens eine Stunde vergangen zu sein. Müde ging er hinunter, wo er Appleby mit unheilvollem Gesicht in der Messe vorfand, einen Becher vor sich.

»Wenn das Rotwein ist, dann möchte ich auch etwas davon, Harry. Was ist los?«

Appleby blickte Drinkwater an, als sähe er ihn zum ersten Mal.

»Frauen!« sagte er leise. »Wir haben eine verdammt verhurte Frau an Bord.«

Siebtes Kapitel

November 1798

Der Fliegende Holländer

Nachdem er gerade ein Problem bewältigt hatte, wollte sich Drinkwater nicht schon wieder mit einem neuen befassen. Er war sehr müde, und die Bedeutung von Applebys Bemerkung brauchte einige Sekunden, um in sein Bewußtsein zu sickern. Der Rotwein wärmte ihn, die steifen Muskeln entspannten sich. Er regte auch seinen Geist wieder an, und so fragte er schließlich: »Eine Frau? Was, zum Teufel, meinen Sie damit? Wir haben sie alle in Kapstadt an Land gesetzt.«

Appleby schüttelte kummervoll den Kopf. »Das dachte ich auch.«

Drinkwater schwang sich herum und stützte beide Arme auf den Tisch. »Hören Sie, ich selbst habe die verfluchten Frauen wegfahren sehen. Big Meg hat mir sogar zugelächelt, und ich habe vor Miss Mary einen Kratzfuß gemacht. Ihre Schreckschraube saß schon im Boot, als ich an die Reling trat.«

»Wirklich? Blickte sie nach oben?«

»Nein, das nicht. Warum sollte sie auch? Sie wußte doch, daß sie an Land sofort in Fesseln gelegt werden würde.«

»Das mag ja alles stimmen, aber es ist nicht der springende Punkt. Wer hat die Übergabebestätigung ausgeschrieben?«

»Das war ich.« Drinkwater erhob sich, griff nach dem Bordbuch und überflog die Seiten. »Hier!« Er drehte das Buch so, daß Appleby die eingeheftete Empfangsbescheinigung lesen konnte: ›Drei Sträflinge, ex *Mistress Shore,* Regierungstransporter, Geschlecht: weiblich.‹«

»Na und?«

»Herrgott noch mal, Harry, hören Sie auf, mich zum Narren zu halten. Wenn eine Frau an Bord ist, dann zeigen Sie sie mir.«

Aber Appleby, ärgerlich und enttäuscht, wollte den Beweis noch nicht antreten.

»Das beweist noch gar nichts. Jeder kann eine Unterschrift fälschen und dann behaupten, es sei die eines niederen Dienstgrades der Garnison.«

»Aber das setzt eine Verschwörung voraus. Verdammt, Griffiths hat dem Gouverneur drei weibliche Sträflinge angekündigt, und Torrington mit seinen Männern wußte ebenfalls, daß es drei waren. Nun machen Sie schon, bringen Sie die Frau rein, ich bin es müde, mit Worten zu fechten.« Er kippte den Rotwein hinunter.

»Nat, ich nehme nicht an, daß Torrington über die Angelegenheit lange nachgedacht hat, und ich behaupte, daß seine Soldaten eingeweiht waren. Was den Gouverneur angeht, wer weiß, was Griffiths ihm erzählt hat? Der Alte war bereits fiebrig. Wer hat das Boot kommandiert, in dem die Dirnen saßen?«

»Rogers«, sagte Drinkwater resignierend.

»So, und um Ihre vorbildliche Geduld zu belohnen, werde ich nun den Beweis holen.« Appleby verließ die Messe, und Drinkwater leerte den Krug Rotwein in seinen Becher. Als die Tür sich wieder öffnete, blickte er in das Gesicht von Catherine Best. Es war im Halbschatten der schaukelnden Laterne fast attraktiv. Ein aufsässiges, nur halb unterdrücktes Lächeln umspielte ihre Mundwinkel, eine Hüfte schob sie aufreizend vor. Drinkwater schloß den Mund und merkte, daß er rot wurde. Catherine Best war sich der Macht wohl bewußt, die sie über alle Männer an Bord hatte. Drinkwater konnte sich nur zu leicht vorstellen, wie die Mannschaft die Verschwörung ausgeheckt hatte. Eine willige Frau im Zwischendeck war die Erhörung eines alten Seemannsgebets.

»Wo haben Sie gesteckt?«

»Im Kabelgatt«, sprang Appleby ein.

»Das ist Lestocks Revier.«

»Er deligiert seine Runden unter Deck an einen Gehilfen.«

»Aber ich war erst gestern dort, nein, vorgestern . . .«

»Tüchtig wie Sie sind, Nathaniel, bleiben Sie doch ein Offizier mit vorhersehbaren Gewohnheiten. Ihr Kommen war leicht anzukündigen.«

Drinkwater nickte. Er stimmte, dieser fürchterliche Alptraum. Er schaute die Frau an und wurde plötzlich wütend. »Ich sollte dich auspeitschen lassen!« schrie er. Und zu Appleby: »Werfen Sie Dalziell wieder aus seiner Kammer, und schließen Sie diese Hure dort für die Nacht ein.«

Appleby brachte Catherine weg. Sie blickte sich noch einmal um, die Hand auf die Hüfte gestützt; ihre Augen fixierten Drinkwater, und er fühlte wieder, wie ihm das Blut in die Wangen schoß.

»Raus, verdammt!« brüllte er, ärgerlich über seine Schwäche.

Drinkwater hatte wie immer die Morgenwache von vier bis acht und erwachte mit dem Gefühl, daß irgend etwas völlig falsch gelaufen sei. Die knappen zwei Stunden Schlaf, die ihm noch verblieben waren, ließen ihn in schlechter Laune an Deck erscheinen, wo ihm dann auch das Problem bewußt wurde. Quilhampton brachte ihm Kaffee, aber das half keineswegs. Die Männer gingen ihm aus dem Weg, denn sie wußten ihren verrückten Plan, sich eine eigene Dockschwalbe zu halten, vom Arzt und von Drinkwater entdeckt.

Während die Freiwache schnell nach unten verschwand, beschäftigten sich die Missetäter aus Drinkwaters Wache möglichst weit vom Achterdeck entfernt. Der Erste wanderte auf und ab, und eine Stunde verging, bevor er merkte, daß es hell geworden war. Die niedrige Sonne beleuchtete eine grauweiße See, noch schaumbedeckt und zerrissen durch den nächtlichen Sturm. Die Wellenberge waren eine halbe Meile voneinander entfernt, aber sie verloren schon ihre Wut und verwandelten sich aus schäumenden Brechern in eine hohe, langgestreckte Dünung.

Er warf einen Blick auf die Wrackteile an Deck. In der vergangenen Nacht war das Glück auf ihrer Seite gewesen. Hoffentlich konnte er später einen lichten Moment bei Griffiths erwischen, um ihm von dem Vorfall zu erzählen. Er würde dann auch die Sache mit Catherine Best loswerden müssen, und darauf freute er sich gar nicht. Er konnte nicht die Frau allein auspeitschen lassen, denn alle waren schuldig. Alle diese Schafsköpfe, die eifrig an Deck herumwerkelten und vorgaben, daß sie die Laschings der Rahteile überprüften. Tregembo ging vorbei, und Drinkwater fühlte sich verraten.

»Tregembo!«

»Sir?«

»Hast du von der Frau gewußt?« fragte er leise.

»Aye, Sir.«

»Und du hast mir nichts gesagt?«

Tregembo blickte zerknirscht auf. »Das konnte ich doch nicht! Ich konnte meine Kumpels nicht in die Pfanne hauen ... Außerdem, Sir, waren auch Offiziere beteiligt.«

Drinkwater biß sich auf die Lippen. Tregembo konnte ihm Zwischendecksangelegenheiten genausowenig zutragen, wie er Tregembo im Ernstfall vor einer Auspeitschung schützen konnte. Dennoch schmerzte ihn dieser Vertrauensbruch.

»Hast du mit ihr geschlafen?«

»Nein, Sir!« antwortete Tregembo beleidigt. »Ich habe doch meine Susan, Sir.«

»Natürlich. Tut mir leid.«

»Schon gut, Sir. Sie haben ein Recht, ärgerlich zu sein, Sir, wenn ich das sagen darf.« Er wollte schon gehen, aber Drinkwater hielt ihn zurück.

»Wer hat sich als Weibsstück verkleidet, damals in dem Boot in Kapstadt?«

»Nun, Sir – Mr. Dalziell, Sir.«

Drinkwater schloß den Mund. »Das ist ja hochinteressant«, sagte er schließlich so eisig, daß Tregembo innerlich triumphierte. »Danke, Tregembo, du kannst weitermachen.«

Tregembo salutierte und ging weiter nach achtern, wobei er am Ruder vorüberkam.«

»Was hat er dich gefragt?« murmelte der Quartermaster besorgt.

»Wer als Frau aufgetakelt war damals am Kap, Josh. Ich denke, daß da einige Federn fliegen werden, er ist gewaltig in Harnisch.«

Drinkwater legte zwei weitere Runden zurück, dann drehte er sich auf dem Absatz um: »Mr. Quilhampton! Lassen Sie Alle-Mann pfeifen!«

Das sollte für den Anfang genügen. Die Mittelwache würde jetzt im tiefsten Schlaf liegen, und die Männer der ersten Wache hatten sowieso lange genug geruht. Falls sie glaubten, daß sie Nathaniel Drinkwater das Fell über die Ohren ziehen konnten, dann mußten sie aber früher aufstehen. Wenn er sie schon nicht alle auspeitschen lassen konnte, dann sollten sie wenigstens bis Sonnenuntergang schuften.

Die Männer kamen verschlafen an Deck. Auch Lestock erschien, gefolgt von Rogers.

»Ah, Mr. Lestock, Ihre Anwesenheit ist nicht erforderlich. Vielen Dank.« Der alte Mann drehte sich murmelnd um und ging. »Mr. Rogers, ich möchte, daß Sie der zerbrochenen Rah die Beschläge abnehmen lassen, den Abfall klarieren und dann die korsische Pinie an Deck holen; sie wird als Notrah aufgeriggt, damit wir das Reservemarssegel ohne Aufschub setzen können. Der Wind läßt ständig nach. Wenn Sie damit fertig sind, holen Sie den zweiten Baum an Deck und lassen ihn von Mr. Johnson und seinen Männern in eine neue Rah umarbeiten. Er soll selbst die Auswahl unter den Bäumen treffen. Danach bringen Sie die eisernen Beschläge an und malen das ganze Ding, bevor wir es wieder setzen. Ihre Erfahrung auf der *Hecuba* sollte Ihnen dabei zugute kommen.«

Noch schlaftrunken, begriff Rogers zunächst gar nicht, was los war. Es dämmerte ihm nur, daß es gerade fünf Uhr morgens war und er bis jetzt kaum Schlaf bekommen hatte. Daß Drinkwater von Catherine Best und seiner Rolle bei der Verschwörung wußte, konnte er nicht ahnen.

»Verdammt, Drinkwater, wenn Sie glauben . . .«

Drinkwater war mit einem schnellen Schritt bei ihm und schob das Gesicht dicht an seines heran.

»Man pflegt zu sagen, daß alle Schulden bezahlt sind, wenn die Fallen des Großmarssegels belegt sind, Rogers, aber dem ist nicht so. Newtons drittes Gesetz besagt, daß jede Aktion eine Reaktion hervorruft. Nun wird Ihnen dies demonstriert. Sie haben Ihren Spaß gehabt und bei Gott, Sir, Sie werden dafür bezahlen! An die Arbeit!« Drinkwater drehte sich brüsk um und rief Mr. Quilhampton heran.

»Holen Sie bitte den Sextanten und den neuen Chronometer aus meiner Kammer. Lassen Sie sich Zeit, gehen Sie lieber zweimal. Wenn Sie den Chronometer fallen lassen, hat das böse Folgen für Sie.«

Der Junge verschwand eilig. Drinkwater wollte mehrere Sonnenhöhen schießen und die Länge mit Hilfe des Chronometers errechnen, den er sich in Kapstadt mit List und Tücke von einem Indienfahrer beschafft hatte. Drinkwater hatte ihn unter seine Fittiche genommen, da er Lestock nicht zutraute, daß dieser ihn jeden Tag zur gleichen Zeit aufzog. An diesem Morgen sahen sie nun zum ersten Mal seit Kapstadt wieder die Sonne. Das Ergebnis mußte zu einer hübschen Diskussion mit Lestock führen, wenn der zum Dinner nach unten kam.

Nachdem ihn Lestock bei acht Glasen abgelöst hatte, erlaubte der Erste den Leuten eine halbstündige Pause und schickte nach der Frau. Er ließ sie ihm gegenüber am Messetisch Platz nehmen. Appleby ging nach dem kranken Griffiths sehen, und die Tür war kaum hinter ihm zugefallen, als Drinkwaters Bein eine verführerische Liebkosung widerfuhr. Letzte Nacht war er müde und ein wenig betrunken gewesen, und der Anblick von Catherines so häufig benutztem Körper hatte Verlangen in ihm ausgelöst. Aber jetzt am Morgen war das anders. Sein Körper sehnte sich nicht länger nach dem Trost, den die arme, einfache und verzweifelte Catherine ihm schenken konnte. Auch war das Tageslicht ihrer Erscheinung nicht gerade förderlich.

»In der letzten Nacht habe ich Ihnen angedroht, daß ich Sie auspeitschen lasse. Inzwischen bin ich davon abgekommen. Sollten Sie aber Ihre Tricks bei mir oder einem Besatzungsmitglied erneut versuchen, lasse ich die Katze auf Ihrem Rücken einen Spaziergang machen.«

Er sah die Unternehmungslust in ihren Augen schwinden. »Haben Sie schon bei einer Auspeitschung zugeschaut, Catherine?« fragte er kalt.

Sie nickte.

Drinkwater öffnete die Musterrolle des Schiffes, klappte das Tintenfaß auf und nahm seine Schreibfeder. »Ich trage Sie ins Bordbuch als Assistentin des Arztes ein. Sie bekommen Essen und Kleidung. Wenn Sie sich an die Schiffsordnung halten und Ihre Aufgabe gewissenhaft erledigen, werde ich alles in meiner Macht Stehende tun, damit Ihnen die Zeit hier an Bord auf Ihre Strafe angerechnet wird. Aber Ihre Dienste und Ihr Benehmen dürfen keinen Grund zur Beanstandung geben.«

Er wußte nicht, ob er sein Versprechen würde halten können, sah aber einen Hoffnungsschimmer in Catherine aufglimmen. Sie war eine Kreatur des Dschungels, eine Opportunistin, eher amoralisch als unmoralisch, und hätte mit ihrer animalischen Ausstrahlung die ganze Schiffsmannschaft durcheinanderbringen können.

»Also, gehen Sie auf meine Bedingungen ein? Die Alternative ist, daß Sie umgehend in Eisen gelegt werden.«

»Ja, Euer Ehren.« Sie neigte den Kopf.

»Schauen Sie mich an, Catherine. Merken Sie sich gut, daß jede kleinste Störung des Bordlebens durch Sie unsere Vereinbarung zunichte macht.« Sie blickte erst ihn, dann Appleby an, der kopfschüttelnd aus Griffiths' Kajüte getreten war.

»Mr. Appleby wird unserer Übereinkunft als Zeuge dienen.«

»Ich will Euer Ehren ja gehorchen, aber . . .«

»Aber was?«

»Nun, Sir«, sagte sie schlicht, »da wären noch Mr. Jeavons und Mr. Davey.«

»Die Sanitätsgasten?«

Sie nickte.

»Sie sind so was wie meine Beschützer, Sir. Sie erwarten von mir, daß ich – Sie verstehen . . .« Wieder blickte sie zu Boden, während Drinkwater einen dunkelrot anlaufenden Appleby bewundern konnte.

»Was soll das heißen, du verdammte, verworfene . . .«

»Ich will mir die beiden vorknöpfen, Catherine. Die werden Sie nicht mehr belästigen.« Drinkwater drehte das Buch um und hielt ihr die Feder hin. »Machen Sie Ihr Kreuz dorthin.« Er zeigte auf die Stelle, aber sie sagte beleidigt: »Ich weiß wo, Sir, ich kann lesen und schreiben.« Sie unterschrieb mit einiger Zuversicht.

»Also gut, Catherine, ich lese Ihnen jetzt die Namen der Männer vor, und Sie sagen mir, mit wem Sie geschlafen haben.«

Er begann. Sie kannte nicht alle Namen, aber der Prozentsatz, der sie besucht hatte, war groß, was Drinkwater nicht verwunderte. Es war sogar möglich, daß diese zerlumpte Kreatur über eine Zärtlichkeit verfügte, die der Welt der Matrosen fremd war, daß also anderes als nur der Geschlechtstrieb viele zu ihr geführt hatte.

»Das muß jetzt aufhören, Catherine.« Sie nickte, und Appleby sagte drohend: »Ich werde dich im Auge behalten.«

Drinkwater entließ Catherine und schickte nach den Sanitätsgasten. Es war Sache eines Augenblicks, die beiden zum Borddienst zu degradieren. Sie protestierten zwar und machten geltend, daß sie Befähigungszeugnisse des College of Surgeons hätten, daß sie Gentlemen wären, die mit der harten Arbeit der Seeleute nicht vertraut seien. Aber die Einsamkeit des Südlichen Ozeans hatte für Drinkwater auch ihre Vorteile. Es gab hier keine Berufungsinstanz und kein College of Surgeons, und so waren die beiden sehr schnell an Deck zu sehen, wo die Starter der Bootsmannsgehilfen ihnen einheizten. Dazu kamen die Matrosen langsam zur Erkenntnis, daß sie wegen einer gewissen Dame wie die Ochsen ackern mußten. Daß die beiden Kuppler ihr Los teilten, nahmen sie mit einiger Befriedigung zur Kenntnis.

Drinkwater beschloß seine Morgenarbeit, indem er Tyson zum Sanitätsgasten ernannte, da er ebenfalls schreiben konnte. Drinkwater amüsierte sich über den grummelnden Appleby, der seine Abteilung plötzlich radikal umgekrempelt sah.

»Mein lieber Freund«, begann Drinkwater, wobei er Merrick mit Rotwein aus der Pantry heranwinkte, »Sie sehen sich doch immer als Philosophen. Jetzt verfügen Sie über die am besten gebildete Truppe des ganzen Schiffes und können ihr Ihre Thesen diktieren.« Er grinste. »Und nun seien Sie so gut und lassen Sie mich die Länge ausrechnen, bevor Lestock auftaucht.«

Mittags ließ Drinkwater die Matrosen nach achtern rufen. Seine Ansprache war kurz und traf ins Schwarze. Catherine Best, erklärte er ihnen, sei entdeckt worden, die Verstöße gegen die Disziplin an Bord Seiner Britannischen Majestät Brigg *Hellebore* seien vorbei. Obwohl der Tatbestand der Meuterei durch ihre Verschwörung erfüllt sei, habe er in Vertretung des Kommandanten entschieden, daß die Frau nicht ausgepeitscht werde, da die Strafe sonst auf die ganze Mannschaft ausgedehnt werden müsse. Da er sie aber alle für schuldig halte und Strafe einfach sein müsse, werde er sie mit dem Entzug der Grogration bestrafen. Und zwar auf unbestimmte Dauer. Das Aufstöhnen, das diese Ankündigung auslöste, bestätigte Drinkwater, daß seine Maßnahme richtig war. Der Entzug des Grogs war eine Strafe, deren Schwere eine Landratte gar nicht abzuschätzen vermochte. Was die Frau anginge, so sei sie nun Mitglied der Besatzung. Jeder Mann, der ihr beiliege, werde die gleiche Strafe erhalten, wie die Kriegsartikel sie für widernatürlichen Geschlechtsverkehr zwischen Männern vorsähen. Er brauchte ihnen nicht ausdrücklich zu sagen, daß auf Homosexualität der Tod stand.

Danach schickte er sie zum Essen.

»Mein Gott, Nat, das war eine hervorragende Schau«, brummte Appleby bewundernd. »Was für eine schikanöse Idee! Wirklich jedes Winkeladvokaten würdig.«

Drinkwater lächelte dünn; er dachte daran, wie weit sie noch zu segeln hatten.

»Was haben Sie mit Rogers und Dalziell vor?«

»Sie sollen noch ein Weilchen schmoren, Harry.«

Bei fünfundvierzig Grad östlicher Länge gingen sie auf nördlichen Kurs, der Wind blieb achterlich, wurde aber immer schwächer und blieb dann ganz weg. Sie waren in den großen Streifen unbeständiger Winde eingelaufen, der südlich von Madagaskar lag. Mit ständigem Trimmen der Rahen quälten sie sich nordwärts. Zweimal sichteten sie fremde Segel, aber beide Male versuchten sie nicht, sich dem anderen zu nähern. Die Besatzung begann zu maulen, der Entzug ihrer Grogration traf sie hart. Nachdem das Wetter sich ständig gebessert hatte, waren die Bramstengen wieder gerigt und die Boote nach achtern gebracht und in die Davits gehängt worden. Griffiths hatte sich zufriedenstellend erholt und wurde über die Zwischenfälle der letzten vierzehn Tage informiert. Er reagierte so cholerisch, daß Appleby einen Rückfall befürchtete. Der Alte befahl, daß die Grogabstinenz fortdauern sollte, gerade als Drinkwater das Verbot aufheben wollte.

Catherine Best schien sich gewandelt zu haben, und Appleby wurde zur Zielscheibe für alle Witze über gefallene Jungfrauen. Nach anfänglichem Widerstreben hatte Griffiths ihr sogar erlaubt, ihn zu pflegen. Er begann, seine Rekonvaleszenz zu genießen, und Drinkwater gelang es schließlich doch, aus ihm die tägliche Rumration herauszukitzeln.

Aber an Bord ging ein Gerücht um. Während er nach Sonnenuntergang die Venus beobachtete, hörte er es zum ersten Mal. *Hellebore* lief unter leichten Segeln, Kurs Nordnordost, und unter der Poop hielten zwei Männer in der Dämmerung ihren Abendschwatz.

»Auf dem Schiff lastet ein Fluch, weil wir eine Frau an Bord haben«, hörte er eine Stimme sagen.

»Ach, Schiet! Die Indienfahrer haben Frauen *und* Pastoren an Bord und kommen doch klar damit. Außerdem hast du selber ganz schön rangeklotzt, um sie ins Bett zu kriegen.«

»Trotzdem sind wir verflucht. Hast du noch nie vom Fliegenden Holländer gehört? Er soll hier zu Hause sein.«

Drinkwater setzte den Planeten auf die schnell verblassende Kimm, wobei er den Sextanten sacht um seine Achse drehte, bis die schimmernde Scheibe gerade den Horizont tangierte. Er führte ständig den Index nach, um die Bewegung des Planeten auszugleichen.

»Null!« rief er Quilhampton zu, der die Zeit auf dem Chronometer ablas. Er achtete nicht mehr auf das Geschwätz unter der Poop. Lestock kam ihn kurz darauf ablösen und beäugte mißtrauisch die Länge, die Quilhampton auf die Kladde gekritzelt hatte.

Aber Drinkwater ließ sich auf keine Diskussion ein, sondern sagte: »Es wird Zeit, daß wir die Kanonen aus dem Laderaum holen. Wir nähern uns der Ile de France, sogar ihr Breitsegler müßt das wissen, und da sollten wir unsere Breitseiten komplett haben, falls wir einem Franzosen begegnen. Wenn es morgen ruhig sein sollte, hieven wir sie hoch. Das Schiff liegt voll und bei auf Kurs Nordnordost, alle Arbeitssegel gesetzt, nichts in Sicht. Wir haben sechs Knoten und fünf Faden geloggt, Ruder und Ausguck sind abgelöst. Gute Wache, Mr. Lestock.«

»Gute Ruh, Mr. Drinkwater.«

Beim Frühstück am nächsten Morgen, als ein abnehmendes Lüftchen die besten Voraussetzungen für das Aufstellen der Kanonen schuf, hörte er die Worte vom Fliegenden Holländer erneut. Er rief Merrick aus der Pantry.

»Nun heraus damit, was soll das?«

Merrick war vor Scham errötet, aber offensichtlich doch verstört. Er erzählte, daß ein Gerücht die Runde machte, wonach sie alle zum ewigen Herumirren auf dem Meer verdammt seien, genau wie der Fliegende Holländer. Und alles wegen der Frau. »Ich weiß, daß das nur Ammenmärchen sind, Sir, aber ...«

Drinkwater kannte die Macht, die solche Geschichten über die Vernunft der Männer gewinnen konnten, nicht weil sie vertrottelt gewesen wären, sondern weil ihr Begriffsvermögen begrenzt war.

Sie hatten nicht die leiseste Ahnung, wo sie sich befanden, arbeiteten endlose Stunden ohne erkennbaren Erfolg. Die am besten Bezahlten verdienten neunundzwanzig Shilling und sechs Pence brutto, abzüglich der Ausgaben für ärztliche Behandlung, Kantinenwaren und was der Zahlmeister so zu bieten hatte. Ihr Leben war verwirkt, wenn sie gegen die ehernen Gesetze der Disziplin verstießen, und sie wurden mit einer Strenge geführt, die ein tyrannisches Joch war, gleichgültig, wie aufgeklärt sie auch gehandhabt wurde. Die letzten Vorfälle hatten es ihnen nur schwerer gemacht. Es gab bestimmt einige Laienprediger an Bord, die ihren eher ungläubigen Kameraden versicherten, daß sie für ihre sexuellen Ausschweifungen nun die Vergeltung einer höheren Instanz zu erwarten hätten. So war es nicht überraschend, daß sie sich an der Geschichte Van der Deckens festbissen, eben jenes legendären Fliegenden Holländers. Die Frage war nur, wer hatte die Geschichte in Umlauf gebracht?

»Von wem hast du das zum ersten Mal gehört, Merrick?«

Der Mann dachte nach. »Es war hier in der Messe, Sir. Ich habe nicht absichtlich gelauscht, aber ich konnte es nicht überhören . . .«

»Also, wer erzählte sie, Mann?« fragte Drinkwater ungeduldig, der genau wußte, daß Merrick stets lauschte und das Gehörte an den Koch weitergab, der es dann endgültig unters Volk brachte.

»Ich denke, daß es Mr. Quilhampton war, Sir.«

»Mr. Q? So, so, Merrick. Haben Sie sich auch auf *Kestrel* für derartige Dinge interessiert?«

»Um Gottes willen, nein, Sir. Aber damals waren wir auch nicht weit von zu Hause entfernt, Sir. Hier dagegen, Sir«, er deutete nach oben, »kennt niemand mehr die Sterne, sogar die verdammte Sonne steht mittags im Norden, Sir. Einer der Männer sagt, daß nicht weit im Süden riesige Inseln aus Eis liegen. Hier scheint vieles nicht mit rechten Dingen zuzugehen, Sir.«

Drinkwater schickte nach Mr. Quilhampton.

»Merrick hat angeblich gehört, daß Sie das alte Seemannsgarn vom Fliegenden Holländer abgespult haben. Ist das wahr?«

»Nun, Sir, eigentlich nicht. In Wirklichkeit habe ich nur zugehört. Ich kannte es natürlich vorher schon, Sir.«

»Wer hat denn die Story erzählt?«

»Ach, das war nur so zur Unterhaltung. Ich hörte mit Mr. Dalziell zu, Sir.«

»Los, wer hat sie erzählt?«

»Nun ja, warum, Mr. Rogers natürlich, Sir.«

»Kein Wind, Mr. Lestock?«

»Kein bißchen, Mr. Drinkwater.«

»Nun denn, lassen Sie die Segel aufgeien und die Rahen quer-
brassen. Dann lassen Sie eine Talje an jede Unterrahnock anschlagen, eine an das Großmarsstag und einen Beiholer zum Spill.
Die Wache kann es vorbereiten, dann pfeifen wir Alle-Mann.«

Er begann nachzudenken. Seit der Entdeckung Catherines war
Rogers ungewöhnlich still gewesen. Ob er eine Beziehung zu der
Frau gehabt hatte, wußte Drinkwater nicht, es war ihm auch egal.
Appleby sagte, daß die Frau sich nicht schwanger fühlte, es gab
auch keine Anzeichen für andere Komplikationen. Nichtsdestoweniger hatte Rogers an der Verschwörung teilgenommen, wohl
aus schulbubenhafter Freude am Streich; aber ganz sicher war
sich Drinkwater da nicht. Rogers konnte auch versucht haben zu
beweisen, daß er schlauer war als der Erste Offizier. Aber das alles paßte nicht zusammen. Rogers mochte ein jähzorniger Offizier
sein, vielleicht hatte er auch einen miesen Charakter, aber er war
sicherlich fähig und tapfer. Die Marine war voller Männer wie er,
im Gefecht waren sie unersetzlich. Rogers war kein Heuchler,
seine Schwäche lag in seinem Temperament.

Steckte also Dalziell hinter diesem albernen Gerücht? Die Lo-
gik sprach dafür. Nicht das Seemannsgarn selbst war es, sondern
die dunkle Kraft dahinter, die Beharrlichkeit, die zerstören und
unterwandern wollte. Je schneller sie also die Kanonen wieder
aufstellten, desto besser. Da sie nun in wärmeren Breiten fuhren,
konnten sie die täglichen Gefechtsübungen wieder aufnehmen,
die seit Kapstadt wegen des schlechten Wetters unterblieben waren. Drinkwater wußte, daß es nicht ausreichte, einmal pro Monat
die Kriegsartikel zu verlesen, um die Männer in Schach zu halten.
Nur das Gebrüll der Kanonen vermochte dies.

»Alles klar, Mr. Drinkwater. Die Männer stehen an den Taljen,
die Luke ist offen, und die Persenninge sind abgenommen.«

»Sehr gut, Mr. Lestock, dann wollen wir mal.«

Zuerst kam die vordere Steuerbordkanone aus der Kuhl. Die
Taljen an den Steuerbordrahnocken wurden zusammengeholt

und mit der am Großmarsstag verbunden. Alle drei wurden in die Luke herabgelassen und an die Kanone angepickt, die mit einem Stropp um ihren Drehzapfen bereitstand. Ein Bootsmannsgehilfe führte an jeder Talje das Kommando. Der Bootsmann, Mr. Grey, stand mit seiner silbernen Pfeife auf den Grätings in Position.

»Alle Taljen steif holen!« Die Lose verschwand aus den drei Taljen.

»Stagtalje hieven! Schön langsam . . . Rahtaljen etwas fieren!«

Das schwarze Tauwerk des Großmarsstags verformte sich zu einem stumpfen Winkel, der Großmast ächzte leise, denn der Sechspfünder wog achtzehn Zentner. Unten dirigierten sechs Männer den Lauf der Kanone mit dem Beiholer. Die nächste Order kam, als die Kanone auf Deckshöhe war.

»Rahtaljen hieven!«

Die Männer stöhnten in gemeinsamer Anstrengung. Es gab keine Shantygesänge wie auf einem Handelsschiff, nur rhythmisches Stöhnen, als fünfzig barfüßige, schwitzende Männer unter gleißender Sonne ihre Arbeit verrichteten.

»Die Stagtalje langsam fieren!«

Die Kanone, die nun von allen drei Taljen gleichmäßig gehalten wurde, begann sich horizontal über das Deck zu bewegen. Der Beiholer kam lose und wurde von einem Matrosen an Deck geholt, der damit vorausrannte, um ihn durch einen Richtblock zu scheren.

»Großrahtalje festlegen!« Die Kanone begann sich unter dem Zug der Fockmasttalje nach vorne zu bewegen und schwebte diagonal über Deck.

»Spill! Hiev rund!« Zwanzig Männer liefen um das Ankerspill und holten so den Beiholer dicht. Ihre Aufgabe war es, die Feineinstellung vorzunehmen; die Männer des Stückmeisters standen wartend neben der Lafette.

»Fier auf die Großrahtalje!« Die Kanone wanderte nun nach vorn bis fast über die Lafette.

»Fier auf überall! Langsam! Langsam!« Sachte, kaum sichtbar senkte sich die Kanone herab. Trussel stieß ein paar wilde Flüche aus, Mr. Grey ließ zuerst die Fockrahtalje, dann die der Großrah festhalten. Das Rohr kam zum Stillstand, Trussels Männer verschoben die Lafette ein wenig. Eine Minute später ruhte die Kanone an ihrem Platz. Die Sicherungen über den Querzapfen wurden geschlossen, die Lafette wurde in ihre Stellung gerollt und am Querbalken gesichert, dann wurden die Richttaljen geschoren.

»Auf ein neues, Männer!« Die drei Taljen wurden in die Luke gefiert, um die nächste Kanone heraufzuholen. Am Nachmittag waren sie fertig. Anschließend wurde zum Essen gepfiffen, danach Klar-Schiff-zum-Gefecht befohlen. Die Breitseiten kamen kläglich stotternd, Griffiths drückte in der Koje sein Mißvergnügen aus: »Sagen Sie den Männern, wenn das alles ist, was sie können, streiche ich ihnen die Grogration wieder.«

Das war kein Befehl, den Drinkwater schleunigst befolgt hätte. Die Stimmung an Bord war gespannt, und Appleby hatte berichtet, daß das Fieber Griffiths' Bein so zugesetzt habe, daß dieser für einige Zeit ein halber Invalide sein werde.

Die Ruhe der Erschöpfung legte sich über die Brigg, als die Sonne unterging. Darunter schwärte Unzufriedenheit, denn obwohl sie am Kap frischen Proviant gekauft hatten, war die Salzfleischration verdorben. Sie konnte aber nicht durch anderes ersetzt werden.

»Wir haben eine lange Reise vor uns«, warnte Drinkwater den Zahlmeister, »und müssen uns streng an die Rationen halten.«

Er ging um acht Uhr abends nach unten, das Hemd klebte ihm am Körper. Er war zu zermürbt, um schlafen zu können. In der stickigen Kammer wäre an Schlaf ohnehin nicht zu denken gewesen. Appleby döste über seinem Madeira, und Drinkwater fiel neben ihn in einen Stuhl. Da kam Catherine Best aus der Tür des Kommandanten und hielt einen Finger an die Lippen, ein Bild fleischgewordener Fürsorge. Als sie an Drinkwater vorbeiging, machte sie einen kleinen Knicks, und er traute seinen Augen kaum. In seinem Kopf begann sich ein Verdacht zu formen, da klang ein durchdringender Alarmruf von Deck zu ihnen herunter, kurz, aber beredt tiefsten Schrecken ausdrückend. Nach einer bestürzten Pause scholl es laut und deutlich durch den Niedergang herab: »Er ist es, Jungs! Es ist der Holländer!«

Der Schrei war so eindringlich gewesen, daß ein guter Grund dafür vorliegen mußte. Drinkwater fühlte, daß Angst seine Vernunft verdrängte. Er eilte an Deck und rannte nach vorne, wo Kellet, der Vormann des Vormastes, mit ausgestrecktem Arm dastand, den Mund vor Entsetzen offen. Andere kamen hinzu, deuteten in dieselbe Richtung, flüsterten ängstlich. Ein oder zwei

Papisten bekreuzigten sich, ein guter Protestant lag auf den Knien und beichtete seine Sünden. Neben ihm sah Drinkwater Mr. Dalziell stehen. Der Fähnrich zitterte, als habe er die Schüttellähmung. Drinkwater erblickte voraus ein schwaches, grünliches Glimmen. Die Nacht war wolkig und dunkel, es wehte nur ein schwaches Lüftchen, und das Leuchten wurde stärker. Wenn seine Theorie richtig gewesen war, daß Dalziell die dummen Gerüchte in Umlauf gebracht hatte, dann bezahlte der Junge nun dafür mit lähmender Angst.

»Hört zu, Jungs! Hört zu!« Die Erscheinung verblaßte, aber nun hörten sie Schreie. Schreie der verdammten Seelen!

»Heilige Mutter Gottes, steh uns bei in der Stunde der Not...«

»Jesus Christus ... Was ist das?«

»Das ist der Fliegende Holländer, Jungs ... Der Holländer!«

Drinkwater bahnte sich einen Weg nach vorn, ohne weitere Förmlichkeiten nahm er Lestock das Glas aus der schlaffen Hand und schwang sich in die Großmastwanten.

Es sah tatsächlich aus wie der Rumpf einer Galione, mit einer hohen Poop. Aber das Schiff war entmastet. Er meinte, schemenhafte Bewegungen ausmachen zu können, bleiche Gestalten, die an Bord umherirrten. Sein Nackenhaar sträubte sich, aber dann wies er den Aberglauben energisch von sich. Es handelte sich vielleicht um ein altes Wrack, ähnlich jenen, die im Tang des Sargassomeeres gefangen lagen. Doch nein, diese Schreie hatten etwas Vertrautes an sich.

»Mr. Lestock!«

»Was ist?«

»Ist unser Schiff steuerfähig?«

»Steuerfähig? Äh, ja, Sir, es reicht gerade. Geht wieder ans Ruder, ihr Flaschen, was meint ihr, wo ihr seid?«

»Einen Strich nach Steuerbord!«

Ungläubiges Aufstöhnen begleitete Drinkwaters Befehl, abwehrende Rufe und Flüche gellten von vorn.

»Der Teufel soll sie holen, Mr. Drinkwater, aber nicht uns. Haltet Kurs, Freunde!«

»Aufhören da vorn! Was ist los mit euch, ihr Memmen? Habt ihr die Hosen voll? Nun kommt schon, einen Strich nach Steuerbord...«

»Was, zum Teufel, ist das, Drinkwater?« murmelte Rogers unter ihm. »Leihen Sie mir das Glas.«

Drinkwater reichte es ihm hinunter.

»Lassen Sie mich auch mal sehen«, verlangte Appleby.

»Verdammt sollen Sie sein, es ist *mein* Fernglas!« Lestock riß es ärgerlich von Rogers Augen weg.

»Man kann es auch so erkennen, Harry«, sagte Drinkwater, ein Lachen unterdrückend.

Sie näherten sich der Erscheinung jetzt rasch. Nur die Entfernung hatte ihnen das Bild einer Galione vorgegaukelt. Als sie es nun nahebei passierten, fluteten die Männer entsetzt von der Reling zurück, Schreie des Ekels ausstoßend, als der Gestank des toten Wals sie erreichte.

»Jedenfalls stinkt er wie die Hölle, das ist mal sicher.«

Ein befreiendes Gelächter lief über das Deck, als sie erkannten, was für Narren sie gewesen waren.

Der verwesende Wal war aufgebläht und leuchtete wegen der Millionen winziger Organismen, die sich von ihm ernährten. Das Jammern und Kreischen stammte von einer Tausendschaft Seevögel, die ihren Leichenschmaus hielten, und das Wasser wurde von Haien aufgewühlt.

Sie sahen dem Kadaver nach, bis er achteraus in der Dunkelheit verschwand. Es schien fast, als sei die Atmosphäre durch den Pestgestank gereinigt worden. Drinkwater wünschte seinen Kameraden eine gute Nacht, doch dann sah er eine Gruppe Männer nach achtern kommen, die eine weiße schlappe Gestalt trugen, und verhielt den Schritt. Der Bewußtlose trug Fähnrichsuniform.

»Ist das Mr. Q?«

»Gott behüte, nein, Sir, ich bin hier!«

»Es ist Mr. Dalziell, Sir«, sagte Tregembo und ließ den Fähnrich an Deck gleiten. »Er ist ohnmächtig geworden.«

»Gut, gut.« Drinkwater grinste. »Mein ist die Rache, sagt der Herr.«

ACHTES KAPITEL

November–Dezember 1798

Der Ostindienfahrer

Drinkwater saß über seinen Büchern. Er war besorgt über den großen Tauwerksverbrauch durch den Verlust der Fockrah. Da hörte er den Ruf des Ausgucks: »An Deck! Segel einen Strich an Steuerbord!«

Dankbar benützte er die Gelegenheit, der Schreibtischarbeit zu entrinnen, und eilte an Deck, wo eine frische Brise sein geöffnetes Hemd blähte. Vor drei Tagen hatten sie das Hochland von Ras Hafun gesichtet und Kap Guardafui bei Fallwinden von Sturmstärke gerundet, die vom Plateau des somalischen Hochlandes heruntergefegt kamen. Nun glitten sie unter Vollzeug im Golf von Aden dahin. Es war vormittags, die Freiwache bereitete sich auf das Mittagessen vor, so daß *Hellebores* Kuhl auf den Ruf hin schnell mit Männern gefüllt war. Eifrig schauten sie nach dem Fremden aus. Drinkwater erkannte Mr. Quilhampton an der Reling.

»Hinauf mit Ihnen, Mr. Q, und sehen Sie zu, was Sie ausmachen können!«

Der Junge ergriff ein Glas und sprang in die Wanten. Jede Unterbrechung war willkommen. Sie hatten unter Land mehrere Dhaus gesehen, aber der Fremde schien ein Rahsegler zu sein, ein Freund oder wahrscheinlicher sogar ein Feind.

Hellebore hatte die Wunder des Indischen Ozeans genossen: Fliegende Fische, Wale und Delphine, Schildkröten und Vögel vielfältigster Art. Kleine Skizzen füllten die Seiten von Drinkwaters Tagebuch, neben der Beschreibung einer milchweißen See, einem Ausbruch schäumender Phosphoreszenz von überirdischer Schönheit. Dieses Phänomen hatte Quilhampton bewogen, sich an der Dichtkunst zu versuchen. Der Spott Mr. Dalziells über »dichtende Muttersöhnchen« beendete seinen Höhenflug bald, aber Mr. Q konterte mit der Bemerkung, daß es Leute gäbe, die beim Anblick der natürlichsten Wunder dieser Welt ohnmächtig würden. Aber keine dieser Naturbeobachtungen hatte sie so bewegt wie jetzt die zwei weißen Bramsegel.

»Es scheint eine Brigg wie wir zu sein, Sir . . . Oder vielleicht eine Schnau«, meldete Quilhampton.

»Flagge?«

»Nicht zu sehen, Sir.« Er ahmte unbewußt die knappe Sprechweise Drinkwaters nach.

»Keine Flagge, wie?« fragte Griffiths, der auf seinem geschwollenen Fuß herbeihumpelte.

»Nein, Sir.«

»Er wartet wohl darauf, daß wir uns vorstellen. Klar zum Gefecht, Mr. Drinkwater! Mr. Lestock, lassen Sie die Bramsegel wegnehmen, dann wollen wir vor den Wind gehen und diesen Burschen abfangen.«

Die Pfeifen schrillten an den Luken, die Männer verpaßten ihr Essen, da der Koch das Feuer löschte. Alles war voll hektischer Betriebsamkeit. Sie hatten auf dem langen Weg von Süden herauf ihre Schießkünste verbessert und mit den Handfeuerwaffen sogar Flaschen von den Rahnocken geholt. Seit langem gab es wieder die Grogration, und Catherine Best hatte die Keuschheit einer Nonne an den Tag gelegt. Niemals war eine Mahlzeit bereitwilliger vergessen worden. Das war keine furchteinflößende französische Fregatte, die sie überwältigen konnte. Die Sonne schien, der Wind wehte, die Schatten der Segel und des Riggs hoben sich scharf vom sandbestreuten Deck ab.

»Schiff klar zum Gefecht, Sir!«

Die beiden Schiffe waren drei Meilen voneinander entfernt, als der Fremdling nach Norden abdrehte und ihnen seine volle Breitseite zeigte.

»Es ist doch eine Schnau«, murmelte Quilhampton, der auf Rogers' Spuren hinter der Steuerbordbatterie auf und ab marschierte.

»Merkwürdiges Schiff«, sagte Drinkwater. Es sah aus wie eine kleine Slup, hatte aber eine lange Poop, die grün bemalt war und riesige Geschützpforten aufwies.

»Flagge setzen!«

»Oder lieber die Bramsegel, du verdammter alter Ziegenbock«, murmelte Rogers, der befürchtete, die Jagdbeute könne seinen eifrigen Kanonieren entschlüpfen.

Hellebores Flagge wehte an der Gaffel aus, und Griffiths wartete auf die Antwort der Schnau. Sie kam rasch: Der Fremde drehte bei, sein Großmarssegel legte sich gegen den Mast. An seiner Gaffel wehte die waagrecht gestreifte Flagge der Ehrenwerten Ostindischen Handelsgesellschaft.

»Sieh an, John Company*«, sagte Griffiths, sich entspannend.

Hellebore schnaubte an den Fremden heran und legte sich in den Wind. Der Ostindienfahrer ließ ein Boot zu Wasser.

»Der ist ja überaus kooperativ«, bemerkte Griffiths zu Drinkwater.

»Ich will verdammt sein, das sind gar keine Geschützpforten, das sind – nur Blenden.«

»Jalousien, Mr. Drinkwater. Es ist ein Kurier der Gesellschaft. Ein einheimischer Schiffstyp, mit dem sie Offizielle durch die Gegend kutschieren und Meldungen übermitteln. Ich wette, deshalb ist er auch so versessen darauf, uns zu besuchen.«

Griffiths hatte natürlich recht. Während die Besatzung sich ausruhte und aufaß, was von ihrem lauwarmen Mittagessen noch übrig war, oder die grinsenden Laskaren** im Boot neckte, erzählte ihnen ein hübscher, bronzebraun gebrannter Offizier in der feschen Uniform der Bombay-Marine die Neuigkeiten.

»Leutnant Lawrence, Gentlemen, zu Ihren Diensten.«

Sie tauschten die üblichen Höflichkeiten aus und zogen sich dann in Griffiths' Kajüte zurück.

»Leutnant Thomas Duval von Seiner Majestät Schiff *Zealous* erreichte Bombay am 21. Oktober, Sir. Er brachte Nachrichten von Vizeadmiral Nelson.«

Griffiths und Drinkwater tauschten Blicke; zu dem Zeitpunkt war *Hellebore* in Kapstadt gewesen.

»Fahren Sie fort, Leutnant.«

»Es scheint, daß die britische Flotte unter dem Befehl von Vizeadmiral Nelson die Franzosen am 1. August in der Bucht von

---

* Spitzname für die Ostindische Handelsgesellschaft Großbritanniens
** eingeborene Soldaten in britischen Diensten

Abukir vernichtend geschlagen hat. Der Angriff fand bei Sonnenuntergang statt, die französische Flotte lag vor Anker. Obwohl das Wasser in der Bucht flach war und die *Culloden* auflief, konnte Nelson die Franzosen von beiden Seiten packen. Der Sieg war überwältigend. Das gegnerische Flaggschiff, die *L'Orient,* explodierte.« Er lächelte, als sei der Tod von tausend Menschen ein Anlaß zu persönlicher Genugtuung.

»Haben Sie in Bombay auch Wein, Leutnant?« fragte Griffiths, und Drinkwater öffnete eine Flasche. Er ließ Merrick Gläser bringen.

»Wir müssen in Bombay kaum etwas entbehren«, sagte Lawrence. »Aber ich habe seit langem keinen so ausgezeichneten Madeira getrunken.« Seinem Äußeren nach zu urteilen, entbehrte Lawrence in Bombay überhaupt nichts. Sie stießen auf den Sieg an.

»Woher kommen Sie jetzt, Leutnant, und wohin sind Sie bestimmt?«

»Ich komme von Mocha, Sir, wo wir Depeschen für Commodore Blankett hinterließen. Kapitän Ball wurde mit *Daedalus* täglich erwartet. Das Geschwader benutzt Mocha als Wasserstation, Sir. Mr. Wrinch ist unser dortiger Agent.« Nach einer Pause fuhr er fort: »Ein Mann von beachtlichen Fähigkeiten. Sie werden herausfinden, daß es sich lohnt, bei ihm vor Anker zu gehen.« Lawrences Augen fielen auf Griffiths' steifes Bein, schnell fuhr er fort: »Leider konnten wir nicht länger bleiben, denn der Nordostmonsun wird unsere Rückreise nach Bombay verzögern.«

»Ihre Depeschen für Blankett enthielten Nachrichten über den Sieg bei Abukir, nehme ich an.«

Lawrence nickte über seinem Glas.

»Wurde darin auch eine französische Armee erwähnt? Ein Heer, das in Ägypten gelandet ist?«

»Ach ja, stimmt, Sir! Es gab Hinweise darauf. Mr. Duval erwähnte, daß die Franzosen versuchen könnten, von dort nach Indien vorzustoßen. Aber diese Idee ist doch völlig abwegig! Ihre Flottille im Roten Meer reicht dafür niemals aus. Trotzdem hat sie uns einen höllischen Schreck eingejagt.« Er lachte herzlich.

»Was!« bellte Griffiths. »Sie wollen doch nicht etwa sagen, daß französische Schiffe bereits im Roten Meer operieren?«

»O doch. Eins davon ist eine schmucke kleine Slup. Die

Froschfresser bezeichnen sie als Korvette, soweit ich mich erinnere. Sie hat uns vor zwei Tagen bei Perim gejagt. Aber wir haben ihr ein flottes Tänzchen durch die Riffe geliefert und sie schnell abgeschüttelt.«

»*Myndiawl*«, brummte Griffiths, während Drinkwater weiterfragte: »Wie viele Schiffe haben die Franzosen dort?«

»Keine Ahnung, vielleicht zwei oder drei. Die Araber haben ihre Ankunft ohne Enthusiasmus beobachtet, da wohl schon Dhaus geentert und gekapert wurden, der Himmel weiß, zu welchem Zweck. Zwar schien es Allahs Wille zu sein, trotzdem reagierten die Gläubigen nicht allzu freundlich darauf.«

»Ein echter Korsar, wie es scheint«, sagte Griffiths böse.

»Sagen Sie, Sir, können Sie uns mit einer neuen Karte des Roten Meeres aushelfen? Auf unserer fehlt beinahe jede Detailinformation.« Drinkwater zog die entsprechende Karte aus einer Schublade und zeigte sie Lawrence.

Der Leutnant lachte. »Bei Gott, Gentlemen, ich glaube, selbst Noah hatte eine bessere. Aber ich kann Sie gern mit Karten versehen, schicken Sie nur einen Fähnrich mit mir hinüber.«

»Noch etwas«, sagte Griffiths. »Wir haben eine Frau an Bord und würden sie gerne abgeben.«

Lawrences Gesicht verdunkelte sich. »Was denn für eine Frau?«

»Oh, eine verdammte Strafgefangene, die wir im Südatlantik aufgefischt haben. Sie hat mit ihrer Hurerei die Männer ganz durcheinandergebracht.«

Der Leutnant antwortete indigniert: »Entschuldigen Sie, Sir, aber ich fürchte, daß ich Ihnen bei einer Strafgefangenen nicht helfen kann.«

»Verdammt, Mann, das ist ein Befehl! Ich bin bestallter Offizier Seiner Majestät Marine . . .«

»Sie sagen, Sie haben sie im Südatlantik aufgefischt?« Lawrence versuchte, Zeit zu gewinnen.

»Ja.«

»Aber Sie kommen doch von Kapstadt. Hätten Sie sie nicht dort an Land setzen können?« Lawrence vermutete offenbar, daß die Marineoffiziere ihrer Bettgenossin überdrüssig geworden waren und sie jetzt loswerden wollten. »Sie müssen mich verstehen, Sir. Ich habe eine Laskarenmannschaft an Bord, deren Vorstellung von der englischen Weiblichkeit nicht leichtfertig durch eine verhurte Strafgefangene verdorben werden sollte.«

Er nahm seinen Hut und verbeugte sich. »Die Karten überlasse ich Ihnen natürlich mit dem größten Vergnügen, Gentlemen. Vielen Dank für Ihre Gastfreundschaft.«

»Warten Sie, Mr. Lawrence«, sagte Griffiths scharf. Daß er Catherine Best nicht loswurde, überraschte ihn nicht. Andere Dinge gingen ihm durch den Kopf. »Noch einen Augenblick. Sie sollten den Gouverneur von Bombay und seinen kommandierenden General davon unterrichten, daß tatsächlich die Gefahr einer französischen Landung in Indien besteht. Es ist von größter Wichtigkeit, daß Sie den Befürchtungen Lord Nelsons höchste Aufmerksamkeit schenken. Ich werde es Ihnen auch schriftlich geben.«

Der Kommandant drehte sich zu seinem Schreibtisch um, deshalb entging ihm Leutnant Lawrences skeptischer Gesichtsausdruck. Er schien einfach nicht an diese Gefahr zu glauben. Drinkwater war nicht überrascht. Er hatte schon gehört, daß der lange Dienst in Indien bei Europäern eine gewisse Überheblichkeit verursachte, als Folge ihrer herausgehobenen Position.

»Begleiten Sie unseren Besucher zum Boot, Mr. Drinkwater.« Griffiths übergab dem Offizier einen Umschlag. Lawrence verbeugte sich, nahm den Brief an sich und verließ die Kajüte. Als die Männer in den strahlenden Sonnenschein hinaustraten, rief Drinkwater Mr. Quilhampton heran und befahl ihm, Mr. Lawrence zu begleiten.

»Ich schicke ihn mit meinem Boot zurück«, lächelte Lawrence. »Sonst heißt es noch, ich hätte eine Frau abgelehnt, aber einen Jungen behalten.«

Drinkwater fand den Scherz geschmacklos und behielt Lawrence als Genüßling in Erinnerung. Er rang sich ein höfliches Lächeln ab.

»Hüten Sie sich vor den Froschfressern«, warf Lawrence noch leichthin über die Schulter. »Auch wenn sie nicht die Ortskenntnis haben wie wir. Sogar meine Karten über die Gegend nördlich der Insel Zugar sind nicht allzu gut, aber bis Mocha werden Sie damit auskommen. Guten Tag, Sir.«

»Guten Tag und vielen Dank. Ich vermute, daß Sie uns weiter nichts über die französische Flottille sagen können?«

Lawrence zuckte die Schultern. »Eine Fregatte und ein oder zwei Korvetten ... Der Name des Kommodore war ungewöhnlich.« Er hielt inne und schwang sich mit einem eleganten Satz über die Reling. »Ich dachte noch, daß Tom Duvals Name französischer klang als der dieses Schurken. Er lautete so ähnlich wie Santo ... Santa ...«

»Santhonax?«

»Das war's! Genau, Sir: Santhonax. Guten Tag!«

»Heiliger Strohsack!« Nathaniel drehte sich um und eilte unter Deck, während Lawrence zu seinem Schiff zurückkehrte. Unten platzte er in Griffiths' Kajüte.

»Ich habe diesen aufgeblasenen Fatzken noch gefragt, wer die französische Flottille befehligt, Sir.«

Griffiths blickte auf. »Und wer?«

»Santhonax!«

Sekundenlang schwieg Griffiths, dann strömte eine Flut walisischer Flüche aus ihm heraus; schließlich goß er zwei Gläser Madeira ein, und beide Männer starrten vor sich hin. Sie dachten an das lange Duell, das sie mit Santhonax im Ärmelkanal und in der Nordsee ausgefochten hatten, das mit seiner Gefangennahme bei Kampenduin zu Ende gegangen war. Nun war Santhonax durch eine rätselhafte Wendung der Dinge schneller gewesen als sie, hatte das Rote Meer vor ihnen erreicht.

»Das ist kein Zufall, Nathaniel, das ist Schicksal ... *Myndiawl,* sogar mehr als das, es ist der Beweis für das Walten der Vorsehung!«

»Noch was, Sir.«

»Was denn noch?« fragte Griffiths, sich zum drittenmal eingießend.

»Er weiß nicht, daß *wir* ihn verfolgen.«

»Ein schlechter Trost!«

Ein Stoß längsseits zeigte an, daß Quilhampton zurückgekommen war. Eine Minute später klopfte der Junge und übergab Drinkwater die zusammengerollten Karten.

»Verzeihung, Sir, aber es ist doch eine Schau, Sir, ihr Name ist *Dart* und ...«

»Mr. Quilhampton!« bellte Griffiths.

»Sir?« Der Junge errötete.

»Sagen Sie dem Navigator, daß ich ihn bitte, die Segel anzubrassen und Kurs auf die Straße von Bab el Mandeb abzusetzen.«

»B . . . Bab el . . .«

»Mandeb.«

»Aye, aye, Sir.«

NEUNTES KAPITEL

Dezember 1798–Mai 1799

Auf der Reede von Mocha

Leutnant Drinkwater lief langsam auf dem winzigen Achterdeck von *Hellebore* auf und ab. Die nahezu beständigen südlichen Winde, die heiß vom Horn von Afrika herüberwehten, flauten meist bei Einbruch der Nacht ab. Drinkwater, in Kniehosen und Hemdsärmeln, hatte sich diese Spaziergänge bei Sonnenuntergang zur Gewohnheit gemacht. Wenn die Sonne blutrot und riesig versank, ihre Reflexe noch auf der See nachglühten, fühlte er die den Seeleuten vertraute bittersüße Traurigkeit, wenn sie abends fern von ihren Familien sind. Er drehte sich nach achtern um und ging gleichmäßig, mit abgezählten Schritten. Sein Blick hing an den rötlichen Mauern und Türmen von Mocha, das eine Meile entfernt im Osten lag. Die Lehmziegel der Gebäude spiegelten ebenfalls den prächtigen Glanz des Sonnenuntergangs wider. Das schlanke Minarett deutete wie ein langer goldener Dorn zum Himmel, daneben glänzte die Moschee. Jenseits der Stadt erstreckte sich die Ebene von Tihamah. Sie lag schon teilweise im Schatten, dahinter ragten wie phantastische Kulissen die Schluchten und Abhänge der jemenitischen Berge in den dunklen, samtenen Himmel. Es war nicht das erste Mal, daß ihn ein tropischer Sonnenuntergang zutiefst bewegte und Gedanken an zu Hause, an Elizabeth und ihre Schwangerschaft in ihm weckte. Dann schalt er sich einen Narren, der wohl eine ganze Menge über das Schiff unter seinen Füßen wußte, aber wenig über die Grundvoraussetzungen des menschlichen Lebens. Elizabeth würde schon längst schlafen. Er überlegte, ob das Kind wohl am Leben bleiben würde, und verbot sich den Gedanken, daß er Elizabeth vielleicht im Kindbett verlor.

Mr. Brundell trat zu ihm und meldete, daß die Kommandanten-gig gesichtet worden sei. Drinkwater eilte nach unten, um Jacke und Hut zu holen, dann begrüßte er Griffiths an der Relings-pforte. Nach dem Austausch der üblichen Formalitäten bat Griffiths Drinkwater in seine Kajüte, warf den Hut auf einen Sessel und bedeutete dem Ersten Offizier, ihnen ein Glas Wein einzu-schenken. Er sank in einen Sessel und bedeckte das Gesicht mit den Händen.

»Keine Neuigkeiten, Sir?« fragte Drinkwater, das Weinglas über den Tisch schiebend.

»Aye, *bach,* aber schlechte, verdammt! Es ist wirklich Santho-nax. Wrinch ist sich dessen sicher.« Griffiths' regelmäßige Besu-che in der ansehnlichen Residenz von Mr. Strangford Wrinch hat-ten schon nahezu den Charakter von Urlaubstagen angenommen. Aber es war nicht Vergnügungssucht, die Griffiths an die Tafel des britischen Residenten lockte. Wrinch war Kaffeehändler mit konsularischen Vollmachten, ein Agent für britische Interessen, die nicht alle handelspolitischer Natur waren. Drinkwater hatte mehrere Male mit ihm gespeist und den Eindruck gewonnen, daß er einer dieser merkwürdigen Auslandsbriten war, die in den hin-tersten Winkeln der Welt hausten, dort beinahe unbeschränkte Macht ausübten und anonym mit an den Seiten der Geschichte schrieben. Der Mann saß spinnengleich in der Mitte eines Netzes, das seine unsichtbaren Fäden entlang der alten Karawanenstra-ßen Arabiens zog, bis hin zu den alten jemenitischen Niederlas-sungen im Sudan und den auf keiner Karte verzeichneten Routen der Dhaus, die auf dem Roten Meer Handel und auch Seeräube-rei trieben.

Griffiths kannte das Geschäft des Nachrichtensammelns. Er hatte die meiste Zeit seines Lebens für bedeutende Männer gear-beitet, deren Namen in den Annalen britischer Außenpolitik auf-tauchten. Es war ein Krieg im Krieg, den Griffiths und Wrinch führten, mit vollem Einsatz. Für Griffiths hatte die Sache nun per-sönliche Bedeutung bekommen, denn Santhonax war ihr alter Wi-dersacher im Kanal und der Nordsee gewesen, damals in den auf-regenden Wochen vor der Schlacht bei Kampenduin. Santhonax war auch verantwortlich für die barbarische Erhängung von Ma-jor Brown, eines Freundes von Griffiths, was seinen unbändigen keltischen Haß geweckt hatte.

Tag für Tag saß Griffiths geduldig in Wrinchs kühlem, weißgekalktem Hof, verscheuchte die Fliegen und wartete auf Nachrichten über Santhonax. Was Drinkwater nicht mit seinem Commander gemein hatte, war dessen Geduld.

In den Wochen, die sie nun vor Anker lagen, war Drinkwater zu der Überzeugung gelangt, daß Nelson sie in ein fruchtloses Unterfangen geschickt hatte. Leutnant Duvals Reise über Land nach Bombay war erfolgreich gewesen. Sie dagegen hatten sich abgerackert, um schnell das Rote Meer zu erreichen, hatten Admiral Blankett jedoch verfehlt. Er war auf der Suche nach der französischen Flottille. Inzwischen konnte er sie und Santhonax längst besiegt haben. Wrinch beteuerte die Richtigkeit seiner Informationen, die er erlangt hatte, ohne sich von seinem Teppich zu erheben. Er saß da in seiner *galabiya* und palaverte mit Kaufleuten, mit den *Emirs el Hadj,* die die Karawanen anführten, mit den Kapitänen der Dhaus, die Nachrichten gegen Gold, Perlen oder Haschisch eintauschten. Oder sie streichelten die hübschen Knaben, die Wrinch angeblich Frauen vorzog.

Was an den Gerüchten über ihn auch wahr sein mochte, jedenfalls war Wrinch durchtrieben genug zu wissen, wann ein Araber die Wahrheit sagte. Griffiths war nicht an Moral interessiert, er nahm die Welt, wie sie war.

Auch Blankett war besorgt gewesen. Rot vor Zorn und Wrinch rundheraus verfluchend, hatte er seinen Kurs nach Norden abgesetzt, solange noch südliche Winde anhielten. Und nach seiner Abfahrt war Lawrence erschienen, gejagt von einem der Schiffe Santhonax', das irgendwie in Blanketts Rücken geraten war. Deshalb beschwor Wrinch Griffiths, sich nicht auf die Suche nach der einen oder anderen Seite zu machen, sondern einfach abzuwarten. Für Wrinch machten Warten und Schwatzen den Reiz arabischer Lebensart aus. Für Griffiths war es eine erträgliche Methode, die Zeit verstreichen zu lassen, die ärgste Hitze abzuwarten und seinen Rachedurst zu nähren. Nur für Drinkwater war der Aufenthalt eine Qual.

»Also warten wir weiter, Sir?«

Griffiths nickte. »Ich weiß, *bach,* Nichtstun ist schlecht für die Mannschaft, aber wir haben keine andere Wahl. Wrinch hat recht, die Reede von Mocha ist der Treffpunkt.« Sein weißhaariger Kopf senkte sich in tiefem Nachdenken. »Hmmm, *Yr Aifft . . .*«

»Sir?«

»Ägypten, Nathaniel, Ägypten. Große Dinge werden aus Ägypten gemeldet. Bonaparte hat Kairo besetzt, und ein General namens Desaix fegt mit der Hilfe eines Kopten namens Moallem Jacob durch Oberägypten.« Er machte eine Pause. »Ich denke, daß Nelson recht haben könnte. Und mit diesem Teufel Santhonax ist nicht zu spaßen . . .« Er hob die weißen Augenbrauen und schloß fest den Mund. Dann stieß er aus: »Ich wollte, Sie hätten ihn damals erschossen.«

Untätigkeit schien sich wie die Hitze für immer an Bord eingenistet zu haben. Das Pech kochte in den Nähten, Drinkwater ließ das Deck tagsüber feuchthalten. Mit dem Gewicht der Kanonen gaben sie dem Schiff Schlagseite und schrubbten den Wasserpaß. Sie überholten die Takelage und bemalten das Schiff von oben bis unten neu. Griffiths hatte Geschützexerzieren mit Pulver verboten, und als stummes Ritual war es nutzlos. Um die Männer zu beschäftigen, schickte Drinkwater Lestock, dessen Gehilfen und die Fähnrige in Booten los, die Reede auszuloten. Obwohl das einen gewissen Wettstreit unter den jungen Offizieren auslöste, wurde es bei den Matrosen schnell unpopulär, als die Boote weiter weggerudert werden mußten. Lethargie begann ihre Tentakel über die Brigg zu legen, und Applebys Wahlspruch schien sich zu bestätigen: Krieg war in erster Linie Zeit-, Geld- und Energieverschwendung.

Woche um Woche verging. Drinkwaters Enttäuschung wuchs, außerdem wurde er von der Sorge um Elizabeth gequält. Seine Befürchtungen ließen sich nicht mit dringenden Arbeiten verdrängen, denn außer der Bordroutine eines Ankerliegers gab es nichts zu tun. Die Milliarden Fliegen, die sie heimsuchten, machten ihnen das Leben unerträglich, und das Landgangsverbot für die Matrosen belastete das enge Zusammenleben.

Strangford Wrinch ließ ihnen eine alarmierende Neuigkeit zukommen, die er von einem gewissen Hadji ben Ibrahim, dem Kapitän einer Sambuke, erhalten hatte. Im Dezember des vergangenen Jahres war Suez von einer französischen Division unter General Bon besetzt worden. Bonaparte hatte Tributzahlungen der Araber erpreßt und ein Übereinkommen mit den Mönchen des geheimnisvollen Klosters St. Katharina erreicht. Es lag am äußersten Südzipfel der Sinai-Halbinsel. General Desaix verjagte die

Mameluken bei seinem energischen Feldzug das Niltal hinauf in alle Himmelsrichtungen. Ägypten war eine französische Kolonie geworden, trotz Nelsons Sieg vor Abukir, der britischen Seeherrschaft im Mittelmeer und Hoods Blockade der Küsten. Die Franzosen konnten sogar noch weiter nach Osten vorstoßen, und während Blanketts Abwesenheit war *Hellebore* in Mocha nur ein Strohhalm unter den Marschstiefeln des Eroberers.

Ende Januar ging Griffiths in See. Vierzehn Tage lang kreuzten sie zwischen den Inseln Barim und Zuqar, übten Segelmanöver und Geschützdrill. Dann kehrten sie auf die Reede von Mocha zurück, zurück zu der Hitze, der Fliegenplage und dem täuschenden Märchenzauber seiner Minaretts. Wieder ging Griffiths täglich an Land. Er empfahl ihnen lächelnd, sich dem Willen Allahs zu unterwerfen und *keyf* zu lernen, jenes Sitzen im scheintoten Zustand, das die Araber so schätzten.

»Barmherziger Jesus«, fluchte Rogers schwitzend, »der alte Bastard ist senil geworden.«

»Mr. Drinkwater!« Das Klopfen an der Tür zeugte von äußerster Dringlichkeit. Das Gesicht Quilhamptons peilte um die Ecke, blaß vor Sorge.

»Mr. Drinkwater!«

Drinkwater kam langsam in die Wirklichkeit zurück. »Ja, was gibt's?«

»Zwei Schiffe nähern sich von Süden, Sir.«

Drinkwater wurde schlagartig wach.

»Informieren Sie den Kommandanten und lassen Sie das Schiff klarmachen zum Gefecht!«

Der Fähnrich hastete davon, und Drinkwater hörte die Brigg zum Leben erwachen. Die schrillen Befehle des Jungen wurden von den Bootsmannsgehilfen aufgenommen, deren Pfeifen schrillten. Drinkwater griff nach seiner Kniehose, schnallte den Degen um und steckte die Pistole ein, die er gewohnheitsmäßig immer geladen hielt; dann eilte er an Deck. Oben herrschte gerade das erste Zwielicht. In der Kuhl tobte ein wildes Durcheinander von zweihundert nackten Füßen und dem Geschrei verschlafener Seeleute, die durch Drill und Angst auf ihre Stationen getrieben wurden.

Drinkwater nahm das Nachtglas aus seiner Kiste und unterzog

sich der mentalen Gymnastik, die die Auswertung des kopfstehenden Bildes erforderte. Er suchte den Horizont ab und blieb an zwei Schatten hängen, die auf die Reede zuhielten. Das größere Fahrzeug konnte eine Fregatte sein. Einige der neuen französischen Fregatten waren zwar groß, aber dies hier schien zu hochbordig und auch nicht lang genug für ein französisches Vollblut zu sein. Das kleinere Schiff war ganz eindeutig eine Brigg ihrer eigenen Größe.

Griffiths erschien: »Lassen Sie das Erkennungssignal setzen, Mr. Drinkwater!« Rogers meldete die Batterien feuerklar. »Mr. Rogers, bemannen Sie die Steuerbordbatterie. Mr. Drinkwater, setzen Sie die Spring durch und drehen Sie das Schiff drei Strich nach Backbord!«

»Aye, aye, Sir!« Drinkwater warf einen letzten Blick auf Quilhamptons Männer, die das Signal an der leewärtigen Vormarsrahnock setzten; dort wehte es weithin sichtbar aus.

»Mr. Grey, die Deckshände ans Spill!«

Hellebore erzitterte leicht, als die Spring steifkam, dann drehte sie langsam aus dem Wind, wodurch die Steuerbordbatterie die Fremden voll bestreichen konnte. Drinkwater spähte angestrengt aus, aber das Signal wurde nicht erwidert.

»Steuerbordbatterie ist klar, Sir!« meldete Rogers. Alle Aktivität war nun vorbei, die Geschützbedienungen hockten erwartungsvoll hinter ihren Kanonen, die Stückführer knieten neben den Rückstoßschienen, die Reißleinen fest in Händen.

Hellebore saß da wie eine Lockente und zeichnete sich gegen Sonnenaufgang deutlich ab; die Ankömmlinge näherten sich aus dem nächtlichen Schatten.

»Mr. Rogers! Feuern Sie bitte einen Schuß hinter sein Heck!«

Drinkwater hob das Glas und beobachtete das größere Fahrzeug. Vorn donnerte die Kanone. Es wurde nun schnell heller. Die aufgehende Sonne schickte gleißende Streifen hinter den Klippen der jemenitischen Berge hervor. Als der Muezzin vom Minarett die Gläubigen zum Gebet rief, sah Drinkwater, daß die britischen Farben auf den Schiffen gesetzt wurden; eine weiße Pulverwolke erschien vor dem Bug des größeren.

»Britische Flagge, Sir.«

»Dann erwidern Sie den Salut!«

Eine Stunde später erwartete er gespannt Griffiths' Rückkehr von Bord der Fünfzigkanonenfregatte *Centurion* unter dem Kommando von Kapitän Rainier.

Drinkwater schob einen Finger in den Stehkragen. Er konnte nicht verstehen, weshalb die Royal Navy die Kleidervorschriften im heißen Klima des Roten Meeres nicht etwas lockerte. Beim Essen mit Vorgesetzten mußte man doch wohl nicht unbedingt den dicken Waffenrock tragen, oder? Zumindest jetzt, da überall die Zigarren angesteckt wurden, hätte er sich gern etwas ungezwungener gegeben. Sie lauschten einer Anekdote, die der Erste Offizier der *Centurion* aus Bombay erzählte. Es war eine Respektlosigkeit über den General der Ostindischen Handelsgesellschaft, der sich auch bei Frauen streng an die Formalitäten hielt. »Und dann, Sir, als das Mädchen die Beine um ihn schlang und eine gewisse Begeisterung für den alten Knaben erkennen ließ, unterbrach er seine Bemühungen und starrte streng auf sie herunter: ›Noch eine solche Vertraulichkeit, und die Paarung ist beendet!‹ sagte der Alte.«

Das schwache Gelächter der *Centurion*-Offiziere wurde vom Lachen des Commanders der Achtzehnkanonenbrigg *Albatros* übertönt. Dieser Adams war mindestens zehn Jahre jünger als Drinkwater. Es schien, daß alle Männer von der Indischen Station ein leichtes, lässiges Leben führten. Drinkwater dachte plötzlich, daß ihre Kameraden bei Duncan in der grauen Nordsee, bei St. Vincent vor Cadiz und bei Nelson im Mittelmeer von anderem Kaliber waren. Er mußte an Ushant und das sturmzerzauste Geschwader denken, das vor Brest Wache hielt. In der rauchgeschwängerten Luft von Kapitän Rainiers Kajüte war es ihm plötzlich sehr wichtig, zu dieser wettergegerbten Sorte zu gehören, denn dieser aufgeblasene Haufen frischgebügelter, rotgesichtiger Laffen verursachte ihm Unbehagen.

Auch Griffiths hatte seine Pflichten nicht vergessen, wie der Sarkasmus in seiner Stimme verriet: »Bei Gott, Sir, es scheint mir ein rechtes Wunder zu sein, daß Sie bei all den Annehmlichkeiten, die Bombay offensichtlich zu bieten hat, so weit von zu Hause weggesegelt sind ... Darf ich den Grund erfahren?«

»Natürlich, Kapitän«, antwortete Rainier, ein großer dicker Mann, der wie ein indischer Buddha dasaß, umhüllt vom blauen Rauch seiner Zigarre. »Nelsons Warnungen, die wir durch Sie erhielten, führten mich her, um im Roten Meer nach dem Rechten zu sehen.«

»Werden Sie sich mit Admiral Blankett vereinigen, Sir?«

Der Kapitän zuckte die Schultern, er schien nicht versessen darauf. Aber wenn er es tat, würde die Stärke dieser Flotte ausreichen, um die Straße von Bab el Mandeb wirksam zu überwachen, Santhonax aufzuspüren und zu vernichten.

»Blanketts Aufenthalt ist ziemlich unbestimmt, aber meine eigenen Befehle sind präzise: Ich soll die französischen Unternehmungen in Ägypten daraufhin beobachten, ob sie auf eine Landung in Indien abzielen. Das ist alles.«

Es war Drinkwater klar, daß die willigen Mädchen in Bombay schönere Lieder sangen als die Sirenen an den Riffen des Roten Meeres. Rainier blies gekonnt den Rauch aus und beobachtete mit großer Befriedigung drei Rauchringe, die zu den Decksbalken aufstiegen. »Ich denke, daß die Angelegenheit schnell erledigt sein wird«, schloß er, dann gewahrte er Griffiths' Stirnrunzeln. »O ja, ich weiß, Kapitän Griffiths, Sie kommen mit hechelnder Zunge von den Schlachtfeldern Europas, bedeckt mit dem Schweiß Ihrer Anstrengungen. Aber Ihre Energie ist nicht die Pest, wissen Sie, sie ist nämlich nicht ansteckend. Wir haben hier draußen unsere eigenen Methoden, um die Geschäfte des Königs zu regeln. Wir wissen sehr wohl, daß Tippu Sahib, der große Sultan von Mysore«, dies fügte er erklärend für die Neuankömmlinge aus England hinzu, »eine Rebellion gegen uns anzettelt. Wir haben sogar Informationen, daß Bonaparte persönlich mit ihm Kontakt aufgenommen hat. Aber ich bin nicht der Meinung, daß der Angelegenheit große Bedeutung zuzumessen ist.« Rainier zog an der Zigarre, und ein zustimmendes Gemurmel ging um den Tisch.

»Ich wünschte, ich könnte Ihre Zuversicht teilen, Sir«, sagte Griffiths.

»Ach, kommen Sie, Sir«, mischte sich Adams ein, »die Franzosen sind hier klar in der Minderzahl, oder? Und wie viele Schiffe hat Blankett zur Verfügung?« Adams drehte sich zu dem einzigen nicht Uniformierten um, der am Tisch saß.

»Er hat drei Vierundsechziger«, sagte Wrinch. »*America, Stately* und *Ruby*. Die beiden erstgenannten sind fällig zur Heimkehr, die dritte ist auf Patrouille. Außerdem hat er ebenfalls zwei Fregatten, *Daedalus* und *Fox,* sowie die Slup *Echo,* die ebenfalls reif für die Heimfahrt ist.«

»Sehen Sie, Sir«, sagte Adams. »Eine beachtliche Streitmacht.«

»Falls sie gemeinsam operiert«, brummte Griffiths, nicht überzeugt.

Rainier schien die Diskussion beenden zu wollen. »Nun haben Sie sich nicht so, Griffiths, wir müssen hier doch nicht gegen Suffren antreten, oder?«

Der Waliser antwortete hinter vorgehaltener Hand, da er nach einem Stück Hammel fahndete, das sich in seinen Zähnen verfangen hatte: »Der französische Kommandant ist ein Schüler Suffrens, Sir. Er ist mir und meinem Ersten Offizier gut bekannt. Ein echter Korsar, schlau wie ein Fuchs, gefährlich und einfallsreich. Kein Mann, den man unterschätzen sollte.« Griffiths' Stimme war leise und eindringlich.

»Wie kommt es, daß Sie ihn kennen, Sir?« hakte der Hauptmann der Seesoldaten nach.

Griffiths beschrieb in großen Zügen die Aufgaben des Kutters *Kestrel* während seines Spezialeinsatzes vor den Küsten Frankreichs und Hollands. Er sprach davon, wie sie in die Machenschaften vom Kapitän Edouard Santhonax verwickelt wurden, wie sie ihn von den Buchten Frankreichs bis zu den sandigen Stränden Nordhollands verfolgt hatten und wie ihn Drinkwater schließlich an dem blutigen Nachmittag vor Kampenduin gefangengenommen hatte. Er erzählte von der brutalen Ermordung des britischen Agenten Major Brown, der in Zivil ergriffen und über den Festungswällen von Kijkduin gehängt worden war, vor den Augen des Blockadegeschwaders. Sein Bericht fesselte sie alle, sogar der hochmütige Mund Adams' straffte sich.

»Aber, meine Herren, Santhonax entkam, und der Teufel soll ihn dafür holen. Ich weiß nicht, wie er das geschafft hat. Aber wenn die französische Armee in Ägypten so mächtig und gefährlich ist, wie Admiral Nelson zu vermuten scheint, dann sollten Sie sich vor diesem Mann in acht nehmen.«

Betroffenes Schweigen folgte, das schließlich von Rainier unterbrochen wurde: »Sie sind ein Barde, Kapitän, ein echter Barde!« Er nahm eine Prise Schnupftabak.

»Kapitän Griffiths hat recht, Sir«, meldete sich Wrinch, obwohl Rainier dieses Thema offensichtlich abschließen wollte. »Santhonax kapert Eingeborenenfahrzeuge, vielleicht um sie für den Transport nach Indien zu benutzen, vielleicht auch um das Übersetzen der Gläubigen nach Al Qusay zu vereiteln. Diesen frommen Verstärkungen aus Mekka ist erzählt worden, sie müßten einen Franzosen nur schütteln, und schon verliere er Goldstaub aus den Kleidern. Sie versammeln sich um Murad Bey und folgen dabei der alten Karawanenstraße nach Quna.« Mit der gleichen herablassenden Miene, die vorher von den anderen bei Tippu Sahib aufgesetzt worden war, ergänzte er: »Murad ist der Anführer der Mameluken in Oberägypten. Obwohl Desaix ihn geschlagen und seine Truppen zerstreut hat, ist Murad noch längst nicht am Ende. Um ihn auf die Knie zu zwingen, müßte Desaix ihn von seinem Nachschub aus Arabien abschneiden, entweder indem er seine Dhaus auf See aufbringen läßt oder Qusay einnimmt. Wenn er das erreicht, kann er zusätzliche Zölle von den arabischen Händlern erheben, wie es jetzt schon Bon in Suez mit dem Handel von Yanbu und Jiddah macht. Bonapartes Regierung in Kairo leidet unter großer Geldnot und eröffnet sich alle nur möglichen Quellen.«

»Meinen Sie, daß Santhonax und Desaix ihre Aktionen aufeinander abstimmen können?« fragte Rainier, der durch die Wendung des Gesprächs nun doch beunruhigt war.

»Das ist es, Sir. So etwas hat schon funktioniert. Ägypten ist natürlich unregierbar, aber es wäre durchaus möglich, daß die Franzosen weiter nach Indien vorstoßen. Das wäre für sie prestigeträchtiger als ein Rückzug.«

»Glauben Sie wirklich, daß Prestigedenken die Oberhand über militärischen Sachverstand behält?« höhnte Adams.

»In Frankreich«, entgegnete Wrinch kühl, »gab es gerade eine Revolution, ausgelöst von den Schwachen, die Gleichberechtigung wollten. Und Gleichberechtigte wie Bonaparte und Desaix, Kapitän Adams, revoltierten in der Absicht, die Starken zu werden. So ist der Geist beschaffen, der Revolutionen hervorbringt und durch Revolutionen hervorgebracht wird.«

»Das ist Haarspalterei«, meinte der Commander, errötend den Kopf zurückwerfend.

»Das ist Aristoteles, Sir«, erwiderte Wrinch eisig. Eine ungemütliche Stille breitete sich aus, dann fuhr Wrinch fort: »Im Juni weht der Wind im Roten Meer vornehmlich aus Norden. Häufig reicht dieser nördliche Wind bis Barim und hält bis August an. Eine Sambuke läuft mit dem Wind hervorragend, und eine Bagalla kann eine bespannte Batterie oder drei Kompanien Infanterie transportieren. Und in der Arabischen See begünstigt der Monsun eine schnelle Reise, auch wenn es unbequem werden könnte.«

»Aha«, unterbrach ihn Adams, der endlich meinte, einen Punkt gegen Wrinch erzielen zu können, »aber während des Südwestmonsuns kann man weder in Bombay noch an der Malabarküste landen.«

Wrinch hob eine Augenbraue. »Sogar die Franzosen dürften in der Lage sein, Kap Komorin zu runden, Kapitän. Sicherlich haben sie immer noch Freunde in Pondicherry, und von dort ist es nicht weit nach Mysore.«

Rainier hatte genug. Er erhob sich: »Wir segeln in zwei Tagen, meine Herren.«

»Darf ich Sie begleiten, Sir?« fragte Griffiths.

»Nein, Griffiths, Sie bleiben hier und warten auf Blankett. Sie kennen alle Fakten und können sie dem Admiral am besten nahebringen. Ihre Befehle von Nelson waren eindeutig. Sie haben mich überzeugt, daß ich wohl doch etwas tiefer in dieser Angelegenheit herumstochern muß.«

So mußte *Hellebore* weiter warten. Nachdem sie, wie Appleby es ausdrückte, mit den Flügeln des Hermes um die halbe Welt geeilt waren, lernten sie nun die ruhigere Seite ihres Berufs kennen. Griffiths verbrachte jetzt weniger Zeit an Land. Er war offensichtlich froh, daß Rainier nach Norden gegangen war, aber das war es nicht allein, was den Mann entspannte. Der wahre Grund kam bei einem weitaus frugaleren und formloseren Mahl zutage. In der Kajüte von *Hellebore* taten sich die Offiziere an Hammel gütlich, der in Mocha reichlich und gut zu erstehen war, tranken dazu ihren Madeira, schwarzen Kaffee und aßen süße Datteln. Sie hörten Griffiths' Erklärung über seine Verwandlung zu.

»Ohne Schmerzen zu sein, Gentlemen, ist wie eine Wiedergeburt. Mr. Strangford Wrinch ist ein vielfältig gebildeter Mann. Sie haben bis jetzt nur eine Seite seines Wesens kennengelernt, den schwatzenden Kaffeehändler, der in Mocha Hof hält. Tatsächlich ist er viel mehr als das. Er hat das Landesinnere bereist und mir von geheimnisvollen Städten erzählt, die seit langem von ihren Bewohnern verlassen wurden. Er ist ein *Hadji* und war zweimal an den heiligen Stätten, wo sich kein Ungläubiger hinwagen darf. Er hat in drei arabischen Kriegen gefochten. Er ist ein Experte in Mathematik, Astronomie und arabischer Literatur, er schreibt Gedichte in arabisch und hält Jagdfalken, die eines Prinzen würdig wären . . .«

Er machte eine Pause, und Drinkwater hörte Rogers abfällig murmeln. Falls auch Griffiths ihn gehört hatte, so ignorierte er ihn doch, er blickte Appleby an.

»Und er hat einige medizinische Kenntnisse.«

Appleby schnaubte los: »Sie wollen mir wohl erzählen, daß er ein paar quacksalberische Tricks kennt, Sir.«

»Keineswegs! Ich sage Ihnen, er versteht tatsächlich eine Menge. Er kann eine Wunde mit heißem Öl ausbrennen oder einen Rücken mit heißen Eisen versengen, um den Rheumatismus zu vertreiben. Darüber hinaus behandelt er offene Wunden mit Auflagen aus ranziger Butter oder Kuhdung . . .«

»Kuhdung?« Applebys Kopf schoß ungläubig vor, seine Bakken zitterten. Rogers lachte leise, als bestätige sich jetzt seine private Theorie, daß Griffiths verrückt geworden sei. Griffiths ignorierte ihn und genoß Applebys Skepsis.

»Genau, Mr. Appleby! Eine Auflage aus Kuhdung scheint Bestandteile zu enthalten, die es der Wunde gestatten, sauber zu verheilen.«

Hinter vorgehaltener Hand flüsterte Rogers: »Kein Wunder, daß es hier so viele Fliegen gibt.«

Mr. Dalziell begann zu kichern, und sogar der loyale Quilhampton konnte nicht ernst bleiben. Das Gekicher wurde zu lautem Gelächter, in das schließlich auch Appleby einstimmte. Drinkwater rang mit sich, erinnerte sich dann aber an die Pflichten eines Ersten Offiziers.

»Und diese Kur hat Ihren Schmerzen Linderung verschafft, Sir?« fragte er.

Griffiths wandte sich an Drinkwater, ein mildes Lächeln auf dem Gesicht. Er schüttelte den Kopf, seine Augen zwinkerten unter den dichten, buschigen Brauen.

»Gegen meine Gicht, Mr. Drinkwater, die die besten englischen Spezialisten für unheilbar hielten, verordnete er mir

Krokuszwiebeln.«

»Krokuszwiebeln!« Rogers konnte nicht mehr an sich halten. Lachtränen strömten ihm übers Gesicht, und sogar Appleby war zu perplex, um den Angriff auf die englische Medizin zurückzuschlagen.

»Und Sie sind jetzt völlig schmerzfrei?« fragte Drinkwater, der sich nur mühsam unter Kontrolle hielt.

»Ganz und gar, mein lieber Nathaniel. Fit genug, um die Aufgabe zu beenden, zu der wir hergekommen sind.«

Anfang Mai erschien Blankett vor Mocha. Er hatte seine Flagge jetzt auf *Leopard* gesetzt, die neu aus England angekommen war, und wurde von *Daedalus* und *Fox* begleitet. Sie hatten das Rote Meer und den Golf von Aden durchkämmt, ohne eine Spur von Santhonax zu finden. Am Kap Guardafui war er auf *Leopard* umgestiegen und hatte die Linienschiffe vierter Klasse nach Hause entlassen. Auf die düsteren Warnungen Griffiths' wollte er nicht hören. Auch die Tatsache, daß er weder die Franzosen gefunden noch Rainier getroffen hatte, konnte ihn nicht beeindrucken. Enttäuscht kehrte Griffiths auf *Hellebore* zurück und zürnte wie weiland Achilles. Dann, eine Woche später, kam Rainier zurück. Er war bis Suez vorgestoßen und hatte den Hafen beschossen. Trotz der Anwesenheit der französischen Armee hatte er dort keine Schiffe entdecken können. Ihm war gesagt worden, daß *Centurion* das erste Kriegsschiff sei, das sich vor der Stadt zeigte.

»Das«, sagte Appleby, »ist typisch für seinen Dünkel, der mir gar nicht gefällt. Ich wage zu behaupten, daß es schon ägyptische Kriegsschiffe vor Suez gab, als Rainiers Vorfahren noch in ihren Höhlen furzten.«

»Mag sein, aber nicht mit Breitseiten aus Achtzehnpfündern«, lachte Drinkwater. »Kanonen sind ein gewichtiges Argument, um den Gang der Geschichte zu verändern.«

»Ach, das ist nur eine Frage des Maßstabes.«

»Wie die Heilmethoden der Mediziner, nicht wahr?« grinste Drinkwater.

Überzeugt, daß die französische Bedrohung ein Hirngespinst sei, segelte Rainier nach Indien ab. *Hellebore* blieb bei Blankett. Nach dieser Anstrengung war der Konteradmiral zu keiner weiteren Patrouille mehr zu bewegen. Er zog sich in das Haus von

Wrinch zurück, umgab sich mit einem Harem und ließ seine Flottille warten. Auf was, wußte keiner so richtig.

»Ein Boot nähert sich, Sir. Es scheint dieser Sindbad zu sein.« Quilhampton störte den Ersten bei der Arbeit, der mit dem Zimmermann dabei war, ein transportables Tischchen zu bauen, das ihm die unvermeidliche Schreiberei erleichtern sollte. Er wollte es unter dem Poopdeck aufstellen, wo er im Schatten saß, aber von der Brise umweht wurde.

»Welcher Sindbad?«

»Dieser verdammte Araber Yussuf ben Ibrahim, Sir.«

Drinkwater blickte auf. Es war schade, daß die geringschätzige Sprechweise auch Mr. Quilhampton angesteckt hatte. Die Verachtung, die auch das geringste Mannschaftsmitglied der einheimischen Bevölkerung zollte, berührte Drinkwater unangenehm. Vielleicht war es eine Folge ihres Eingesperrtseins an Bord. Denn eigentlich gab es nichts Verachtenswertes an Yussuf ben Ibrahim. Er war eine beeindruckende Gestalt mit dem raubvogelhaft guten Aussehen seiner Rasse, der seine schlanke Sambuke mit einer traumhaften Sicherheit führte, die wirklich Bewunderung verdiente.

»Informieren Sie den Kommandanten, Mr. Q.«

Ben Ibrahim war zum Boten zwischen Wrinch und Griffiths geworden, seit Blanketts Anwesenheit es Griffiths nicht mehr erlaubte, bei Wrinch ein und aus zu gehen. Der Araber kletterte über die Reling und verbeugte sich auf orientalische Weise vor Drinkwater, wobei er ihm einen versiegelten Brief übergab. Der antwortete auf gleiche Weise. Im Aufrichten sah er, daß sich drei Männer grinsend wieder ihrer Arbeit zuwandten, während Mr. Dalziell frech seine Verbeugung nachäffte.

»Bootsmannsmaat«, rief Drinkwater scharf, »achten Sie darauf, daß diese Männer bei ihrer Arbeit bleiben, oder ich sehe mich gezwungen, sie bessere Manieren zu lehren. Mr. Dalziell, Sie bleiben bis zum Sonnenuntergang im Masttopp.«

Er wandte sich ab und ging nach unten. Griffiths las den Brief, gab ihn an Drinkwater weiter und trat an die Karte.

›Mein lieber Madoc‹, las Drinkwater, ›ich schreibe Ihnen, da ich bezweifele, daß der alte Holzkopf Blankett sich von den Nachrichten, die ich erhalten habe, beeindrucken läßt. Da Sie bis jetzt keine schriftlichen Befehle von ihm haben, scheinen Sie mir noch unter dem Befehl Nelsons zu stehen. Und obwohl meine offizielle Befehlsgewalt eingeschränkt ist – mein Einfluß ist es nicht. Ich kann Ihnen also beachtlichen Rückhalt versprechen, falls Sie Ärger mit Ihrem Vorgesetzten bekommen sollten.

Ich habe Nachrichten aus Oberägypten erhalten, daß Desaix anscheinend überall zugleich ist und Murads Streitkräfte völlig zerstreut sind. Das ist beunruhigend. Fest steht, daß General Belliard Al Qusayr besetzt hat. Murads Verstärkungen ist damit der Weg abgeschnitten. Der Überbringer, Ben Ibrahim, hat französische Schiffe im Golf von Aqaba und vor Qusayr gesichtet. Ich bin sicher, daß unser Gegner Dhaus in Qusayr zusammenzieht, um mit Bonaparte oder Desaix nach Indien zu segeln. Ich werde entsprechenden Druck auf den Admiral ausüben, aber Sie bitte ich, mit Ihrer Brigg nach Norden zu segeln. In diesem Augenblick liegt Blankett schnarchend auf meinem Diwan, aber ich beabsichtige, ihn zu wecken, um ihn an seine Aufgabe zu erinnern. Seine Schiffe müssen noch Wasser übernehmen, also wird es einige Verzögerungen geben. Wenn Sie diesen Santhonax für ebenso gefährlich halten wie ich, ist es jetzt Zeit, ihn aufzuspüren. – Strangford W.‹

Drinkwater blickte Griffiths an.

»Ich habe die beiden gewarnt, verdammt sollen sie sein.« Griffiths winkte Drinkwater an die Karte. Der lange Schlauch des Roten Meeres erstreckte sich nahezu in Nord-Süd-Richtung. An seiner Spitze teilte es sich, als wolle es in letzter Minute noch eine Vereinigung mit dem Mittelmeer vermeiden, in zwei Buchten, den Golf von Suez und den Golf von Aqaba. Getrennt wurden die beiden durch die Berge des Sinai.

Griffiths zeigte auf den Golf von Aqaba.

»Die beiden Hohlköpfe haben die ägyptische Küste abgesucht, während sich Santhonax hinter der Ecke versteckt und die potentiellen Transporter abgefangen hat, wie es ein Fuchs mit den Hühnern macht. *Bach,* was sind die Engländer doch für Narren!«

Drinkwater lächelte betrübt. »Vielleicht doch nicht alle, Sir. Auch Nelson ist Engländer, und der ist doch wohl schlau genug.«

Drinkwater ließ den Brief schon sinken, da entdeckte er das Postskriptum: ›Nehmen Sie Yussuf und seine Sambuke mit. Ich habe ihm befohlen, Ihr Auge und Ohr zu sein. Obwohl er kein Englisch spricht, versteht er doch die Situation.‹

»Schicken Sie den Araber und Lestock zu mir und lassen Sie die Spring vom Ankerkabel lösen. Wir segeln eine Stunde nach Einbruch der Dunkelheit. Und lassen Sie alle Wasserfässer bis zum Rand füllen.«

»Mit dem größten Vergnügen, Sir.« Voller Eifer verließ Drinkwater die Kajüte.

Zehntes Kapitel

Juni–Juli 1799

Dem Adler werden die Flügel gestutzt

Die günstige südliche Brise verließ sie in der Region des sechzehnten nördlichen Breitengrades. Ungefähr hundert Meilen arbeiteten sie sich geduldig durch ein Gebiet leichter, drehender Winde, bevor sie den Nordwind zu fassen bekamen. Nun wurde ihre Reise eine mühselige Kreuz nach Luv. Yussuf ben Ibrahim konnte auf seiner eleganten, hoch am Wind laufenden Sambuke über ihre mühsamen Fortschritte nur lachen. Der Wind war zwar ungünstig in der Richtung, aber frisch und brachte Kühlung. Er ließ das Spritzwasser über den Luvbug fliegen, daß es im Sonnenlicht glänzte und der Brigg eine fast yachtmäßige Eleganz verlieh. Nördlich von Jiddah entdeckten sie mehrere große Dhaus, die von Yussuf untersucht wurden, nachdem er sie gegen die Brigg getrieben hatte. Sie waren voller Mekkapilger, die alle den grünen Turban trugen. Sie winkten enthusiastisch, denn sie hatten den *jihad,* den Heiligen Krieg, gegen die Armee der Ungläubigen um Desaix und Moallem Jacob erklärt.

»Sie sagen«, erzählte Griffiths, »daß Murad Bey sie vor seinen Mamelucken-Reitern als Kugelfang benutzt. Bringt drei Hochs auf die armen Teufel aus.«

Die Seeleute jubelten dem verlorenen Haufen ihrer Verbündeten ziemlich verlegen zu. Aber der kriegerische Enthusiasmus der Pilger hinterließ einen tiefen Eindruck, große Dinge mußten sich hinter der Kimm im Westen abspielen. Dort prallte die Stärke des Islam, der solch begeistertes Kanonenfutter hervorbrachte, auf die Energie der Französischen Republik, die solchen Aufruhr in dieser verlassenen Weltecke ausgelöst hatte.

Sie kämpften sich weiter nach Norden, passierten das Riff, das die Fregatte *Daedalus* von der Royal Navy entdeckt hatte, fanden aber keine Anzeichen der französischen Trikolore. Griffiths vermied es, nach Al Qusayr hineinzuschauen, das verschob er bis zu ihrer Rückreise nach Süden, da er befürchtete, Santhonax könne dort mit seiner Fregatte und einer großen Übermacht lauern.

»Nein, Mr. Drinkwater, zuerst werden wir im Golf von Aqaba suchen, danach gehen wir vom Kap Ras Muhammad zur Westküste und laufen danach mit günstigen Winden an Qusayr vorbei. Ich habe keine Lust, auf unseren Freund zu treffen, wenn ich nicht klar im Vorteil bin.«

Aber beide machten sich so ihre Gedanken, was passieren würde, wenn Santhonax nicht in Qusayr war.

Zwei Tage später hatten sie das Kap an der südlichen Spitze der Sinaihalbinsel erreicht. Ras Muhammad und die Küste von Tiran schoben sich näher an sie heran: braunes Land und Bergketten, die gleichmütig unter dem blauen Himmel lagen. Bei Sonnenauf- und -untergang verwandelte es sich in rötliche Grate und tiefe, purpurrote Schluchten. Zwischen diesen abweisenden Barrieren öffnete sich der Golf, ein tiefblauer Kanal mit weißmähnigen Seen, denn der Wind hatte volle Sturmstärke erreicht. Die Geburtsstätte westlicher Religionen vor Augen, sagte Appleby nachdenklich: »Man kann sich leicht vorstellen, wie Moses hier gegen den Felsen geschlagen hat und der Allmächtige von einem derartigen Berg die Zehn Gebote hinabreichte . . .« Aber er blieb ziemlich allein mit seiner für ihn atypischen Ehrfurcht.

Falls die Strenge der Landschaft die Mehrzahl der Besatzung schon nicht zu beeindrucken vermochte, so gelang dies einer Meldung am nächsten Morgen besser. Der Ausguck meldete mehrere Schiffe in Luv, von denen mindestens eines auf europäische Art rahgetakelt war: ohne Zweifel ein französisches Kriegsschiff. Wie stark es war, mußten sie noch herausfinden.

»Entern Sie auf, Nat«, brummte Griffiths. Drinkwater ging nach vorne und schwang sich in die Wanten. An Deck herrschte das übliche Durcheinander, da das Schiff gefechtsklar gemacht wurde. Auf dem Eselshaupt der Vorbramstenge war es empfindlich kühl. Stokeley im Ausguck zeigte ihm die Fremden. Drinkwater stützte sich gegen die heftigen Schiffsbewegungen ab und richtete sein Fernglas aus. Zuerst bekam er an Backbord den Umriß einer Dhau in sein Gesichtsfeld. Es waren deren fünf, die von einem Kriegsschiff nach Süden eskortiert wurden. Er zählte die Masten des Kriegsschiffes, es waren drei. Eine vollgetakelte Korvette oder eine Fregatte? Also konzentrierte er sich auf den Rumpf, aber aus diesem Winkel war nur schwer etwas auszumachen, da der Gegner auf sie zulief, leicht vor dem Wind gierend, mit schäumender Bugwelle. Die Schlichtheit des Bugs beschwichtigte schließlich Drinkwaters schlimmste Befürchtungen. Er stieg an Deck hinab.

»Ich glaube, es ist eine Schiffsslup, Sir, mit ungefähr zwanzig Kanonen.«

»Sehr gut.« Griffiths schwieg und studierte die sich nähernden Dhaus. »Ob die bewaffnet sind oder selbst gekapert, unterwegs nach Qusayr oder Suez?« Er wartete die Antwort nicht ab, sondern blickte achteraus, auf die nachfolgende Sambuke von Ben Ibrahim.

»Wir greifen an, Mr. Drinkwater. Lassen Sie die Bramsegel wegnehmen und die französische Flagge setzen.«

Drinkwater bestätigte den Befehl. Griffiths bellte für alle hörbar über das Deck: »Mr. Rogers! Laden Sie auf die Kugeln noch Kartätschen, lassen Sie dann die Backbordkanonen bis ans Süll vorfahren und dort sichern. Die Stückpforten bleiben noch geschlossen. Die Männer an Backbord sollen winken, wenn wir den Franzmann passieren. Alle mit Ausnahme der Stückführer, die sollen ihre Kanonen auf den Horizont ausrichten und erst auf meinen Befehl hin feuern!«

Er senkte die Stimme. »Mr. Lestock, stellen Sie einen Quartermaster bereit, der auf meinen Befehl hin die Kriegsflagge hißt. Die Männer an den Brassen sollen sich hinter dem Schanzkleid versteckt halten. Ich werde nach Steuerbord abfallen und halsen, danach wollen wir an seinem Heck vorbeilaufen.«

Drinkwater blickte zu den Bramsegeln auf, die, von den Gordings gehalten, kraftlos schlugen. Die Toppsgasten legten auf den Rahen aus. *Hellebore* spielte ihre irreführende Rolle gut, die Bramsegel wurden friedlich aufgetucht, während man auf den ›Freund‹ wartete.

»Verdammt, Nathaniel, sie sollen da oben nicht so schnell arbeiten.«

Drinkwater grinste und hob sein Sprachrohr: »Vorbramsegel, Achtung! Laßt euch Zeit, man soll von euch glauben, daß ihr

Franzosen seid.«

Am Verhalten der Männer dort oben konnte er sehen, daß ihnen die Sache Spaß machte. Ein Gefecht, das mit solcher Begeisterung, bei so einem Wind, bei solchem Sonnenschein begonnen wurde, konnte eigentlich nur mit einem Sieg für sie enden.

»Schon besser«, nickte Griffith. »Postieren Sie sich auf der Poop, Mr. Drinkwater. Wenn er querab steht, werde ich Feuer eröffnen und halsen. Dies heißt zwar, daß unser Heck dann exponiert sein wird, aber ich bezweifle, daß er daraus seinen Vorteil zieht. Schwenken Sie den Hut, wenn wir vorbeilaufen, *bach,* und bemühen Sie sich, französisch auszusehen.«

Rogers kam nach achtern und meldete, daß alles wie befohlen vorbereitet sei.

Drinkwater überlegte, ob zu dem französischen Geschwader wirklich eine Brigg wie die ihre gehören mochte. Wenn nicht, dann würden sie in einer Viertelstunde blaß aussehen. Yussuf ben Ibrahim war in das Kielwasser von *Hellebore* gelaufen und würde sich jetzt über ihre Absichten den Kopf zerbrechen – falls er sie nicht wegen ihrer Trikolore erriet. Yussuf konnte ihren Plan ruinieren, er konnte ihn aber auch besonders glaubhaft machen, indem er sich wie eine Prise verhielt. Drinkwater lief in seinem dünnen Hemd ein Schauer über den Rücken, gierig erwartete er den Feuerbefehl. Er näherte sich unauffällig den Männern der achteren Steuerbordkanone.

»Klar zum Aufgeien des Besansegels!«

Die Dhaus vor ihnen waren zurückgefallen, die französische Korvette kam mißtrauisch näher, ein Signal wehte an ihrem Vormast aus. Mr. Quilhampton wurde angewiesen, ein bedeutungsloses Antwortsignal zu setzen. Da die Flaggen des Gegners nahezu auf sie zeigten, lag ein kleiner Irrtum beim Ablesen schon im Bereich des Möglichen. Die beiden Schiffe standen nun eine Meile voneinander entfernt, der Franzose gut an Backbord von *Hellebore.* Die Brigg war ohne die Bramsegel langsamer geworden, scheinbar erwartete sie ihren Landsmann. Die Kanonen waren noch versteckt, und mehrere Leute hingen lässig in der Takelage und winkten. Für den Franzosen lag die Brigg vor seinem Bug, gemächlich ihre Bramsegel bergend, während die Crew ihn begrüßte. Er hatte den Wind von achtern, konnte also dicht am Heck des Fremden passieren und ihn dabei fürchterlich beharken, falls er sich im letzten Augenblick doch noch als Feind erwies. Doch kein Feind, jedenfalls kein britischer Kommandant, würde so passiv auf einen luvwärtigen Feind warten. Außerdem war der Fremde gewiß der berechtigten Überzeugung, daß sich Ägypten fest in der Hand der Franzosen befand.

Drinkwater sah auch die Korvette ihre Bramsegel wegnehmen, als wolle sie ihren Landsmann in Ruhe begrüßen. Sein Herz klopfte. Er wußte, in wenigen Minuten würden die langen Wochen des Wartens in der rauschhaften Erregung des Gefechts untergehen, in dem sie alle den Tod finden konnten. Er fühlte sich grauenhaft verletzlich, während in ihm Angst und Begeisterung miteinander rangen. Er erinnerte sich an ein altes Versprechen, daß er Elizabeth gegeben hatte: umsichtiger zu sein und keine unnötigen Risiken einzugehen. Die Erinnerung ließ ihn schmerzlich lächeln.

Die Stückmannschaften, die am Großmast auf sein Kommando warteten, stießen sich an und begannen ebenfalls zu grinsen, Drinkwaters offensichtliche Heiterkeit mißverstehend. Für sie bedeutete ein Gefecht Abwechslung von der endlosen Schufterei und eine Gelegenheit, die Angst vor der Peitsche zeitweise zu vergessen; endlich konnten sie nach Herzenslust fluchen und töten.

»Besansegel aufgeien!« Drinkwater nickte den Männern zu. Die Schot wurde gefiert, das große Segel fiel ein, schlug und wurde an den Mast gezogen. Am Ruder korrigierte Griffiths den Verlust des Vortriebs. Drinkwater nahm seinen Hut und schwenkte ihn mit, wie er hoffte, gallischem Enthusiasmus.

»Flagge dippen!« befahl er, und der Quartermaster fierte die Trikolore einen guten Meter. Vielleicht ließ sich der französische Kommandant durch solche Feinheiten wirklich täuschen. Falls es keine Brigg in seinem Geschwader gab, mochte er glauben, sie erweise als Neuankömmling ihm altgedienten Salzbuckel eine besondere Reverenz.

Das feindliche Schiff war nun sehr nahe. Die Männer auf den Bramrahen drüben waren deutlich zu erkennen, sie blickten neugierig herüber. Drinkwater hörte einen dünnen Schrei: »Bonjour, mes enfants!« Aus dem Großtopp antwortete der einfallsreiche Tregembo mit: »Vive la République!«

Das Jubelgeschrei, das sich nun auf dem Gegner erhob, wurde mit gleicher Lautstärke von *Hellebore* erwidert. Die Täuschung war geglückt.

»Achtung! Brassen!« stieß Griffiths unterdrückt, aber eindringlich hervor. Drinkwater sah, daß sich ein französischer Offizier auf dem Achterdeck verbeugte, und reagierte mit einer schwungvollen Geste seines Hutes. »Bon chance!« rief er über den sich schnell verkleinernden Zwischenraum. Ein Winkel von sechzig Grad lag nun zwischen den beiden Schiffen, jede Kanone *Hellebores* zeigte auf die überfüllte Reling des anderen.

»Kriegsflagge setzen!« Griffiths warf die Maske ab.

Über ihren Köpfen ersetzte »Old Glory« die schon halb eingeholte Trikolore. Die Stückpforten flogen auf.

»Feuer frei!«

Die Stückführer zogen die Reißleinen, die Mannschaft sprang zurück an Deck, ergriff Stopfer, Wischer und Eimer. Qualmende Rohre wurden schnell ausgewischt, bevor die Kanonen wieder geladen wurden.

»Abfallen! An die Brassen! Klar zur Halse!«

Hellebore drehte, zeigte dem Gegner ihr verletzliches Heck, vermied durch dieses Manöver aber, sich in der Wende festzusegeln. Griffiths hatte hoch gespielt und gewonnen. Wäre sein Plan mißlungen, hätte er nur noch platt vor den Wind gehen und sein Heil in der Flucht suchen können. Doch ein Blick achteraus zeigte Drinkwater, daß die Überraschung geglückt war. Einzelheiten ließen sich nicht erkennen, aber mittschiffs bestand die Reling der Korvette nur noch aus zersplitterten Trümmern. Die zerrissenen Menschen dahinter konnte man sich vorstellen.

»Achtung, Bramsegel! Setzen, setzen!«

Tregembo und seine Kollegen slippten die Bramsegelreihleinen, und das Tuch entfaltete sich.

»Los die Gordings und Geitaue! Hol an die Schoten!«

Hellebore war nun vor dem Wind und drehte immer noch. Er kam zuerst genau achterlich, dann raum und schließlich halb von Steuerbord ein. Drinkwater stieg von der kleinen Poop herunter. »Tja, der Überraschungseffekt, Sir«, sagte er.

Griffiths nickte, um seinen Mund spielte ein grimmiges, selbstzufriedenes Lächeln. »Zieh lieber dem anderen das Fell über die Ohren, bevor er es mit deinem macht. Mr. Drinkwater, lassen Sie die Fock aufgeien, ich beabsichtige, ihn zu beharken.«

»Aye, aye, Sir. Wollen Sie entern?«

Griffiths schüttelte den Kopf. »Das Risiko hoher Verluste ist mir zu groß. Wunden heilen in diesem Klima sehr schlecht. Nein, wir bleiben auf Abstand und pumpen ihn voll.« Er nickte zu dem fernen Ben Yussuf hinüber. »Unser Freund spielt Abwarten.«

Sie hatten die große Fock schon aufgegeit, bevor sie das Heck der Korvette passierten. Die lief immer noch vor dem Wind ab, obwohl viele Leinen auf den Nagelbänken zerschossen waren. Jetzt stieg Rauch von ihren Kanonen auf, als sie einen verzweifelten Versuch machte, das Unheil aufzuhalten. Dann waren sie plötzlich heran und schnitten ihr den Wind ab. Rogers lief brüllend nach achtern und gab jedem Geschütz einzeln den Feuerbefehl, wenn es genau auf das Heck der Korvette zielte. Drinkwater konnte kurz den Namen *La Torride* an dem zersplitterten Heck lesen, dann löste sich alles auf. Er sah das feine Glas der Fenster springen, die schmucken Holzschnitzereien bersten, das ganze Achterschiff verwandelte sich in Splitter. Einige Männer feuerten mit Musketen und Pistolen auf die Briten, und der Hut, den Drinkwater noch vor ein paar Minuten so unbekümmert geschwenkt hatte, wurde ihm vom Kopf gerissen. Er legte seine Pistole an, die Zähne in einer wilden Grimasse gefletscht. Dann brachte Griffiths *Hellebore* auf Parallelkurs zum Franzosen.

»Die Steuerbordseite mit nach Backbord!« röhrte Drinkwater.

Als hätten sie auf diesen Ruf gewartet, kamen die frustrierten Mannschaften von Steuerbord herübergesprungen und warfen ihr Gewicht in die Taljen der Backbordgeschütze.

La Torride feuerte ihre Steuerbordbatterie ab, als die Brigg langsam vorbeizog. Kugeln pfiffen über *Hellebores* Deck, Männer wurden zurückgeworfen, hielten sich die Bäuche oder den Kopf. Einer starrte einen blutenden Armstumpf an, von oben fiel ein Körper mit schrecklichem Klatschen an Deck.

Aber der Überraschungsangriff hatte die Franzosen um den Vorteil ihres größeren Breitseitenkalibers gebracht. Die plötzliche Gegenwart eines Briten hatte sie zutiefst verblüfft, und zwar um so mehr, als sie wahrscheinlich wußten, daß Blanketts Geschwader keine Brigg enthielt. Der tödliche Regen der Kartätschen, kombiniert mit den Kugeln, forderte entsetzlichen Blutzoll, wurde aber noch um ein Vielfaches von den Splittern übertroffen. Der Widerstand der Franzosen brach zusammen. Die Hälfte der

Mannschaft war entweder tot oder verwundet, das Ruder wegge-schossen, der Ruderstock gesplittert, der Kommandant tödlich verwundet, und alles innerhalb weniger Minuten.

Hellebore lief neben ihrem Opfer her, als *La Torride* steuerlos querschlug. Sie drehte mit, um nicht über das Heck beharkt zu werden, wendete und kam auf Steuerbordbug zu ihrem Opfer zu-rück. Als die Brassen belegt waren, setzte großes Getümmel an Deck ein, weil jetzt die Steuerbordkanonen bemannt werden mußten.

»Maximale Erhöhung!« schrie Drinkwater, die Schräglage ab-schätzend, die die Brigg durch den Winddruck hatte.

»Schießen Sie ihr das Rigg runter!« brüllte Griffiths, und Drinkwater sprang an die achtere Kanone, um die Keile heraus-zuschlagen. Herumfahrend griff er sich eines der winzigen Pulver-äffchen: »Junge, bestell Mr. Trussel, er soll uns ein paar Ladun-gen Stangenkugeln hochgeben!«

La Torride hatte sich etwas erholt, ihre Besatzung war noch nicht völlig niedergekämpft. Unter dem Kommando ihres Ersten Offiziers hatte sie Zeit gehabt, eine weitere Breitseite vorzuberei-ten.

»Wir schieben zuviel Lage, Sir«, rief Drinkwater Griffiths zu, nachdem er an seinem Rohr entlanggepeilt hatte.

»Los die Bramsegelschoten!«

Der Druck auf die Masten wurde geringer, und die Brigg rich-tete sich auf, als sie an *La Torride* vorbeijagte. Beide Schiffe feuer-ten ihre Breitseite nahezu gleichzeitig ab. Mittschiffs wurde eine Kanone gerade während des Abschusses mit einem gewaltigen Krach aus ihrer Bettung gerissen. Männer fielen, Blut spritzte aus Dutzenden von Wunden, Splitter flogen durch die Luft. Griffiths wurde von einer Musketenkugel herumgewirbelt, die ihm seine eine Epaulette von der Schulter riß. Drinkwater wurde von einem Splitter getroffen, der quer über sein Gesicht fegte, knapp das Auge verfehlte und sich in seinem rechten Ohr verhakte. Dann war *Hellebore* vorbei und bereitete sich auf die nächste Wende vor. In der Zwischenzeit ließ Drinkwater das Deck von den Ver-wundeten frei machen, Lestock ließ die Rahen brassen. Sie hatten viele Verluste erlitten. Blut tränkte den Sand, doch machten die Männer ihre tödlichen Waffen für die nächste Breitseite klar.

Doch *La Torride* hatte genug. Der Hurraruf eines Stückführers pflanzte sich nach achtern fort, und aufschauend sah Drinkwater, daß die Trikolore über die zersplitterte Heckreling gesunken war. Sie hatte die Flagge gestrichen, denn ihr Vormast war über Bord gegangen.

»Nehmen Sie sie in Besitz, Mr. Drinkwater. Mr. Lestock, drehen Sie das Schiff bei.«

Drinkwater inspizierte die Boote und sah, daß der Kutter noch brauchbar war. Griffiths kam heran: »Ich will keine Prise und auch keine Gefangenen, Nat. Werfen Sie ihre Kanonen über Bord und nehmen Sie einen Offizier als Geisel für ihre gute Führung mit, dann kann sie meinetwegen nach Suez weitersegeln, wenn sie dazu noch in der Lage ist.«

»Aye, aye, Sir.«

»Ich denke, wir haben dem Adler die Flügel gestutzt, Nat«, setzte Griffiths vertraulich hinzu.

Drinkwater grinste zurück. »Das kann man wohl sagen, Sir.« Er hob ein Bein über die Reling, um in den Kutter hinabzusteigen, der längsseits dümpelte.

Rogers sah ihm nach. »Die Froschfresser haben wir kastriert, wie?« rief er breit lächelnd.

»Dann halten Sie den Kommandanten hoffentlich künftig für weniger senil, oder?« antwortete ihm der Erste.

Drinkwater warf sich mit seiner Truppe über das Schanzkleid der Korvette, da knallten plötzlich Musketenschüsse. Schreie und Rufe deuteten auf einen heftigen Kampf. Der Anblick, der sie empfing, war erstaunlich. Inmitten des Durcheinanders auf dem Oberdeck, das mit Wrackteilen übersät war, inmitten der Leichen und der sich quälenden Verwundeten, inmitten zerrissenen Tauwerks, trugen die Überlebenden von *La Torride* einen verzweifelten Nahkampf mit Yussuf ben Ibrahim und seinen Leuten aus. Die Sambuke des Arabers hatte zwar zunächst den Ausgang des Gefechts abgewartet, war dann aber an die besiegte Korvette herangeschoren, und die Araber hatten sie beutegierig geentert.

Als er Drinkwaters ansichtig wurde, zeigte ein junger französischer Offiziersaspirant auf die Trikolore, die zusammengefallen über dem Heck lag.

»Monsieur . . . je vous implore . . . m'aider . . .«

Der Kadett war in seiner Angst auf die Knie gesunken, und

Drinkwater legte ihm beruhigend eine Hand auf die Schulter. Trotzdem dauerte es mehrere Minuten, bevor es Drinkwater und seinen Leuten gelang, die Wut der Araber zu beschwichtigen.

Yussuf schien sehr verärgert darüber, daß Drinkwater seinen Männern verboten hatte, die Franzosen abzustechen. »*In'sh Allah*!« schrie er, und seine Augen rollten wild unter dem Einfluß des Haschischs. »So ist es der Wille Allahs!«

Drinkwater schüttelte den Kopf. »*Bism' Allah*«, sagte er, die einzigen arabischen Vokabeln benutzend, die er kannte. »Im Namen Gottes, Emir Yussuf, die Dhaus . . .« Mit einer Geste übergab er ihm die gekaperten Dhaus als Geschenk, da er wußte, daß Griffiths an Prisen nicht interessiert war. Dort waren sicher genug Franzosen an Bord, um Yussufs Blutdurst zu stillen, ohne daß die Besatzung der Korvette über die Klinge springen mußte. »Du«, sagte er, auf Yussufs Brust deutend, »du nimmst die Dhaus. Das hier«, er zeigte auf das Deck der *La Torride* und auf die französischen Kadetten, »gehört mir . . .«

Zu Drinkwaters großer Überraschung machte Yussuf auf dem Absatz kehrt und brach in brüllendes Gelächter aus. Mehrere seiner Besatzungsmitglieder, die sich herangeschlichen hatten, um ihm in der Auseinandersetzung beizustehen, stimmten mit ein, nachdem Yussuf einen langen arabischen Satz als Erklärung herausgesprudelt hatte. Yussuf machte eine obszöne Geste, streichelte dem Kadetten den Kopf und schlug dem verdutzten Drinkwater auf den Rücken. Dann ging er, immer noch lachend, mit seinen Männern von Bord. Unter seiner Bräune wurde Drinkwater blaß, als er endlich begriffen hatte.

»Das sind ja nur dreckige Hunde, Sir«, flüsterte Tregembo beschwichtigend, aber Drinkwater konnte sich nicht so schnell beruhigen. Zu seinem weiteren Mißfallen erhob sich der junge Franzose und versuchte mit tränenverschmiertem Gesicht, Drinkwater zu umarmen. Dieser schüttelte den Jungen ab.

»*Où est vôtre capitaine? Vôtre capitaine?*« wiederholte er.

Die Antwort war ein französischer Wortschwall, der für Drinkwater bis auf einige Namen und das Wort *mort* unverständlich blieb. Daraus schloß er, daß die französischen Offiziere zum größten Teil tot oder tödlich verwundet sein mußten. Jedenfalls erschien keine weitere uniformierte Gestalt. Er verließ den Kadetten, der seine Besatzung mustern und eine Verlustliste erstellen sollte, und unterzog das Schiff einer eingehenden Inspektion.

»Die Korvette gehörte zum Rochefort-Geschwader«, berichtete er Griffiths später an Bord von *Hellebore*. »Der Rumpf zieht an mehreren Stellen Wasser, außerdem ist sie durch den Ruderschaden manövrierunfähig...« Er fuhr fort, die festgestellten Schäden aufzuzählen. Griffiths schürzte die Lippen und dachte nach.

»Wenn wir von Ibrahim eine Dhau zurückbekommen können, lassen wir den Rest der Besatzung auf Ehrenwort frei. Sie sollen nach Suez fahren. Lassen Sie Pulver, Kanonenkugeln, Tauwerk, Wasser und alles Brauchbare von ihr abbergen. Ich erinnere mich, wie versessen Sie auf neue Leinen waren. Schlachten Sie sie völlig aus, aber achten Sie darauf, daß die persönlichen Habseligkeiten der Besatzung nicht angetastet werden, die Diebereien überlassen wir unseren arabischen Freunden. Der französische Kadett soll an Bord kommen, er wird sicher gesprächsbereiter sein als ein gestandener Offizier mit Ideen von Ehre und so.«

Es folgte ein Tag knochenbrechender Anstrengungen. Drinkwater entwickelte den Enthusiasmus, der allen Ersten eigen ist, wenn sich ihnen die Tore eines Warenlagers öffnen. Fast alles konnten sie auf *Hellebore* brauchen. Da es keine überlebenden Offiziere gab, die Eigentumsrechte an den trinkbaren Vorräten der Messe geltend machen konnten, suchte er eine Menge guter Weine aus, was in Trussels Augen ein fröhliches Funkeln hervorrief, nur vergleichbar dem, das er beim Anblick des französischen Pulvers bekommen hatte. Er bat Drinkwater fast auf den Knien, doch zwei wunderschöne Jagdgeschütze aus Messing mitzunehmen, aber der Zustand der Boote und der Seegang verhinderten es. Ihre Arbeit wurde von hungrigen Haien beobachtet, die sich um die Flottille versammelt hatten.

Bei Sonnenuntergang kehrte Drinkwaters Mannschaft erschöpft auf *Hellebore* zurück. *La Torride* blieb als leere Hülle zurück, aus deren Luken Rauchschwaden stiegen. Eine Stunde später explodierte das restliche Pulver, und sie versank. *Hellebore* und die sie begleitenden Dhaus standen zu dieser Zeit bereits fünf Meilen weiter im Süden. Ihr Kurs führte zur Straße von Tiran und wieder ins Rote Meer.

Lestock übernahm die Wache, und Drinkwater strauchelte

müde unter Deck. Er rief nach Merrick und einem Glas Grog. Schon wollte er sich entspannen, da kam Dalziell herein, den französischen Kadetten vor sich herstoßend.

»Äh, Mr. Rogers schickt mich, Sir, der Kommandant will diesen Burschen vernehmen.« Er zeigte auf den verängstigten Jungen.

»Sie können ihn mir überlassen, Mr. Dalziell. Wenn Sie wieder an Deck sind, bitten Sie Mr. Rogers um eine Liste unserer Verluste.«

Drinkwater ließ den französischen Kadetten Platz nehmen und goß ihm ein Glas Grog ein. Der Junge verschluckte sich an dem scharfen Getränk, doch langsam kehrte etwas Farbe in seine Wangen zurück.

»*Vôtre nom, m'sieur?*« fragte Drinkwater in seinem schlechten Französisch so freundlich wie nur möglich.

»*Je m'appelle Gaston, m'sieur, Gaston Bruilhac, aspirant de la première classe.*«

»*Comprenez-vous anglais, Gaston?*«

Bruilhac schüttelte den Kopf. Drinkwater grunzte, trank Grog und faßte einen Entschluß. Er beugte sich über den Tisch.

»*Mon capitaine, Gaston, il est très intrépide.*« Bruilhac nickte. Drinkwater fuhr fort: »*Bon. Mon capitaine ...*« Er stockte, weil er nicht die passenden französischen Worte fand. Statt dessen ergriff er seine Pistole, spannte den Hahn, nahm Bruilhacs Hand, legte sie mit dem Rücken auf den Tisch und spreizte die Finger. »Bäng!« sagte er plötzlich und deutete mit der Waffe auf den Zeigefinger. Dann wiederholte er die Inszenierung für den anderen Finger. Aus Bruilhacs Gesicht wich jede Farbe, Drinkwater füllte ihm Grog nach.

»*Courage, mon brave*«, sagte er, und der Junge starrte ihn über den zitternden Rand des Bechers an. »*Ecoutez-moi, Gaston: vous parlez, eh? Vous parlez beaucoup!*«

Als ob er auf dieses Stichwort gewartet hätte, kam Griffiths herein, gefolgt von Rogers, der die Musterrolle in der Hand hatte. Drinkwater stand auf und sagte scharf: »Achtung!«

Bruilhac sprang auf, man spürte seinen Willen zum Gehorsam.

»Er wird sprechen, Sir«, sagte Drinkwater und überreichte Griffiths seine Pistole. »Der Grog löst seine Zunge, außerdem habe ich ihm gesagt, daß Sie seine Finger nacheinander abschießen werden, wenn er nichts sagt.«

Griffiths zog die weißen Augenbrauen hoch, als er sich an den Kadetten wandte. Die pendelnde Lampe tauchte sein Gesicht in unheimliches Licht. Bruilhac mußte den Eindruck haben, als stünde sein Henker bereit. Drinkwater schob den Jungen hinter Griffiths in die Kajüte. Als er die Tür schloß, hörte er, wie Griffiths mit der Befragung begann. Die Worte flossen dem Jungen nur so von den Lippen. Drinkwater lächelte – manchmal mußte man brutal scheinen, um hilfreich zu sein. Er drehte sich zu Rogers um.

»Nun, Rogers, wie hoch sind unsere Verluste?«

»Ach, nicht so schlimm. Nur schade, daß wir die Prise in die Luft jagen mußten. Sie hätte ein hübsches Sümmchen für mich erbracht.«

Drinkwater hielt sich zurück. »Sie war ein Wrack. Also, wie viele Verluste haben wir?«

»Nur elf Tote.«

Drinkwater seufzte. »Nur? Um Gottes willen . . . Und wie viele Verwundete?«

»Achtzehn Leichtverwundete, meist Fleischwunden, hervorgerufen durch die üblichen Splitter. Auch ich habe eine Splitterwunde in der Wange.« Er drehte sich so, daß man die häßlich gezackte Linie sehen konnte, teils war sie zugeschwollen, teils von dickem Schorf überzogen. »Sie sind offensichtlich unverletzt geblieben.«

Drinkwater blickte Rogers voll ins Gesicht, eine starke Abneigung gegen diesen Mann durchströmte ihn. Er ertappte sich dabei, daß er das geronnene Blut an seinem rechten Ohr betastete.

»Fast«, sagte er ruhig, »ich hatte Glück. Wieviel schwere Fälle?«

Rogers blickte in die Musterrolle: »Sieben – sechs Matrosen und Quilhampton.«

»Quilhampton?« fragte Drinkwater, das Bild der hübschen Mutter des Jungen tauchte anklagend vor seinem inneren Auge auf. »Was ist mit ihm?«

»Ach, eine Kugel hat ihm die Hand abgerissen . . . He, was ist denn?«

Drinkwater stürzte nach unten ins Lazarett. Der Gestank war

atemberaubend. Zum Ächzen des Rumpfes und dem Gurgeln des Bilgenwassers kam das Stöhnen der Verwundeten, aber das war es nicht, was Drinkwater an den Rand des Erbrechens brachte. Es war die Ungerechtigkeit des Schicksals.

Er blieb stehen, bis sich seine Augen an die schwache Beleuchtung gewöhnt hatten, dann erkannte er die schattenhafte Gestalt von Catherine Best, die sich mit einem Becher in der Hand aufrichtete. Sie kam auf ihn zu. »Mr. Drinkwater?« fragte sie weich, im blakenden Lampenlicht schien ihr Gesicht wie verwandelt. Die Augen drückten ein Mitgefühl aus, das über ihr eigenes Schicksal hinausging.

»Wo ist Mr. Q?« fragte er rauh. Catherine führte ihn an Tyson vorbei, der sich über einen Seemann beugte. Drinkwater sah, daß es Gregory war, der Rudergänger, der damals in der Sturmnacht am Kap das Schiff so hervorragend auf Kurs gehalten hatte. Tyson löste seine Aderpresse und schüttelte bedauernd den Kopf. Catherine stieg vorsichtig über die Körper, die in grotesken Stellungen herumlagen.

Quilhampton ruhte auf seinem Mantel, den Kopf auf seinem Uniformrock, seine Hose war von Blut und Urin durchnäßt. Sein linker Arm endete neun Zoll unter dem Ellenbogen in einem blutdurchtränkten Verband. Seine Augenlider flatterten, er warf sich in unruhiger Bewußtlosigkeit hin und her. Drinkwater kniete neben dem Jungen nieder und befühlte den verstümmelten Arm; er war sehr heiß. Catherines Augen drückten eine einzige Anklage aus.

Drinkwater erhob sich und wankte nach achtern, er brauchte frische Luft. Am Niedergang stieß er mit Appleby zusammen. Die Schürze des Chirurgen war steif von geronnenem Blut. Er wischte sich die Hände an einem Putzlappen ab und roch intensiv nach Rum, trotzdem wirkte er ziemlich nüchtern.

»Das war also wieder ein grandioser Sieg für die Waffen des Königs . . . Haben Sie Quilhampton gesehen?« Drinkwater nickte schwach. »Er wird überleben, wenn kein Wundbrand hinzukommt.« Appleby stieß den Satz aus, als seien alle Worte an einen Schlächter wie Drinkwater vergeudet. »Schicken Sie bitte zwei Männer hinunter, die das hier beseitigen – Sir«, sagte er und deutete auf einen großen hölzernen Bottich am Fuß des Niedergangs. Drinkwater sah, daß er voll amputierter Gliedmaßen war.

»Sehr wohl, Mr. Appleby, ich kümmere mich darum.«

Appleby atmete langsam und gepreßt aus. »In der Messe steht eine Flasche. Wir treffen uns dort.«

Drinkwater nickte und stieg die Treppe hinauf.

Griffiths saß in der Messe, Rogers goß ihnen ein.

»Der Junge hat es mir bestätigt, *annwyl«*, sagte Griffiths langsam und blickte Drinkwater in die Augen. »Santhonax ist in Al Qusayr.«

»Aha«, erwiderte Drinkwater lustlos. Endlich erreichte der Rum seinen Magen, langsam löste sich die Verkrampfung. Er streckte die Beine aus, sie stießen gegen etwas Weiches. Als er unter den Tisch blickte, erkannte er Bruilhac; er hatte sich wie ein Schoßhündchen zusammengerollt und schlief fest.

»Er hat noch alle Finger.«

Drinkwater blickte Griffiths an und fragte sich, ob der Commander wußte, was für einen grausamen Scherz er da machte. Aber Griffiths konnte die Verlustliste noch nicht gesehen haben.

»Er hat Glück gehabt«, antwortete er deshalb nur.

ELFTES KAPITEL

August 1799

Al Qusayr

Am Nachmittag des 10. August schien es, als hätten sie Santhonax in der Falle. Aufmerksam beobachteten sie durch Ferngläser die beiden Schiffe, die von Süden herangebraust kamen. *Hellebore* versuchte, sich unter Vollzeug nach Luv und damit in die bessere Position zu schummeln. Das vordere Schiff war zweifellos eine Fregatte. Optimisten meinten, es sei die *Fox,* aber der vorsichtige Griffiths rechnete mit dem Schlimmsten. Bruilhac hatte ihnen von einem dritten Schiff in Santhonax' Flottille erzählt, für die Offiziere der *La Torride* den Briten gehalten hatten, und Griffiths wollte nicht denselben Fehler machen.

»Er wendet!«

Sie sahen, wie das führende Schiff in den Wind drehte, die Vorsegel standen back, die Großrahen schwangen herum. Jetzt fiel es ab, die Stagsegel gingen über, und die Rahen wurden gebraßt. Von den Mastspitzen wehten bunte Flaggen aus.

»Die britischen Farben und Admiral Blanketts Erkennungssignal, Sir«, meldete Rogers. Die nun deutlich zu erkennende Silhouette zeigte, daß es doch die *Fox* war.

»Es scheint, als hätten Sie recht gehabt«, sagte Griffiths trocken zu Drinkwater. Sie blieben auf Gefechtsstation, aber *Hellebore* ging nun vor den Wind und näherte sich schnell ihren Verfolgern. Es waren *Fox* und *Daedalus,* von Konteradmiral Blankett nach Norden geschickt. Die Warnungen Wrinchs hatten diesen endlich dazu gebracht, die Kapitäne Stuart und Ball auslaufen zu lassen. Für sich selber hatte er diese Notwendigkeit nicht gesehen.

Griffiths wurde zu einem Kriegsrat an Bord geladen, und das Ergebnis war ein geplanter Angriff auf Qusayr. Santhonax sollte

141

vernichtet und der Hafen wieder für die Kämpfer des Heiligen Krieges geöffnet werden. Eine französische Niederlage würde nicht nur den Nachschub für Murad Bey sichern, sondern die Briten auch der Sorge um Indien entheben, zumindest für einige Zeit.

Griffiths brachte von seinem Besuch auch Neuigkeiten mit. Als Ersatz für *Echo* war die Schiffsslup *Hotspur* eingetroffen, mit Post, Nachrichten und Befehlen für sie. Letztere enthielten in knappen Worten die Anweisung an *Hellebore,* umgehend nach England zurückzukehren. Nelson, der ihr diesen Ausflug beschert hatte, schien in Ungnade gefallen zu sein. Sein Lotterleben in Neapel, der auf Abukir folgende lässige Heimweg, der eher einer Rundreise durch Europa glich, und seine Liebesaffäre mit der Frau des britischen Botschafters am Hof Beider Sizilien hatten Wirkungen gezeitigt.

Drinkwater schenkte diesem Klatsch kaum Gehör, denn *Hotspur* hatte ihm leider keine Nachricht von Elizabeth gebracht. Dann rief ihn Griffiths in die Gegenwart zurück.

»Ach, nebenbei gesagt, Nat, *Hotspur* hat zwei neue Leutnants mitgebracht. Einer tut jetzt Dienst auf der *Daedalus,* er bat mich, Ihnen seine besten Grüße auszurichten.«

Die Erinnerung an den kleinen White durchzuckte Drinkwater. Vielleicht hatte der eine Nachricht von Elizabeth? Aber schnell begrub er diese Hoffnung. White würde niemals das Achterdeck der *Victory* gegen eine mickrige Fregatte eintauschen, noch dazu in einem so obskuren Winkel der Erde.

»Wie ist denn sein Name, Sir?«

»Es war ein walisischer Name, *bach,* Morris, wenn ich mich recht erinnere.«

Schlimme Ahnungen überfielen Drinkwater. Seit dem Augenblick, als er Bruilhac scherzhaft mit dem Abschießen der Finger gedroht und gleich darauf Quilhampton mit abgerissener Hand vorgefunden hatte, glaubte er, die Vorsehung gegen sich zu haben. Die Anstrengungen der langen Dienstmonate und seine Sorge um Elizabeth verstärkten noch seinen Pessimismus. Die Worte, die Morris ihm vor Jahren drohend entgegengeschleudert hatte, kamen ihm wieder in den Sinn: Er würde Drinkwater finden und sich rächen, und sei es am Ende der Welt. Drinkwater fühlte sich plötzlich in den klebrigen Fäden eines Spinnennetzes verfangen.

Ein Entkommen schien ihm unmöglich. Die Verbindung zwischen ihnen, die bisher nur Dalziell verkörpert hatte, drohte ihm nun zum Verhängnis zu werden.

Am Morgen des 14. August 1799 führte die Brigg *Hellebore* die Flottille von Kapitän Ball bei leichten Winden langsam in die Bucht von Qusayr. Der Hafen wurde von einem Landvorsprung, auf dem das Fort stand, und einer Mole gebildet. Innen drängten sich viele einheimische Fahrzeuge, weitere Dhaus ankerten auf Reede. Über dem Fort hing lustlos die Trikolore herab, aber von Santhonax' Fregatte war nichts zu sehen.

Griffiths marschierte unruhig auf dem Achterdeck auf und ab und hörte nur mit halbem Ohr die Tiefen, die der Lotgast aussang. Während Ball die Eroberung der Dhaus und des Forts wichtig war, zählte für Griffiths nur die Vernichtung von Santhonax.

Die Männer standen abwartend an den Geschützen, die Segeltrimmer auf ihren Stationen. Lestock fummelte aufgeregt in einer behelfsmäßigen Karte, die er sich auf *Fox* kopiert hatte. Drinkwater blickte angestrengt durch sein Fernglas. Es war kurz nach Mittag, und die Sonne brannte fast senkrecht auf sie herab. Er deutete auf die Dhaus.

»Das dürften Santhonax' Transporter sein, Sir.«

Er reichte Griffiths das Glas. Der Commander studierte die Küstenlinie, die unter der brennenden Sonne golden schimmerte, und nickte.

»Aber Santhonax ist nirgends zu sehen.«

Griffiths warf Drinkwater nur einen Blick zu. »Sowie wir sechs Faden loten, streichen Sie bitte den Zahlenwimpel ›Fünf‹. Je weiter wir hineinlaufen, desto größer wird die Gefahr von Korallenbänken.«

Wie um die Richtigkeit seiner Worte zu beweisen, erzitterte *Hellebore* leicht. Griffiths und Drinkwater blickten sich an, aber nicht einmal der ängstliche Lestock schien die leichte Erschütterung bemerkt zu haben. Der Lotgast besänftigte ihre Befürchtungen: »Gerade sieben . . . Acht im Wasser . . . Acht gut über Wasser!«

Hellebore kroch vorwärts.

»Gerade sechs!«

»Zahlenwimpel ›Fünf‹ streichen! An die Brassen! Großmarssegel back!«

Der rot-weiß gewürfelte Wimpel flatterte an Deck nieder, die Brigg verlor Fahrt, als die Segel back kamen.

»Laß fallen Anker!« Der Anker klatschte ins Wasser, da donnerte die erste Kanone des Forts. Ohne Eile brachten die britischen Schiffe Springs an die Ankerleinen aus und drehten. Jetzt konnten sie ihre vollen Breitseiten zum Tragen bringen. Das Feuer des Forts verstummte, als hätten die Geschützführer nur Maß nehmen wollen und warteten jetzt ab, was die Briten vorhatten.

Auf *Hellebore* erwartete man die Erlaubnis zum Feuern. Das Spill wurde noch einmal rundgeholt, dann war auch Griffiths zufrieden. Drinkwater hörte eine gedämpfte Unterhaltung der Geschützbedienung an der ihm nächsten Kanone.

»Warum beschießen uns die Hunde nicht, Jim?«

»Weil sie Schiß haben, Kumpel. Die Froschfresser sind doch alle gleich.«

»Sei nicht so blöd. Die sparen sich ihr Pulver auf, bis die Bosse entschieden haben, wer von uns Zielscheibe spielen soll.«

»Das ist doch nur eine kleine Bruchbude von Fort. Darüber zerbreche ich mir gar nicht den Kopf.«

»Du würdest auch sparsam mit Pulver und Kugeln umgehen, Tosher, wenn du an ihrer Stelle wärst.«

»Woher willst du das wissen?«

»Wenn du's erst den Berg dort hinaufbuckeln müßtest, würdest du das Zeug auch nicht freigiebig runterwerfen, oder?«

Die Debatte wurde durch den Feuerbeginn auf *Daedalus* beendet. Die anderen britischen Schiffe folgten dem Beispiel, die Beschießung von Al Qusayr hatte begonnen. Eine Stunde lang schufteten die Männer unter sengender Sonne an den Kanonen. Als Ball das Signal zur Feuereinstellung setzen ließ, fielen die Männer erschöpft neben ihre Kanonen oder krochen zum Wasserfaß. Sie rissen sich die Kopftücher ab, um sich den Schweiß von den Gesichtern zu wischen.

Auf seinem Lager, nur zwei Fuß unter den nun schweigenden Kanonen, wälzte sich der Fähnrich Quilhampton hin und her. Die Hitze und der Lärm quälten und das Fieber schüttelte ihn. Von Zeit zu Zeit wischte Catherine Best ihm den Schweiß von der Stirn oder fächelte seinem nackten Körper Luft zu. Appleby erwartete böse die ersten Opfer, besänftigte sich mit Rum und überhörte das Stöhnen der Verwundeten, die das Gefecht überlebt hatten.

Drinkwater musterte die dunkle Dünenlandschaft und suchte eine Erwiderung auf die Parlamentärsflagge, die am Vormasttopp von *Daedalus* gesetzt worden war. Doch die Trikolore hing nach wie vor schlapp über dem Fort. Er konnte keine Bewegung im Ort erkennen. Das Fort schien nur sehr schwach zu sein, es hatte nicht mehr als ein halbes Dutzend Kanonen.

»Alte Rohre, wahrscheinlich von den Türken installiert«, bemerkte Lestock.

»Das Ganze sieht aus wie ein Haufen Kamelmist«, murmelte Rogers. Alle fürchteten, daß sie ihre Kräfte an einem untauglichen Objekt vergeudeten, besonders Griffiths war dieser Meinung. Drinkwater wußte, daß der alte Mann die Beschießung für ein sinnloses Geplänkel hielt, verglichen mit der Aufgabe, Santhonax zu vernichten.

»Der Kommodore bittet einen Offizier an Bord, Sir.«

»Kümmern Sie sich darum, Mr. Drinkwater.«

Ein kühlblickender Fähnrich führte Drinkwater auf *Daedalus* nach achtern. Dort stand bereits ein Leutnant von der *Fox* und eine Gestalt, die Drinkwater nur zu gut kannte.

Die Jahre hatten Augustus Morris nicht zu seinem Besseren verändert. Die Haut des zu früh gealterten Gesichts war schlaff. Seine ganze Erscheinung wirkte matter und lustloser, als es die herrschende Hitze gerechtfertigt hätte. Geplatzte Adern verrieten den starken Trinker, und ein Tick zuckte unter dem rechten Auge. Doch obwohl sein körperlicher Zustand schlecht schien und seine Leutnantsuniform abgetragen war – die Augen unter den schweren Lidern leuchteten voller Haß.

Für Formalitäten blieb keine Zeit. Kapitän Ball beendete eine Unterredung mit seinem Navigator und wandte sich den Leutnants zu.

»Gentlemen, ich lasse in einer Stunde die Unionsflagge am Vormast setzen. Auf dieses Signal hin werden Sie mit Ihren Booten die einheimischen Schiffe auf Reede angreifen und entern. Stimmen Sie Ihre Aktionen so gut es geht miteinander ab. Das ist alles.« Ball drehte sich um, sie waren entlassen.

»Wann wurden Sie befördert, Drinkwater?« fragte Hetherington von der *Fox,* ein kleiner, verkniffener Typ mit abstehenden Ohren.

»Im Oktober '97.«

»Dann sind Sie hier der Dienstälteste, Morris.«

»In der Tat«, sagte Morris befriedigt, ohne den Blick von Drinkwater zu wenden. »Mr. Drinkwater hatte mich seinerzeit kurzfristig auf der Karriereleiter überholt, aber es scheint, daß ich jetzt wieder im Vorteil bin.«

»Gut, wie wollen wir es also anpacken?« fragte der eifrige Hetherington, offensichtlich an Morris' Biographie wenig interessiert.

Morris riß sich von seinem alten Widersacher los und schaute Hetherington mit einem verschleierten Blick an, der Drinkwater über die Jahre gut im Gedächtnis geblieben war.

»Wir machen ganz einfach das, was man uns gesagt hat, Hetherington. Wir entern die Dhaus. Mr. Drinkwater wird den Angriff führen . . .« Drinkwater hielt seinem Blick stand, Morris' Absichten waren ihm klar.

Morris wandte sich an Hetherington. »Sie können zu Ihrem Schiff zurückkehren.« Als Drinkwater ebenfalls gehen wollte, schoß seine Hand vor und hielt ihn zurück.

»Sie doch nicht, mein lieber Nathaniel«, sagte Morris mit triefender Ironie, seine Hand schloß sich fest um Drinkwaters Oberarm, wo er eine Verletzung von früher hatte. »Wir beide haben doch eine alte Bekanntschaft zu erneuern.«

»Das denke ich nicht, Morris!« sagte Drinkwater eisig, und die Hand des anderen sank herab.

»Aber wir haben uns doch so viel zu erzählen, über Ihre Frau zum Beispiel . . .«

Drinkwater erstarrte, plötzlich wurde ihm angst, er suchte in Morris' Gesicht nach der Wahrheit.

»O ja, ich habe sie gesehen, Nathaniel, sie war hochschwanger. Sie scheinen Ihre Prüderie schließlich doch noch überwunden zu haben. Oder ist jemand anderer der Vater?« Morris brach in unterdrücktes Gelächter aus.

Drinkwaters Hand zuckte an den Degen.

»Das wäre sehr unklug«, warnte Morris.

Drinkwater konnte nur hilflos die Fäuste ballen.

»Die Ärmste sah nicht sehr gut aus.«

Drinkwater erkannte in Morris' Gesicht die gleiche grausame Freude wie bei Yussuf ben Ibrahim, als dieser die Franzosen auf *La Torride* abgeschlachtet hatte. Er öffnete den Mund zu einer Erwiderung, aber seine Worte gingen im Donner der Kanonen unter. Ball hatte die Parlamentärsflagge niederholen und die Beschießung fortsetzen lassen. Drinkwater drehte sich auf dem Absatz um und stieg in sein Boot.

»Setz ab vorne! Ruder an überall!« Drinkwater packte die Pinne und steuerte den Kutter an *Hellebores* Heck vorbei auf die nächstliegende Dhau zu. An Steuerbord kam Hetheringtons Boot hinter *Fox* hervorgeschossen, Morris löste sich aus dem Schutz von *Daedalus.*

»Zieht durch, Jungs! Wir wollen sehen, daß wir diese Schmutzarbeit hinter uns bringen.« Die Bootsmannschaft war verdreckt und erschöpft vom Dienst an den Kanonen, aber trotzdem legte sie sich voller Elan in die Riemen. Eine Kugel heulte über ihre Köpfe hinweg. Drinkwater schaute nach vorn. Qusayr verschwand im Schatten der Sharqiyab-Berge.

Sie erreichten das erste Schiff, eine große Baghala, die von ihrer Mannschaft verlassen war. Es dauerte nur wenige Minuten, sie in Brand zu stecken. Als sie wieder ins Boot sprangen, kam *Daedalus'* Kutter bei ihnen längsseits. Ein Fähnrich überbrachte einen neuen Befehl.

»Mr. Morris wünscht, daß Sie diese Dhau dort drüben angreifen, Sir.«

Der Junge zeigte auf ein Fahrzeug, das dicht an der Mole lag. Drinkwater blickte achteraus, Morris stand auf seiner Dhau, es war aber noch kein Rauch zu sehen. Ein dunkler Verdacht keimte in Drinkwater auf. Er nickte dem Fähnrich zu. »In Ordnung.«

»Ruder an!« Sie umrundeten die brennende Baghala und hielten auf die Mole zu.

»Sind die Zünder in Ordnung?«

Der Feuerwerker, der für das Brandmaterial verantwortlich war, blies auf die langsam brennende Lunte und nickte: »Aye, aye, Sir!«

»Pullt, verdammt!« brummte Drinkwater. Er sah jetzt Männer in blauen Uniformen die Mole entlanglaufen und kniend in Anschlag gehen. Es waren französische Scharfschützen, die Tirrailleurs der 21. Halb-Brigade. Die Riemen bogen sich unter der verdoppelten Anstrengung.

Der Kutter schor an der Dhau längsseits, die Seeleute sprangen an Bord. Sowie sie an Deck standen, eröffneten die Scharfschützen das Feuer. Die Entfernung war für einen sicheren Gewehrschuß recht weit, aber Drinkwater fühlte augenblicklich einen stechenden Schmerz an der Hüfte. Er blickte hinunter und sah, daß dort, wo die Kugel ihn gestreift hatte, seine Hose sich rot färbte. Neben ihm fiel ein Mann wie tot um, setzte sich aber nach einigen Sekunden wieder auf. Er rieb sich die Rippen, die von einem Querschläger getroffen worden waren.

Drinkwater und seine Leute krochen über das Deck, verteilten Zündsätze und hinterließen eine Spur Schwarzpulver. Dann nickte er dem Feuerwerker zu, der blies die Lunte an und entzündete die Pulverspur. Die Flamme zuckte auf und eilte zischend über das Deck und in die Luken. Rauch quoll aus dem Laderaum.

»Zurück ins Boot!« rief Drinkwater scharf. Über ihnen heulten Kanonenkugeln, die Flottille feuerte weiter. Einschläge im Sand und in den wenigen Bauwerken waren das magere Ergebnis. Er suchte mit den Augen den Strand ab, der sich nach links in weitem Bogen von der Stadt entfernte. Einige kleine Fischerboote waren aufs Ufer gezogen worden, spärliches Grün zeigte an, wo man sich um die Urbarmachung des Landes bemühte. Einige größere Palmen umstanden ein Wasserloch. Gerade wollte Drinkwater vorsichtig ins Boot kriechen, als er etwas bemerkte, das ihn dazu veranlaßte, statt dessen in einem wilden Satz hinunterzuspringen: Um den Molenkopf herum näherte sich ihnen ein Boot, das mit aller Kraft gepullt wurde.

Der Kutter setzte ab und verließ den Sichtschutz der brennenden Dhau. Geschosse klatschten um sie ins Wasser. Ein kurzer Blick achteraus zeigte, daß das andere Boot nicht mehr als dreißig Meter hinter ihnen lag.

Drinkwater hatte das Gefühl, sein Rücken sei so groß wie ein Scheunentor. Er blickte wieder über seine Schulter und sah in die Mündung einer Drehbasse. Der Mündungsblitz ließ sein Herz stillstehen, aber die Kugel schlug in ihren Heckspiegel. Drinkwater sah Wasser ins Boot strömen.

Sie hatten keine Chance mehr, die Brigg rechtzeitig zu erreichen. Entweder würde das andere Boot sie einholen, oder sie würden sinken. Sie mußten alles auf eine Karte setzen.

»Halt Wasser! Klar bei Entermesser!«

Das feindliche Boot kam näher, Drinkwater zog seine Pistole. Er zielte auf den Geschützführer, sah den Mann wanken und sich an die Schulter greifen. Einen Augenblick später stießen die beiden Boote zusammen.

Drinkwater packte mit der eisigen Ruhe, wie sie nur die Verzweiflung verleiht, das Dollbord des feindlichen Bootes und schwang sich an Bord. Drei Artilleristen bemannten die Drehbasse. Ihre Augen waren durch Bindehautentzündung vereitert, einer preßte die Hand auf eine Schulterwunde. Ein anderer war Drinkwaters Degen ausgewichen, und als er wieder hochkam, rammte ihn Drinkwater mit der Schulter und schlug ihm den Degenknauf gegen den Kopf; der Mann stürzte hintenüber.

Die Kollision hatte den Kutter herumschwingen lassen, die Mannschaft konnte jetzt schneller das unter ihnen wegsinkende Boot verlassen. In dem verkeilten, fluchenden, kämpfenden Durcheinander bedrohte plötzlich der dritte Kanonier Drinkwater mit seinem schweren Bajonett. Ein Mann, der über Bord gefallen war, schrie gellend auf, als der erste Hai ihn fand. Der Kanonier stieß nach Drinkwater. Mit größter Anstrengung lenkte dieser die Klinge ab und drückte sie nach oben. Mit einem geschickten Manöver glückte es Drinkwater, den Mann zu überlisten. Der Kanonier war durch seine Krankheit geschwächt, sah schlecht und war nicht an die Bootsbewegungen gewöhnt; so verlor er die Balance, als er der längeren Klinge ausweichen wollte. Drinkwater fühlte, wie der Druck auf seinen Degen nachließ, und sah die geflickten Schuhsohlen des Mannes im Wasser verschwinden. Wieder stürzte er sich in den noch immer tobenden Kampf. Plötzlich war es vorbei, das Boot war in ihren Händen, die letzten Franzosen wurden über Bord geworfen. In gut drei Minuten hatten die Briten die Angreifer überwältigt und ruderten nun zu den Kriegsschiffen zurück, die immer noch die Stadt beschossen. Es war jetzt fast dunkel. Das Mündungsfeuer spiegelte sich in der ölig glatten See, die brennenden Dhaus beleuchteten die Szenerie wie riesige Fackeln. Es waren nur vier, folglich hatten sowohl Morris als auch Hetherington jeweils nur eine Dhau geentert; zwei weitere waren unbeschädigt geblieben. Drinkwater wußte, daß er dem

Tod nur um Haaresbreite entgangen war. Die Ereignisse der letzten Stunde schienen ihm eine Ewigkeit gedauert zu haben.

Nachdem er Griffiths Bericht erstattet hatte, versuchte er, Ruhe zu finden. Die Briten blieben auch die ganze Nacht auf Gefechtstationen und schliefen neben ihren Kanonen, bis die nächtliche Kühle der Wüste sie weckte. Nur von Zeit zu Zeit wurde eine Kanone abgefeuert, um die Franzosen zu beunruhigen. Drinkwater rollte sich in seinen Bootsmantel und wollte unter der kleinen Poop schlafen, aber er hatte kaum die Augen geschlossen, als ihn jemand wachrüttelte.

»Sir«, flüsterte Tregembo, »wissen Sie, daß der schwule Morris an Bord von *Daedalus* ist?«

»Was? Natürlich weiß ich das. Er hat uns während des Überfalls kommandiert.«

Plötzlich spürte er den Wunsch, mit jemandem über seine Befürchtungen zu sprechen. Mit Tregembo fühlte er sich durch ein Band verbunden, das vom Schanzkleid der Brigg bis nach Petersfield in Hampshire reichte. Und diese Verbindung scherte sich nicht um soziale Barrieren.

»Ich vermute, daß er mich heute nachmittag töten wollte.«

Drinkwater hörte Tregembo einen leisen Pfiff ausstoßen.

»Das erklärt manches, Sir. Wir sahen, daß das Boot der *Fox* Ihnen zu Hilfe eilen wollte. Aber als es *Daedalus'* Kutter passierte, wurde es zurückbefohlen. Ich hörte, daß Mr. Dalziell den Leutnant kennt, der neu auf der *Daedalus* ist. Als ich erfuhr, daß es sich um Morris handelt – nun, da wurde mir vieles klar, Sir.«

Drinkwater erinnerte sich, daß es dieser Mann gewesen war, der vor zwanzig Jahren einem ängstlichen Fähnrich die Kraft gegeben hatte, Morris herauszufordern.

»Wenn Ihnen etwas zustoßen sollte, Sir, schnappe ich mir den Hund.«

»Nein, Tregembo«, sagte Drinkwater. »Wenn mir etwas passieren sollte, dann fährst du nach Hause zu deiner Susan und erzählst alles Lord Dungarth. Appleby wird dir dabei helfen. Das ist ein Befehl!«

Tregembo zögerte.

»Verdammt, aber ich würde ruhiger in meinem Grab liegen, wenn ich wüßte, daß er vom Gesetz zum Tode befördert wird.«

Tregembo seufzte. »Und ich werde auch ein Auge auf Ihre Frau haben.«

Eine Woge nackter Angst schlug über Drinkwater zusammen, aber er rief sich zur Ordnung. Dankbarkeit für Tregembos Fürsorge gewann die Oberhand.

»Aye, Tregembo, vielen Dank. Und je schneller wir aus dieser verdammten Bucht heraus sind, desto besser. Wir haben Befehl, nach England zurückzukehren, wenn . . .« Er hielt sich gerade noch zurück, denn er hatte sagen wollen: »Wenn der Kommandant sich von seiner Besessenheit erholt hat.« Aber das wäre sogar bei Tregembo ein Vertrauensbruch gewesen. Er beruhigte sich, und Tregembo verließ ihn, leise vor sich hin fluchend. Wenn es nach ihm gegangen wäre, hätte Drinkwater bald keinen Grund zur Angst mehr gehabt.

Drinkwater konnte keinen Schlaf finden, er erhob sich und ging nach unten. Seine Verwundungen schmerzten, in der Messe wusch er sie mit einem Rest Rum aus. Über seinem Kopf rumpelte eine Lafette, dann rollte der Donner eines Sechspfünders durch die Nacht. Mr. Rogers ließ die Franzosen nicht darüber im Zweifel, daß er an Deck war, Mittelwache oder nicht. Drinkwater ging nach vorne, um nach Quilhampton zu sehen.

Catherine Best war offensichtlich allgegenwärtig. Sie wusch den kleinen weißen Körper mit Wein und Wasser, die Verdunstungskälte sollte ihm Erleichterung bringen.

»Wie geht's ihm?«

»Die Temperatur ist zurückgegangen, aber er fiebert immer noch leicht. Sind Sie verwundet, Sir?«

»Nicht der Rede wert.«

»In diesem Klima muß man Wunden ernst nehmen.«

»Ich habe sie mit Rum ausgewaschen. Ich werd's schon überleben.« Er nahm ihr den Lappen aus der Hand. Vorsichtig schob er sie zur Seite.

»Ruhen Sie sich ein wenig aus, ich bleibe hier.« Er machte es sich bequem und roch an den Verbänden des Stumpfes. Gott sei Dank war nichts von dem aggressiven Gestank des Wundbrandes zu spüren. Bald sank sein Kopf nach vorn, er war eingeschlafen.

Morgens um fünf nahmen die drei britischen Schiffe die Beschießung wieder auf. Sie dauerte sieben Stunden. Als mittags eine Feuerpause eingelegt wurde, waren ihre Munitionsvorräte stark zusammengeschmolzen, und Ball beriet sich mit den anderen Kommandanten. Um vier Uhr verbrannten die Boote der *Daedalus* die beiden restlichen Dhaus auf der inneren Reede.

Als sich der Tag seinem Ende zuneigte, rollte eine lange Dünung in die Bucht von Qusayr. Die Boote der kleinen Flottille hoben und senkten sich. Dumpf stießen sie zusammen und scheuerten an *Hellebores* Bordwand. Die Brigg lag am weitesten südlich und stellte deshalb den besten Ausgangspunkt für das nächste fragwürdige Unternehmen dar. Alle Boote waren, soweit möglich, mit Karronaden bewaffnet worden, und die in den Kuttern der Fregatten hatten ein Kaliber von achtzehn Pfund. Dieses Expeditionskorps sollte südlich der Stadt landen und die Wasserlöcher zerstören, die für die Franzosen lebenswichtig waren. Folglich war ihr Angriffsziel die kleine Oase, die Drinkwater schon ausgemacht hatte. Ungefähr achtzig Seeleute und Seesoldaten waren für das Unternehmen ausgesucht worden. Befehlshaber war Kapitän Stuart von der *Fox,* ihm nachgeordnet waren die Leutnants Morris, Hetherington und Drinkwater.

»Paßt in der Brandung gut auf, *bach«,* sagte Griffiths, als sie sich trennten. Drinkwater nickte. Sein Dienst auf *Kestrel* und auf den Tonnenlegern des Trinity House hatten ihn mit solchen Manövern vertraut gemacht.

Die Nacht brach herein, als sich die Boote von der Brigg lösten. Stuarts Boot führte, die anderen folgten. Im letzten Moment hatte Drinkwater Tregembo mit einer Nachricht für Lestock an Bord zurückgesandt, und sobald der Matrose verschwunden war, hatte Drinkwater ablegen lassen.

Obwohl die sinkende Sonne nur noch die Spitzen der Berge berührte, konnte man in den langen Schatten Truppenverbände sehen, die sich in Richtung der Oase bewegten. Drinkwater hielt sein Boot, den eroberten französischen Kutter, im Kielwasser von Stuarts Barkasse. Je näher sie dem Strand kamen, desto mehr steilte sich die Dünung auf, und direkt davor brach sie sich als schwere Brandung.

»Mr. Brundell!« rief Drinkwater dem Steuermannsmaaten auf der Gig zu, »ankern Sie über den Bug, bleiben Sie neben mir!«

Er sah Brundell mit dem Arm ›Verstanden‹ signalisieren. Die Gig trug keine Kanone, weil sie dafür zu leicht gebaut war. Dankbar sah Drinkwater, daß in der Gig lauter alte Hasen von *Kestrel* saßen, die mit diesem Manöver vertraut waren. Mißbilligend erkannte er, daß vor ihm Stuarts Boot über das Heck ankerte.

»Vorschiff, Achtung!« Er erhob sich, der Geschützführer vorne blickte sich um.

»Sir?«

»Wir können nur einmal feuern, schießen Sie mit der größten Rohrerhöhung. Ab dafür!«

Drinkwater konnte den Strand sehen, er lag gleichförmig und düster in der Dämmerung da. Soldaten bezogen Stellung.

»Feuer!« Drinkwater legte die Pinne über und warf einen letzten Blick achteraus, die steilen Brecher der Brandung waren jetzt deutlich erkennbar.

»Auf Riemen!«

Die Männer hörten auf zu rudern.

»Halt Wasser Steuerbord!«

Das Boot drehte.

»Laß fallen Anker!«

Der Anker klatschte ins Wasser, das Boot lag jetzt quer zur Welle.

»Streich Steuerbord! Streich überall!«

Das Boot vollendete die Drehung, aus dem Augenwinkel sah Drinkwater, daß Brundell neben ihm drehte.

»Drinkwater! Was, zum Teufel, soll das Spielchen?« Morris' Stimme übertönte die Brandung. Drinkwater ignorierte ihn.

»Halt fest die Leine!«

Der Ruck an der Ankerleine zeigte, daß der Anker hielt. Die Riemen arbeiteten weiter rückwärts, Drinkwater hielt den Bug gegen die Brandung, die sich um so steiler aufbaute, je flacher das Wasser unter ihnen wurde. Brecher umgaben sie. Er warf einen Blick nach achtern.

»Auf Riemen! Riemen ein!«

Er nickte dem Korporal der Seesoldaten von der *Fox* zu, und zusammen führten sie die Männer über den Heckspiegel an Land. Sie stolperten, faßten festen Fuß und erreichten den Strand. Die Wachmannschaft bezog Posten am Boot.

Rechts und links strömten weitere Briten an Land. Stuarts Männer entfalteten sich bereits, die Seesoldaten in der Mitte, aber ihr Boot war in Schwierigkeiten. Der Bug stieß schwer auf den harten Sand, weil der breite Spiegel immer wieder von der See nach vorn gedrückt wurde. Drinkwaters Boot, das mit dem Bug zur See lag, bot den Brechern viel weniger Widerstand.

Die Seesoldaten eröffneten das Feuer, ihre rollenden Salven sollten den Angriff der Matrosen auf die Brunnen decken. Die Truppe begann, den Strand zu erstürmen. Die letzten Boote waren nun gelandet, zwei davon nach Drinkwaters Beispiel, die anderen hatten über Heck geankert. Ihre Kanonen hätten theoretisch das Landungsunternehmen decken sollen, aber durch die heftigen Bewegungen in der Brandung war von den Booten aus nur von Zeit zu Zeit und mit Glück ein Treffer möglich.

Drinkwater hielt sich mit seinen Leuten am rechten Flügel der Seesoldaten. Die Männer stürmten vorwärts, ihre nackten Füße klatschten auf den Sand, die Entermesser blitzten in den Fäusten.

Ein Summen wie von tausend Insekten bremste sie. Eine Kompanie französischer Infanterie hielt die niedrigen Büsche vor ihnen besetzt und überschüttete sie nun mit mörderischem Gewehrfeuer. Die dunklen Uniformen der Gegner waren im Gebüsch kaum auszumachen, das Mündungsfeuer der Musketen war zu flüchtig, um gut zielen zu können. Männer fielen, der Angriff kam ins Stocken.

Dann stürmten die Franzosen, und ein heftiger Nahkampf entbrannte. Die Seeleute hackten mit ihren schwerfälligen Waffen drauflos, froh, daß sie den Feind jetzt packen konnten, das Feuer auf dem ungeschützten Strand hatte ihnen fast den Schneid abgekauft.

Drinkwater war der Meinung, daß sie noch eine Chance hatten. Er blickte sich um, Morris' Männer mußten hinter ihnen sein und jetzt eingreifen. Aber Morris und seine Leute warteten etwa siebzig Meter hinter ihnen. Zu seiner Linken war Stuart in schwerer Bedrängnis, Hetherington wurde offensichtlich durch die Seesoldaten besser unterstützt. Drinkwaters Augenmerk wurde von einer Bewegung am Strand gefesselt. Eine Heckleine war gebrochen, das Boot schlug quer und wurde in Sekundenschnelle von der Brandung zerschlagen. Und diese momentane Unaufmerksamkeit kostete ihn beinahe das Leben. Ein Franzose stieß ihm den Kolben in den Bauch, daß er stöhnte und würgte; Brundells Pistolengriff klatschte in das Gesicht des Franzosen. Drinkwater sank auf die Knie und rang nach Luft.

Er hörte nicht Stuarts Befehl zum Rückzug, denn er war fast bewußtlos. Er merkte nicht einmal, daß Brundell und ein anderer Seemann ihn zwischen sich zum Strand hinunterzogen. Er sah nicht, daß der Seemann mit einer Gewehrkugel im Herzen fiel, daß ihn ein anderer Arm weiterzog. Auch Morris' befehlende Stimme drang nicht in sein Bewußtsein.

»Überlassen Sie ihn mir, Mister! Das ist ein alter Freund von mir, übernehmen Sie jetzt den Befehl über die Abteilung der Brigg!«

»Aye, aye, Sir!« Brundell wandte sich unsicher ab. Er hatte den üblen Klatsch, der in der Flottille über Leutnant Morris umlief, noch sehr gut im Ohr.

Überall rannten Männer zu den Booten, vorneweg die Seeleute, die die Riemen bemannten und sich klar zum Hieven der Anker machten; in loser Schützenlinie folgten die Seesoldaten, den Rückzug deckend.

Zum Glück war die französische Garnison klein und außerdem durch Krankheit geschwächt. Ihr Kommandant, Adjutant Donzelot, konnte sich keine weiteren Ausfälle leisten. Die Briten vertrieben und seine Wasserlöcher gesichert zu haben, mußte ihm genügen. Der Wüstenkrieg hatte ihn gelehrt, nichts Unmögliches zu verlangen.

Im Durcheinander der Einschiffung und begünstigt durch die Dunkelheit fiel es Morris leicht, den bewußtlosen Drinkwater so zu drehen, daß er ihn in den Unterleib treten konnte, und ihn dann so fallen zu lassen, als ob er ihm durch eine Kugel aus den Armen gerissen worden wäre. Morris warf einen letzten Blick auf seinen Widersacher. Im Fallen hatte sich Drinkwater auch noch das Bein an seinem Degen verletzt. Morris lächelte, während er in sein Boot kletterte. In der Brandung der Bucht von Qusayr blieb der Körper von Nathaniel Drinkwater zurück.

August 1799

Fisch stinkt

Die Vorsicht gebot es Adjutant Donzelot, seinen Männern zu erlauben, die verwundeten und sterbenden Briten mit ihren Bajonetten zu erstechen. Wer die Nacht überlebte, würde am Morgen ohnehin von den Arabern getötet und schließlich von den wartenden Aasfressern verspeist werden. Daß Drinkwater nicht zu den Opfern gehörte, war purer Zufall. Er wurde zwischen den Trümmern des Bootes an den Strand gespült und lag dort als dunkles Bündel unter vielen. Weißer Sand umgab ihn, die Sterne funkelten über ihm. Die Franzosen, die diesen Teil des Strandes absuchten, gaben sich zufrieden, als sie einen wimmernden achtzehnjährigen Jungen fanden. Er hatte zur Bootswache gehört und war, als die Ankerleine brach, von den Trümmern des schweren Bootes verletzt worden. Die Bajonette verkürzten die Leiden des Leichtmatrosen.

Drinkwater wußte von alledem nichts. Erst Stunden nachdem die Franzosen wieder in ihren Unterkünften waren, kam er zu sich. Griffiths und Appleby vermißten Drinkwater schon lange. Tregembo hatte bereits beschlossen, ihn zu rächen. Brundell dachte immer noch mißtrauisch über sein Verschwinden nach. Morris war vor Freude bereits halb betrunken. Sogar an Bord von *Hellebore* empfand der eine oder andere eine gewisse Genugtuung. Lestock stellte nicht ohne Schadenfreude fest, »daß Mr. Drinkwater diesmal wohl etwas *zu* schlau gewesen war«. Und Rogers' Karriere konnte durch Drinkwaters Tod nur begünstigt werden.

Welcher Macht er sein Überleben schließlich zu verdanken hatte, dem Glück, der Vorsehung oder dem täglichen Gebet Elizabeths, blieb dahingestellt, jedenfalls war es der Schmerz, der Drinkwater wieder ins Leben zurückholte. Schmerzwellen durchfluteten ihn, ausgehend von seinem Unterleib. Erst nach einer Stunde hatte er die Qual so weit unter Kontrolle, daß er seine Lage überdenken konnte. Schließlich wurde ihm klar, daß es eine Bootsplanke war, die ihm die Sicht auf die Sterne versperrte, und daß er zitternd und pudelnaß am Strand lag; gelegentlich überspülte ihn eine Welle. Angst und das Gefühl grenzenloser Einsamkeit beherrschten ihn. Nur langsam erwachte sein Überlebenswille. Er erkannte, daß die Wrackteile ihm guten Schutz gegen Entdeckung boten und daß er den rechten Arm deshalb nicht bewegen konnte, weil er auf seinem Degen lag und dieser immer noch mit seinem Handgelenk verbunden war. Er drehte sich, um die Waffe zu befreien, und eine neuerliche Schmerzwelle durchflutete ihn. An die Ursache für die Schmerzen in der Magengegend erinnerte er sich, warum aber seine Hoden so weh taten, konnte er sich nicht erklären.

Leise fluchend richtete er sich auf. Erfahrungen an der Nordsee hatten ihn Unterkühlung fürchten gelehrt, er wußte, daß er so nicht liegenbleiben durfte. Die Kälte war ein Feind, der bekämpft werden mußte. Diese Erkenntnis brachte ihn auf die Beine. Flach atmend stand er unsicher da und wartete ab, bis der Brechreiz nachließ. Langsam drehte er den Kopf. Draußen zeigte ein gelegentliches Aufblitzen, gefolgt von Geschützdonner, daß die britischen Schiffe auch in dieser Nacht ihr Störfeuer aufrechterhielten. Weniger als zwei Seemeilen entfernt lag all das, was ihm etwas bedeutete: seine Karriere, der Talisman seiner Liebsten, seine Arbeit und sein Schiff. So wie die Vision der Heiligen Stadt den Pilger aufrichtet, so vertrieb der Kanonendonner seine Hoffnungslosigkeit.

Er machte sich klar, daß die Brandung seine Bewegungen tarnen würde, also begann er sich langsam nach Norden zu schleppen, in Richtung der Stadt und des Hafens. Zuerst war es leicht. Er bewegte sich in gebückter Gangart, die ihn seine Schmerzen besser ertragen ließ. Aber je näher er der Stadt kam, desto mehr strengte er seine Sinne an und desto langsamer kam er vorwärts. Er hatte keine Ahnung, wo die Franzosen Posten aufgestellt hatten, aber daß sie welche haben mußten, die den Strand überwachten, war ihm völlig klar. Er rastete im Schutz eines kleinen Fischerbootes, das über die Hochwasserlinie auf den Strand gezogen worden war. Der Gestank alten Fischs stach ihm in die Nase und brachte ihn schließlich auf eine Idee. Er robbte um das Boot herum und entdeckte auf der anderen Seite einen Haufen alter Netze. Vorsichtig, jedes Blitzen der Klinge vermeidend, schnitt er ein großes Stück heraus und wickelte es sich wie eine Decke um die Schultern. Wenn sich ihm jetzt ein Posten näherte, konnte er sich unter diesem Tarnmantel zusammenkauern und hoffen, daß man ihn für ein Netzbündel hielt, wie es in jedem Fischerhafen der Welt zu Dutzenden herumlag.

Ermutigt setzte er seinen schmerzhaften Weg in Richtung Hafen fort. Er konnte es nicht riskieren, zu den Schiffen hinauszuschwimmen, die Haie und seine Schwäche machten das unmöglich. Aber er konnte versuchen, ein Boot zu stehlen.

Er erreichte die ersten Häuser und hörte die leisen Geräusche der Siedlung. Auf einem der Flachdächer gähnte ein Wachtposten lautstark, der Geruch von Tabak mischte sich mit dem Fischgestank. Es war nach Mitternacht, als der Hafen endlich vor ihm lag. Die Anstrengung hatte ihn erhitzt, seine Schmerzen hatten etwas nachgelassen. Er setzte sich und atmete tief durch. Gelegentliche Einschläge zeigten an, wo die britischen Kanonenkugeln ein Ziel fanden. Plötzlich hörte er erregte Stimmen. Eine wütende Frau schrie gegen einen Strom französischer Flüche an.

Der Hafen bot ein phantastisches Bild. Er war randvoll mit einheimischen Fahrzeugen jeder Größe. In der Mitte überragten die hohen Rümpfe der Baghalas die Sambuken und Fischerdhaus. Diese Ansammlung bewies Santhonax' Energie, aber auch die Wirkung der britischen Kanonade; denn von hier sah man, daß viele Schiffe beschädigt waren, viele Masten geknickt, daß die Rümpfe dunkle Löcher aufwiesen und mehrere Schiffe auf Grund lagen.

Drinkwater schlich vorwärts, denn irgendwo mußte es hier ein kleines Boot geben, das ihn zu *Hellebore* zurückbringen konnte. Beinahe wäre es um ihn geschehen gewesen, denn urplötzlich stand ein Hund vor ihm. Sie waren beide gleich überrascht, dann begann der Hund zu kläffen, wütend und ausdauernd. Drinkwater hörte über sich einen Fluch und zog sich in sein Netz zurück wie eine Schnecke in ihr Haus. Der Hund schlich um ihn herum, sein Hunger war fast greifbar. Dann kläffte er wieder. Da traf ein

Stein nur wenige Zentimeter vor seinem Kopf den Boden, er winselte auf und verschwand. Drinkwater erstarrte, denn der Posten mußte jetzt zu ihm hinunterspähen. Hatte er den Strand vorher sorgfältig studiert? Würde das alte Netz seinen Argwohn wecken? Drinkwater blieb so lange unbeweglich, wie es ihm seine Nerven erlaubten, dann kroch er langsam weiter. Endlich war er im Schutz des Hafenkais. Plötzlich setzte im Ort wieder der Streit zwischen der Frau und den Franzosen ein. Die schrillen Beschimpfungen würden die Wachen erst einmal ablenken und ihm bei seinem Entkommen helfen, denn die Aufbauten und Schatten der Fahrzeuge boten ihm nun reichlich Schutz. Alle Schiffe waren verlassen. Er schlich vorsichtig von einem zum anderen, immer auf der Suche nach einem Boot. Zwar fand er mehrere, aber keines ließ sich aufs offene Wasser bugsieren. Nach einem letzten verzweifelten Versuch, ein Boot in günstigere Stellung zu schieben, brach er zitternd und fluchend zusammen.

Er mußte eingeschlafen sein, denn als er wieder zu sich kam, war es viel später. Wenn er schon kein Boot finden konnte, dann mußte er sich am Morgen auf dem Molenkopf bemerkbar machen. Er wußte, daß Griffiths die Stadt beim ersten Morgenlicht genau beobachten würde. Ihm fiel ein, daß auf der Mole Steinhaufen lagen, also konnte er von dort aus Signale geben, ohne daß man ihn von der Stadt her sah.

Eine halbe Stunde später erreichte er die Mole und fand unter Netzen und Fässern ein Versteck. Endlich fiel er in tiefen Schlaf.

In der Morgendämmerung erwachte er, aber es war nicht die Helligkeit, die ihn geweckt hatte, sondern Gewehrschüsse, Befehle und das Laufen vieler Füße. Er erkannte eine Stimme und lugte aus seinem Versteck. Eine Reihe britischer Seesoldaten marschierte an ihm vorbei. Dann folgte Stuart an der Spitze eines Kommandos Matrosen. Er sah auch Mr. Brundell und die Besatzung ihrer Gig, und es kam ihm vor wie ein Wiedersehen nach hundert Jahren. Wacklig erhob er sich und verbeugte sich vor dem überraschten Brundell, dann erst merkte er, daß er noch immer das Fischernetz über den Schultern trug.

»Würden Sie die Freundlichkeit haben, mich an Bord zu bringen, Mr. Brundell?«

»Natürlich! He, du, stütze den Ersten Offizier und bring ihn zurück zum Boot. Und geh vorsichtig mit ihm um!«

Drinkwater nahm den hilfreichen Arm an, da sah er ein Gesicht vor sich, das in fassungsloser Überraschung verzerrt war.

»Morgen, Morris«, sagte er, als die Abteilung der *Daedalus* an ihm vorbeistürmte.

»Wie geht es Ihnen, Sir?«

»Wie?« Drinkwater starrte in die Dunkelheit und identifizierte den Gestank. Er lag im Orlopdeck. Neben ihm stützte sich Quilhampton auf seinen gesunden Arm.

»Ich glaube, mir geht es ganz gut.«

Er setzte sich auf, hielt aber sofort inne. Seine Wunden hatten die nächtliche Anstrengung übelgenommen, der Schnitt im Bein hatte sich durch den Kontakt mit dem Fischernetz entzündet.

»Ich freue mich außerordentlich, Sie zu sehen, Sir, ungeachtet des Fischgestanks.« Das Gefühl der Sicherheit und die Frechheit des Jungen verjagten die dunklen Schatten aus Drinkwaters Gemüt. Er war nicht mehr allein.

»Freut mich zu hören, Mr. Q. Ich entschuldige mich für meinen anrüchigen Zustand.«

»Das geht schon in Ordnung, Sir. Der Kommandant und Mr. Appleby waren sehr froh, daß Sie überlebt haben.«

»Auch das freut mich«, bemerkte Drinkwater trocken.

»Ich wünschte, man könnte von Mr. Rogers dasselbe sagen.«

»Na ja . . .« Drinkwater konnte sich vorstellen, wie eilig Rogers seine Aufgaben an sich gezogen hatte. »Sie sollen keinen Klatsch verbreiten, Mr. Q. Ich verstehe Mr. Rogers' Motive, und auch Sie werden sie eines Tages verstehen.«

»Aber er war der einzige, den Ihre Auferstehung enttäuscht hat – und natürlich Gaston.«

»Gaston? Ach ja, der junge Franzose. Was ist mit ihm? Warum ist er so böse auf mich?«

»Aus Gründen, die ich nicht kenne, glaubt er, daß entweder Sie oder der Kommandant mir die Hand abgeschossen haben. Aber vielleicht habe ich ihn auch mißverstanden.« Der Junge zuckte die Achseln und lächelte verwirrt.

»Es tut verdammt gut, Sie lächeln zu sehen, Mr. Q. Eines Tages werde ich Ihnen die ganze Geschichte erzählen.«

Wie aus dem Nichts tauchte Catherine Best auf, mit einer Wasserschüssel in Händen. Gleichzeitig brüllte *Hellebores* Breitseite auf.

»Was ist da los?« Drinkwater versuchte sich zu erheben. Er hatte ein schlechtes Gewissen, daß er seine Pflichten vergessen hatte.

Catherines Hand drückte ihn aufs Lager zurück.

»Legen Sie sich wieder hin, Sir. Mr. Appleby hat angeordnet, daß Sie sich nicht bewegen dürfen. Der Schnitt in Ihrem Bein muß gesäubert werden, sonst könnten Sie es auch jetzt noch verlieren.«

Er ließ sich zurücksinken. Das ganze Schiff bebte unter den Rückstößen der Kanonen. Er schloß die Augen, denn der dumpfe Schmerz im Unterleib machte sich wieder bemerkbar.

»Unser Angriff auf die Stadt ist zurückgeschlagen worden, Sir.« Catherines Stimme schien von sehr weit her zu kommen. Ihre Hände fühlten sich unglaublich kühl an auf seinem brennenden Fleisch.

Also war der Kampf um Al Qusayr vorbei.

DREIZEHNTES KAPITEL

August 1799

Rotes Meer

»Wie hoch, sagen Sie, steht das Wasser in der Bilge?«

»Drei Fuß, Sir«, erwiderte Johnson und verdrehte bedauernd die Augen.

»Heiliger Strohsack!« Drinkwater fluchte erbittert; plötzlich kam ihm ein Gedanke. »Sehen Sie mal im Vorschiff nach, an der Backbordseite ziemlich weit unten.«

Er schickte den verstörten Zimmermann weg und begann, über das Deck zu humpeln. Sein Bein war noch immer steif, Applebys drastisches Verätzen der Wunde wirkte noch nach. Auch seine Lenden und sein Bauch schmerzten, aber er dachte nicht mehr über die zurückliegenden Ereignisse nach. Er war vollauf damit beschäftigt, die vielfältigen Probleme des Bordalltags zu lösen. Außerdem war er schlecht gelaunt, denn Augustus Morris' Anwesenheit bedrückte ihn. Morris gehörte zu den Verwundeten der Flottille, die alle auf *Hellebore* eingeschifft worden waren, nachdem sie sich aus Qusayr zurückgezogen hatte.

Morris war während der Attacke auf der Mole verwundet worden, ein Stein hatte ihm das Schlüsselbein gebrochen.

In Übereinstimmung mit den Befehlen aus England hatte Ball *Hellebore* nach Süden geschickt. Sie sollte Mocha anlaufen und dort die Verwundeten an Land geben oder sie mit nach England nehmen, ganz nach Gutdünken Admiral Blanketts. Der Admiral war von *Hellebores* heimlichem Aufbruch nicht begeistert gewesen. Diesen Umstand machte sich Ball zunutze, indem er sich einfach fünfzehn Leute aus ihrer Mannschaft als Ersatz für seine Ausfälle nahm. Das hatten sie nun von der Niederlage bei Qusayr.

Doch jetzt beanspruchte das Leck Drinkwaters ganze Aufmerksamkeit und erinnerte ihn an die leichte Erschütterung, die er beim Einlaufen gespürt hatte. Wahrscheinlich hatten sie einen Korallenkopf gestreift, und dabei waren die schützenden Kupferplatten abgerissen. Der Schaden war zweifellos gering und hatte während ihrer Liegezeit vor Qusayr kein Ansteigen des Bilgenwassers bewirkt. Aber sowie das Schiff im Seegang arbeitete, war das lose Kupfer abgerissen, und die beschädigten Planken leckten nun.

Drinkwater fluchte wieder, als die ersten Verwundeten an Deck erschienen, um die frische Morgenluft zu genießen. Die Wache war gerade mit dem morgendlichen Deckwaschen fertig, und er sah zwei, drei Männer die Nase rümpfen. Seit der letzten Nacht breitete sich im Schiff ein widerwärtiger Gestank aus, stärker als der Geruch der Bilge und der überfüllten Decks. Er kannte die Ursache: Wundbrand!

Er hatte befürchtet, daß es Quilhampton war, hatte gehofft, es möge Morris sein. Warum sollte ihm die Vorsehung nicht diesen Gefallen tun? Doch in Applebys Gesicht stand nicht mehr Anteilnahme als üblich, als er an Deck erschien.

»Guten Morgen, Harry. Wer hat Wundbrand bekommen?«

»Gregory. Ich kann ihn nicht noch einmal amputieren, er würde den Schock nicht überleben. Er wird gleich heraufgebracht.«

Bei dem achterlichen Wind war der Gestank so furchtbar, daß er sich unwillkürlich die Nase zuhalten wollte. Die Männer, die Gregory an Deck schleppten, verrichteten ihre Arbeit mit einer Mischung aus unwilliger Hast und kumpelhaftem Mitleid. Appleby ging nach vorne, um die Anbringung der Hängematte zu überwachen. Als er wieder nach achtern kam, sah er alt und müde aus, doch plötzlich erhellte sich sein Gesicht. Catherine Best war an Deck gekommen und wischte sich eine Locke aus der Stirn. Die Anstrengungen hatten ihr Gesicht gezeichnet, sie schien ebenso müde und erschöpft wie Appleby.

Drinkwater lächelte, als er sah, daß Appleby einen Schritt auf sie zumachte, sich dann aber besann und stehenblieb.

»Mrs. Best hat uns alle angenehm überrascht, nicht wahr, Harry?«

Appleby errötete. Drinkwater lächelte, irgend etwas schien den alten Chirurgen aufzuregen, und es war ganz eindeutig nicht seine übliche Abneigung gegen das blutige Kriegshandwerk.

»Wie geht es Mr. Quilhampton, Catherine?« fragte Drinkwater.

Sie blickte den Ersten mit müden Augen an, sich mühsam vom fernen Horizont losreißend.

»Er ist zum ersten Mal aufgestanden, ich glaube, er frühstückt in der Messe.« Und mit einem scheuen Blick auf ihren Vorgesetzten: »Ich nehme an, daß Mr. Appleby versuchen wird, heute die Fäden zu ziehen.«

Appleby nickte. »Er ist ein gesunder Junge, alles verheilt gut. Catherines Pflege hat das ihrige getan. Ich wünschte, daß alle Patienten diese Pflege genießen könnten.«

»An Ihnen liegt es doch nicht . . .«, begann die Frau, verstummte aber nach einem schnellen Seitenblick auf Drinkwater. Sogar dem geistesabwesenden Ersten wurde endlich klar, daß zwischen den beiden eine enge Beziehung bestand, sowohl beruflich wie auch persönlich, und das berührte ihn merkwürdig. Er schlenderte zum Rudergänger hinüber, der einen halben Strich vom Kurs abgekommen war. Catherine beeinflußte sie alle, dachte er irritiert.

»Quartermaster, Sie sind einen halben Strich vom Kurs. Ich lasse Ihnen das Fell über die Ohren ziehen, wenn Sie Ihre Pflichten vernachlässigen!«

»Aye, aye, Sir.«

Drinkwater ging weiter nach vorne und musterte die Takelage des Vormastes. Dann drehte er sich auf dem Absatz um und nahm sich den Großmast vor.

»Als nächstes sind die Bramsegelgordings dran, wetten?« flüsterte der Quartermaster dem Rudergänger zu, den Priem in die andere Backe schiebend.

»Mr. Brundell!«

»Sir?« Der Steuermannsmaat kam nach achtern.

»Haben Sie Ihre verdammte Pflicht vergessen, Sir? Die Bramsegelgordings müssen überholt werden. Veranlassen Sie das sofort!«

Er ignorierte Brundells verwunderten Blick und musterte finster die Männer am Ruder, deren Augen auf dem Steuerstrich hingen.

Morris kam aus dem Niedergang, seinen Uniformmantel um die Schultern geworfen; der linke Arm hing in einer Schlinge vor seiner Brust. Leichtes Fieber verschärfte noch das scheele Glitzern seiner überschatteten Augen. Drinkwater spürte sofort wieder die Schlechtigkeit, die von diesem Mann ausging.

»Guten Morgen, mein lieber Drinkwater«, zischte er, kleine Speichelblasen in den Mundwinkeln.

»Morgen, Morris.« Drinkwater ging an ihm vorbei. Er sah, daß die Sonne hoch genug für eine Beobachtung stand. Bei der Arbeit ignorierte er Morris, der nachlässig am Niedergang lehnte und kein Auge von ihm ließ. Doch mitten in der Berechnung wurde er vom aufgeregt herbeieilenden Zimmermann gestört.

»Was gibt es, Mr. Johnson?« fragte Drinkwater, die Semiversustafeln zur Seite schiebend.

»Sie hatten recht, Sir. Wir haben zwei, drei Lagen Kisten beiseite gerückt und das Leck gefunden, Sir. Vermutlich ist draußen das Kupfer abgerissen worden.«

»Können Sie etwas dagegen unternehmen?«

Johnson strich sich über das Kinn. »Wenn wir noch ein paar Kisten umstauen, kann ich es behelfsmäßig von innen abdichten, Sir.«

Drinkwater nickte. »Machen Sie sich nach dem Frühstück gleich an die Arbeit, Mr. Johnson. Ich schicke Ihnen den Bootsmannsgehilfen zur Unterstützung, der kann die Kisten umstauen.« Er beugte sich wieder über seine Zahlen.

»Verzeihung, Sir . . .«

»Was gibt's noch?«

»Woher wußten Sie, daß es am Backbordbug sein würde?«

Drinkwater lächelte. »Ich nahm an, daß wir beim Einlaufen in Qusayr einen Korallenkopf berührt haben, Mr. Johnson.«

»Ja, das könnte von der Größe her stimmen.« Der Zimmermann watschelte davon und erklomm die Back. Dort blickte er in Gregorys Hängematte, kopfschüttelnd wandte er sich ab.

»Sie sind immer noch der superschlaue Dr. Allwissend, nicht wahr, mein lieber Drinkwater?« höhnte Morris.

Drinkwater warf einen Blick auf die Rudergänger, ihr starrer Blick verriet, daß sie die Stichelei gehört hatten. Ärger stieg in ihm auf.

»Spielen Sie nicht dauernd auf unsere alte Bekanntschaft an,

Morris. Zügeln Sie auf *meinem* Deck Ihre Zunge.«

Morris ließ sich dadurch nicht aus der Ruhe bringen; breit lächelnd ging er gelassen unter Deck. Drinkwater starrte voraus. Mocha lag achthundert Meilen im Süden, die Brigg konnte ihm gar nicht schnell genug dorthin gelangen.

»Mr. Brundell!«

»Sir?«

»Lassen Sie bei Wachwechsel die Leesegel setzen!«

»Aye, aye, Sir.«

Ungeduldig erwartete er die vier Doppelschläge und Mr. Lestock, der ihn ablösen würde.

Die Messe war überfüllt, als er nach unten kam. Notbetten waren in den beiden hinteren Ecken aufgestellt worden, eines für Dalziell, der von Catherine Best aus seiner Kammer verdrängt worden war, und das zweite für Morris. Gaston Bruilhac schlief weiterhin unter dem Tisch. Appleby kam gerade aus der Achterkajüte, als Drinkwater sich über sein Essen hermachte.

Der Arzt deutete über die Schulter, als er Drinkwaters fragenden Blick auffing.

»Wir haben ihn zu Bett gebracht. Er hat wieder einen Anfall.«

Drinkwater seufzte. Das Debakel vor Qusayr hatte Griffiths schwer getroffen, der niemals leichtfertig mit dem Leben seiner Leute umging. Viele Tote waren alte Kameraden von *Kestrel* gewesen, Freiwillige aus fast vergessenen Friedenstagen. Das Rollen des Kanonendonners klang ihm noch lange in den Ohren, als sie die schwer angeschlagene, aber nicht besiegte Stadt hinter sich ließen. Kurz darauf hatte er wieder einen Malariaanfall bekommen.

Nach dem Frühstück ging Drinkwater in die Achterkajüte. Griffiths lag in seiner Koje, Schweißbäche liefen über sein Gesicht. Seine Augen waren geschlossen, aber er öffnete sie, als sich Drinkwater über ihn beugte und die Laken glattstrich.

»Wie fühlen Sie sich, Sir?«

»Schlecht, Nathaniel, *bach* . . . Aber schenken Sie mir ein Glas ein, schenken Sie ein . . .«

Drinkwater fand die Flasche und goß ihm Wein ein.

»Beobachten Sie alle gut, Nathaniel, passen Sie scharf auf. Sie sind der einzige, dem ich jemals vertraut habe.«

Griffiths war in eigenartiger Stimmung, verriet eine Verzweiflung, die Drinkwater an ihm fremd war. Angstvoll dachte er an Griffiths' Tod. Der Gedanke, ohne ihn zurückzubleiben, war ihm unvorstellbar. Als ob er Drinkwaters Befürchtungen erraten hätte, fragte Griffiths plötzlich: »Wo sind wir? Wie ist unsere Position, zum Teufel?«

»Breite . . .«

»Nein, wo? Um Gottes willen, wo?« Griffiths hatte sich halb aufgerichtet und klammerte sich an Drinkwaters Rockaufschlag. Er benahm sich wie jemand, den man bewußtlos an einen fremden Ort gebracht hatte und der nun erwachend nicht wußte, wo er sich befand.

»Im Roten Meer, Sir«, sagte Drinkwater beruhigend.

Griffiths sank erleichtert zurück.

»Ach so, *Y Môr Coch, Y Môr Coch,* dort also . . .« Seine Stimme erstarb in unverständlichem walisischem Gemurmel.

Drinkwater blieb neben ihm sitzen, bis er eingeschlafen war. Aber Griffiths schreckte wieder hoch, seine Stirn war gerunzelt.

»Im Roten Meer, sagen Sie? Ja, natürlich . . . Und wir steuern nach Süden?«

»Aye, aye, Sir.«

»Vergessen Sie nicht, daß Sie jetzt die Sonne voraus haben. Das läßt den Ausguck leicht Gefahren übersehen . . .« Nach dieser eindringlichen Warnung fiel er in die Kissen zurück. Drinkwater verließ die Kajüte und suchte Johnson im Vorschiff auf.

Griffiths' Warnung kam noch rechtzeitig. Der mittlere Teil des Roten Meeres war zwar überall tief, aber die Ansteuerung von Mocha wurde durch vorgelagerte Korallenriffe zu einer gefährlichen Angelegenheit. Nordwärts segelnd hatten sie die Sonne immer im Rücken gehabt, die Riffe waren deshalb vom Ausguck leicht erkannt worden. Nun war es umgekehrt, dazu verlieh ein günstiger Wind dem Schiff beachtliche Geschwindigkeit. Drinkwater erinnerte sich daran, daß er die Leesegel hatte setzen lassen, und bekam ein schlechtes Gewissen. Dann machte er sich klar, daß dieser Teil des Roten Meeres frei von Riffen war, mit Ausnahme des Daedalusriffs, das etwa 180 Seemeilen südöstlich vor ihnen lag.

Er fand Johnson im Dunkeln mit Planken hantieren. Laternenlicht spiegelte sich auf dem einsickernden Wasser. Johnson preßte einen Ballen Werg gegen das Leck und dichtete es dann mit geteertem Segeltuch und Planken ab. Drinkwater blickte sich um.

»Es war ein ziemliches Stück Arbeit, die Kisten umzustauen, wie, Johnson?«

»Aye, Sir. Ich fürchte, Josh Kirby hat sich einen Bruch gehoben.«

Drinkwater seufzte. Wieder ein Kunde für Applebys Bruchbänder. Die schwere körperliche Arbeit auf den Schiffen Seiner Majestät führte häufig zum Bruch, einer Krankheit, die den Seemann natürlich besonders hart traf. Drinkwater kannte viele Offiziere, die ebenfalls daran litten. Nach chronischem Alkoholmißbrauch war es die häufigste Krankheit in der Flotte.

Achtern suchte er Mr. Quilhampton auf und fand den Jungen lesend vor; laut studierte er Falconer's Marine Dictionary. Total verängstigt drückte sich Gaston Bruilhac an ihm vorbei aus der Tür.

»Guten Morgen, Mr. Q. Warum, zum Teufel, hat der Bursche immer noch solche Angst vor mir?«

»Guten Morgen, Sir.« Quilhampton zuckte mit den Schultern. »Ich weiß es auch nicht, Sir. Trotz meiner Beteuerungen hat er höllische Angst vor allen Offizieren, besonders aber vor Ihnen, dem Kommandanten und Ihrem Freund Morris.«

Drinkwater schnaubte verächtlich. »Mr. Morris ist eine alte Bekanntschaft, die ich der Admiralität verdanke, auf die ich aber persönlich nicht den geringsten Wert lege. Sie können sich Ihre Idee von irgendwelchen näheren Beziehungen zwischen uns aus dem Kopf schlagen.«

Quilhampton schien erfreut zu sein, das zu hören.

»Was lesen Sie da?« fragte Drinkwater, dem klar wurde, daß er über Morris nicht einmal mit dem Fähnrich reden sollte. »Können Sie sich mit dem Franzosen unterhalten?«

»Jawohl, Sir«, antwortete Quilhampton enthusiastisch. »Falconer hat ein französisches Lexikon als Anhang, wie Sie sicherlich wissen, Sir. Wir machen gute Fortschritte. Wenn er nur nicht so verdammt nervös wäre.«

»Freut mich, daß Sie so wohlgemut sind, Mr. Q.« Er fragte nicht nach den Fäden; wenn Appleby sie zu früh zog, konnte der Junge einen schweren Rückfall erleiden. Er mußte sich eben ganz auf das Wissen des Arztes verlassen.

Mittags nahmen Drinkwater und Lestock gemeinsam die Mittagshöhe und errechneten die Breite. Beide waren überrascht, daß sie nicht schon weiter südlich standen, aber ihre Überlegungen wurden durch einen seltsamen Ruf des Ausgucks unterbrochen.

»An Deck! Rotes Meer voraus!«

Diese Merkwürdigkeit ließ sie an die Reling eilen. Die See hatte ihr tiefes Blau verloren, langsam nahm sie eine schlammige Farbe an; schließlich zog *Hellebore* ihre Bahn durch zinnoberrote Wellen, was naives Staunen verursachte. Drinkwater erinnerte sich an Griffiths' gemurmeltes *»Y Môr Coch«*. Mit einer Schlagpütz holten sie eine Wasserprobe an Bord. Ein rötlicher Schleier lag auf dem Wasser, der aus Millionen kleiner Organismen bestand, die sich sterbend rot färbten.

In weniger als einer Stunde hatten sie jedoch das Gebiet des roten Wassers hinter sich, und die Männer gingen lachend zum Essen.

Der Vorfall wurde mit einer langen Eintragung in Drinkwaters Tagebuch gewürdigt. Als er am Nachmittag wieder an Deck kam, kombinierte er seine Längenbeobachtung mit der Mittagsbreite. Aber er wußte nicht, daß außergewöhnliche Refraktionsbedingungen beide Beobachtungen wertlos machten. Sie standen viel weiter südlich und auch weiter im Osten, als es der berechnete Ort auswies; das sollte sich als fatal erweisen.

Doch es blieb Leutnant Rogers vorbehalten, den für das Scheitern der Brigg entscheidenden Fehler zu machen. Sie hatten das Phänomen der »Milchsee« nun mehrfach beobachtet. Unterhaltungen mit anderen Offizieren, die Erfahrung mit Navigation in östlichen Gewässern hatten, ließen sie ihre natürliche Furcht vor flachem Wasser vergessen, das meist mit dieser Färbung einherging. Sie hatten von Blanketts Männern Geschichten über Kapitäne und Offiziere gehört, die Alle-Mann pfeifen ließen und wertvolle Anker verloren, als ein Wachoffizier mitten in der Nacht die unmittelbare Strandung des Schiffes ankündigte. Lotungen hatten dann eine Wassertiefe ergeben, die größer als die Lotleinenlänge war. Und die Brandungsbrecher hatten sich als leuchtende Brecher des offenen Meeres erwiesen.

Wenn solches Wissen einen Mann von Rogers' Temperament beflügelte, konnte es seine natürliche Vorsicht einschläfern und ihn dazu verleiten, den Warnruf des Ausgucks mit einem verächtlichen Schulterzucken abzutun.

So kam es, daß Seiner Britannischen Majestät Kriegsschiff, die Brigg *Hellebore,* am 19. August 1799 an den Ausläufern von Abu al Kizan strandete.

Ironischerweise war das Riff in der britischen Marine unter dem Namen Daedalusriff* bekannt.

---

* Dädalus: sagenhafter griechischer Künstler, der für sich und seinen Sohn Ikarus Flügel anfertigte; gilt als Erfinder des menschlichen Fluges.

VIERZEHNTES KAPITEL

August 1799

Allahs Wille

Drinkwater wurde von der Wucht des Aufpralls aus seiner Koje geworfen. Rufe, Flüche und Schmerzensschreie gellten durch die Dunkelheit. Der Rumpf schien sich tief zu verbeugen, dann folgte ein fürchterliches Krachen, begleitet vom Lärm fallender Spieren, Blöcke, dem Rauschen herabstürzenden Segeltuchs und dem Klatschen ausrauschenden Tauwerks. In Unterhose drängte sich Drinkwater durch verstörte Männer auf das Oberdeck. Oben sah er, daß das ausgeklügelte, luftige Gewirr des Riggs verschwunden war. Die große Himmelskuppel spannte sich über ihm, ohne von einer Linie unterbrochen zu werden. Leutnant Rogers stand mit offenem Mund bewegungslos da und konnte nicht glauben, was er doch klar vor Augen hatte. Er stand unter Schock.

Drinkwater sprang zur Reling und sah sofort die Brecher an Backbord. Leblose schwarze Flecken markierten herausragende Klippen. Rauschen und Gurgeln um den Rumpf bestätigten ihm, was er schon geahnt hatte: die Brigg lag hoch und trocken auf Korallengestein.

Er wandte sich Rogers zu. Sinnlos, jetzt mit dem Mann zu hadern. Er brauchte Rogers in den kommenden Stunden, außerdem ließ Drinkwaters waches Gefühl für Verantwortung nicht zu, daß Rogers zum Sündenbock gestempelt wurde; offensichtlich mußte er sich auch selbst Vorwürfe machen. Sie waren zweifellos auf dem Daedalusriff gestrandet, folglich mußte seine Standortberechnung einen schweren Fehler enthalten haben. Obwohl er noch nicht wußte, was die Ursache dieses Fehlers sein mochte, nagte doch Schuldbewußtsein an ihm.

»Nun, Sir«, sagte er mit ruhiger Stimme, »es scheint, daß *wir*

171

es geschafft haben, das Schiff zum Wrack zu machen ... Und bitte, schließen Sie endlich den Mund.«

Drinkwater sah viele blasse Gesichter ihm zugewandt, die seine Anordnungen erwarteten. Panik lauerte unter der Oberfläche, Unordnung drohte.

»Ruhe an Deck!« schrie er und sprang auf eine Geschützlafette, seine mangelhafte Bekleidung vergessend. »Wir sinken nicht, verdammt noch mal! Also weg von von den Booten! Mr. Rogers, lassen Sie die Männer antreten, stellen Sie fest, wer fehlt und wer verwundet ist. Mr. Lestock, loten Sie um das Schiff herum. Mr. Johnson, Sie peilen die Bilgen! Mr. Trussel, stellen Sie den Umfang des Schadens fest ...« Seine Stimme erstarb, denn aus dem Niedergang erschien geisterhaft Commander Griffiths; eine große Nachtmütze fiel halb über sein Gesicht, der Wind blähte sein Nachthemd auf.

»*Myndiawl!* Was, um Gottes willen, habt ihr aus meinem Schiff gemacht?«

Griffiths' mächtige Stimme rollte anklagend über das Deck, er wies auf die Trümmer. Die Szene hatte etwas Irreales an sich, sie hätte im Vorhof der Hölle spielen können. Die Maststümpfe ragten aus dem Deck, Rahen und andere Spieren scheuerten in der Brandung an der Bordwand. Das Vorschiff war mit Segeln bedeckt, die sich aufblähten und wieder zusammenfielen. Es erinnerte an den Todeskampf eines riesigen Vogels. Aus irgendeinem Grund war der Großmast nach Backbord über die Seite gegangen, so blieb ein freier Platz, wo sich die Mannschaft drängte. Drinkwater fühlte, daß sich sein Magen schmerzlich zusammenzog, er hatte das Gefühl, Griffiths schändlich betrogen zu haben. In einer Gefühlsaufwallung wollte er schon Rogers die Schuld zuschieben, aber dann versagte er sich doch den billigen Ausweg. Er sah, daß Griffiths' Augen vor Tränen und Fieber glänzten, dann wanderte sein Blick weiter und fiel auf ein anderes Gesicht, das ihn mit offensichtlicher Befriedigung anblickte. Morris hatte seine große Stunde. Heiße Wut stieg in Drinkwater auf, er fand seine Stimme wieder.

»Führen Sie die Befehle aus, meine Herren! Mr. Grey ...« Der Bootsmann drängte sich nach vorne. »Sie beginnen damit, den Proviant aus den Lagerräumen zu holen. Steuermannsmaat, stellen Sie Wachen vor das Getränkelager. Wenn ich auch nur einen

Betrunkenen sehe, bekommt er noch vor Sonnenaufgang an der Gräting die Peitsche zu schmecken!«

Er wandte sich an Griffiths: »Sir . . . Ich . . . Das Schiff ist verloren, Sir . . . Daedalusriff . . . Unsere Ortsbestimmung war falsch, ich . . .« Er fühlte, daß ihm die Tränen kamen, am liebsten hätte er vor der übermächtigen Enttäuschung kapituliert. Doch da fiel Griffiths vornüber, und Drinkwater fing ihn auf. Der Schock, der ihn auf die Beine gebracht hatte, war vorüber, die Krankheit hatte ihn wieder fest in ihren Klauen. Er begann auf walisisch zu phantasieren.

Die Notwendigkeit, den Commander schnell unter Deck zu schaffen, gab Drinkwater seine Tatkraft wieder. Die Männer, die in seiner Nähe gestanden hatten, eilten an ihre Arbeit. Catherine Bests Haar wehte an seinem Gesicht vorbei.

»Los, fassen Sie mit an! Wir wollen ihn unter Deck bringen!«

»Sir, kann ich . . .?« Quilhampton sah ihn fragend an, er hielt seinen Armstumpf vor die Brust gedrückt und schützte ihn mit seiner rechten Hand. Appleby hatte die Fäden noch nicht ziehen können.

»Holen Sie den Doktor!« Mit gedämpfter Stimme wandte er sich an Catherine Best: »Kümmern Sie sich bitte um den Kommandanten, er hat Ihre Fürsorge jetzt nötiger denn je.« Er wandte sich dem zurückkehrenden Johnson zu.

»Gut fünf Fuß Wasser in der Bilge«, berichtete der Schiffszimmermann. »Ich vermute, daß der Boden weggerissen ist.«

Lestock meldete: »Wir haben achtern zwei Faden Wasser gelotet, vorn dagegen nur knapp einen; beide Masten sind über Bord gegangen.«

»Zwanzig Pulverfässer sind naß, außerdem haben wir etwas Trinkwasser verloren. Der Trockenproviant ist teilweise verdorben. Dem ersten Augenschein nach würde ich sagen, wir haben ein riesiges Leck im Schiffsboden.« Das war Trussel.

Drinkwater nahm ihre Meldungen entgegen, während sich in seinem Kopf schon ein Plan formte, der ihr Überleben sichern sollte. Das Schiff war nicht mehr zu retten.

»Nun, Mr. Rogers?«

Der Zweite hatte seine Fassung wiedergewonnen. »Drei Männer sind tot, Sir. Der eine ist Gregory, der Fockmast fiel über seine Hängematte. Dann Stock, Ausguck im Fockmast, er wurde getötet, als der Mast über Bord ging. Und Jeavons wurde von einem Block erschlagen. Außerdem eine Reihe Verletzter . . .«

»In Ordnung«, schnitt ihm Drinkwater das Wort ab. »Alle Verletzten sollen unter Deck gehen. Ist das alles?«

»Zwei Männer werden vermißt, Sir.«

Drinkwater konnte sich vorstellen, daß in dem Durcheinander Wachgänger unbemerkt über Bord gefallen waren. Er dachte einen Moment nach.

»Wir müssen den Kombüsenofen in Gang bekommen und die Männer noch vor Tagesanbruch satt kriegen. Die Steuermannsgehilfen bewachen die Getränkevorräte. Achten Sie darauf, daß sich niemand betrinkt, Rogers. Wenn uns die Disziplin entgleitet, dann gnade uns Gott.«

»Und was wird danach?« fragte eine spöttische Stimme; Leutnant Morris war zu der kleinen Gruppe gestoßen.

»Danach warten wir auf das Tageslicht, Mr. Morris«, erwiderte Drinkwater kühl. »Es sei denn, Sie haben einen besseren Vorschlag. Später schaffen wir die Verwundeten auf das Riff und retten, was möglich ist. Die Boote, Mr. Grey, müssen unter allen Umständen einsatzfähig bleiben. An die Arbeit, meine Herren!«

Die Offiziere verschwanden, und Drinkwater blieb mit Morris allein zurück. Seine mangelhafte Bekleidung wurde ihm peinlich bewußt.

»Diesmal haben Sie sich einen zu dicken Brocken abgebissen, mein *lieber* Nathaniel. Daran werden Sie noch lange zu kauen haben.«

Drinkwater wandte sich zum Niedergang, um sich anzuziehen, und warf seinem Feind einen scharfen Blick zu. Einen Moment wünschte er, seinen Degen zur Hand zu haben. Ihn Morris tief in den Bauch zu stoßen, hätte dieselbe reinigende Wirkung gehabt wie das Aufschneiden einer Eiterbeule. Aber er mußte sich auf Worte beschränken. »Gehen Sie zum Teufel!«

»Vorsicht, Nathaniel! Denken Sie daran, daß der alte walisische Ziegenbock ein todkranker Mann ist. Ich bin dienstälter als Sie . . .« Die Drohung war offensichtlich.

»Zur Hölle mit Ihnen, Morris!«

»Merken Sie sich diese Worte, Mr. Dalziell«, sagte Morris plötzlich in verändertem Tonfall, weil sich der Fähnrich näherte.

Drinkwater ging nach unten und suchte seine Hose.

Am späten Nachmittag konnte Drinkwater endlich eine Pause einlegen und ihre Situation überdenken. In den Stunden nach dem Zusammenstoß mit Morris hatte er ohne Unterbrechung gearbeitet. Als er jetzt gedankenschwer nach Westen starrte, wurde ihm plötzlich klar, warum die Brigg gestrandet war: Im Sonnenuntergang zeichneten sich die Berge Oberägyptens klar am Horizont ab, doch Drinkwater wußte, daß sie sechzig bis siebzig Meilen entfernt lagen, also weit hinter der Kimm, und eigentlich unsichtbar hätten sein müssen. Diese ungewöhnliche Refraktion hatte ihren Fehler in der Standortberechnung verursacht.

Er ging zu Lestock hinüber, um ihm das Phänomen zu zeigen. Aber dieser war seit langem gegen die Navigationsmethoden des Jüngeren voreingenommen, besonders gegen die Berechnung der Länge mit Hilfe des Chronometers. So bekam er von Lestock nur die abweisende Antwort: »Vielleicht hätten Sie diesem Phänomen besser vor dem Verlust des Schiffes Ihre Aufmerksamkeit schenken sollen.« Damit drehte sich der Navigator um und ließ Drinkwater verdutzt stehen.

Mr. Quilhampton tauchte neben ihm auf. »Entschuldigen Sie, Sir, aber Mrs. Best sagt, Sie sollen dies hier trinken und sich etwas ausruhen, Sir.«

Drinkwater nahm den Becher Rotwein und fühlte, wie die Spannung in ihm nachließ.

»Ich führe jetzt das Logbuch weiter, Sir.«

Drinkwater blickte den Jungen an. »Wie? Ah ja, sehr gut, Mr. Q, wirklich sehr gut.«

Drinkwater schaute sich um. Auf einem sandigen, mit niedrigem Buschwerk bestandenen Inselchen waren ein Dutzend Zelte errichtet worden. Fässer mit Schweinefleisch, Pulver und Süßwasser türmten sich hoch auf, die Steuermannsgehilfen hielten getreulich Wache davor, ebenso bei den Spirituosen und dem Schiffszwieback. Die Leute hatten schwer geschuftet, um von der Ausrüstung so viel wie möglich zu bergen. Sie hatten vom Stumpf des Großmastes eine Leine gespannt, darauf lief ein Block, mit dem Last auf Last an Land gezogen worden war. Sie hatten aus Spieren und Segelresten die Zelte gebaut und eine Feldküche eingerichtet. Außerdem waren die Verwundeten versorgt und die Toten begraben worden. Die Boote lagen nun sicher in einer kleinen Bucht, die einen vorzüglichen Bootshafen abgab. Vielleicht sollte er Lestock gegenüber etwas nachsichtiger sein.

»Es sieht aus wie auf dem Markt von Petersfield, nicht wahr, Mr. Q?« Er brachte ein Lächeln zustande, und der Junge lächelte zurück.

»Jawohl, Sir, ein wenig.«

»Was macht Ihr Arm, Mr. Q?«

»Ach, dem geht's ganz gut, Sir. Ich kann schreiben, also führe ich das Logbuch. Der Chronometer, Ihr Sextant und Ihre Bücher sind an Land in Sicherheit, Sir.«

»Sie sind ein prächtiger Bursche, Mr. Q. An die habe ich noch gar nicht gedacht.«

»Tregembo hat auch Ihre Uniform und Ihren Degen gerettet.«

Drinkwater stellte fest, daß er von guten Geistern umgeben war. Lestock mochte sich seinetwegen sauer einlegen.

»Danke, Mr. Q.«

»Es befindet sich alles im Messezelt.«

Drinkwater mußte ein Lächeln unterdrücken. Wie zu erwarten, hatte bereits jedes Fleckchen der Insel einen maritimen Namen. Der Laderaum befand sich da, wo die Vorräte lagerten, das Messezelt war das Quartier der Offiziere, das Zwischendeck wurde durch die Fock markiert, die über einigen Spieren als Zelt für die Mannschaft fungierte.

Drinkwater trank seinen Wein aus und reichte Quilhampton den leeren Becher zurück. »Ich denke, ich sollte den Anweisungen von Mrs. Best folgen«, überlegte er.

»Stimmt, Sir. Sie ist eine tolle Frau«, erwiderte der Junge bewundernd.

»Das ist sie wirklich, Mr. Q, in der Tat.«

In den folgenden zwei Tagen erhielt Seiner Majestät »Steinbrigg« *Hellebore* sogar ein Achterdeck. Es wurde eine Rah in den Boden gerammt, seitwärts verstagt und schließlich mit der Flagge gekrönt. Einige Korallenköpfe wurden aus dem Fahrwasser zum Bootshafen gesprengt, und für den Fall, daß der Wind drehen sollte, wurde ein brauchbarer Liegeplatz auf der anderen Inselseite ausgekundschaftet. Aus dem Wrack wurde Feuerholz herausgebrochen, zum Teil für die Kombüse, zum Teil für ein Signalfeuer, falls sich ein Schiff dem Riff näherte. Außerdem erbauten sie einen Wachturm, auf dem ständig Ausguck gehalten wurde.

Sie zogen drei Geschütze an Land und errichteten eine Brustwehr davor.

Drinkwater war sich bewußt, daß er die Männer beschäftigen mußte, obwohl er wußte, daß schwere Arbeit ihren Vorrat an Trinkwasser und Verpflegung schneller schwinden lassen würde. Die Moral blieb gut, denn innerhalb eines Monats mußten *Daedalus* und *Fox* auf ihrem Weg nach Süden vorbeikommen. Drinkwaters größte Sorge war Griffiths. Sein Malariaanfall war einer der stärksten bisher und durch den Schock des Schiffbruchs noch verschlimmert worden. Appleby war besorgt, tröstete den Leutnant aber immer wieder, da er wußte, daß dieser genug andere Dinge im Kopf hatte, um die er sich kümmern mußte. Doch daß der alte Mann sehr krank war, blieb keinem verborgen. Morris weigerte sich, am Tagesgeschäft teilzunehmen, kümmerte sich nur um sein persönliches Wohlergehen und seine Habseligkeiten und schien darauf zu lauern, daß der Kommandant starb.

Am Morgen des vierten Tages sahen sie eine große Dhau. Das Fahrzeug näherte sich langsam dem Riff, offensichtlich neugierig auf dessen Bewohner. Aber obwohl eine Kanone abgefeuert wurde und hundert Arme freudig winkten, entfernte sich das Schiff wieder nach Osten. Die Stimmung blieb dennoch gut, da man immer noch auf *Fox* und *Daedalus* hoffen konnte.

Zwölf Tage später wurden im Morgengrauen gen Südosten Rahsegel gemeldet. Aus seinen Decken aufgescheucht, befahl Drinkwater, daß der Holzstoß angezündet werden sollte, und kletterte schnell auf die Ausguckplattform. Dort setzte er sein Fernglas ans Auge und erblickte die Rückseite eines Kreuzbramsegels; *Fox* und *Daedalus* hatten die Insel während der Nacht passiert!

Die folgenden achtundzwanzig Stunden waren voller Trübsinn. Sogar Drinkwater schien nichts Neues einfallen zu wollen. Als letzten Ausweg erwog er, das in Qusayr eroberte arabische Boot für eine Seereise ausrüsten zu lassen. Es war zu groß, als daß es an Bord gesetzt werden konnte, und war achtern nachgeschleppt worden. Am nächsten Morgen ließ Drinkwater es an den Strand holen, und sie begannen mit der Reparatur. *Hellebores* Rumpf diente ihnen als Materialquelle, und am Nachmittag wehte wieder ein Hauch Hoffnung durchs Lager.

Beim Abendessen wurde im Osten eine Dhau gesichtet und das

Signalfeuer entzündet; bei Sonnenuntergang war die Dhau noch immer in Sicht. Am Morgen des nächsten Tages stand sie unmittelbar vor dem Riff. Drinkwater ließ sich mit der Gig zu ihr hinausrudern, und eine Stunde später stand Mr. Strangford Wrinch auf dem sandigen Boden von Abu al Kizan.

Neugierig blickte er sich um, prachtvoll anzuschauen in gelben Stiefeln, grüner *galabiya* und weißem Kopftuch. Er lächelte: »Ich hörte durch eine Dhau von der Anwesenheit Unglücklicher auf diesem Riff. Ihr müßt sie vor vierzehn Tagen gesehen haben. Die Leute erzählten mir, daß viele Männer gewinkt hätten und daß ein Wrack in der Nähe lag.«

Er unterbrach sich, sein Gesicht ähnelte mehr denn je einem Falken, dann fuhr er fort: »Ich hörte auch von einem weiteren Schiff, um genau zu sein, von einem französischen Schiff...«

»Santhonax?« fragte Drinkwater eifrig. Wrinch nickte.

»*In'sh Allah*, mein Lieber, es ist der Wille Allahs.«

FÜNFZEHNTES KAPITEL

September 1799

Santhonax

Drinkwater schritt über das geneigte Deck der Sambuke und verfluchte die Behinderungen durch die ungewohnte *galabiya*. Das Kopftuch irritierte ihn noch mehr, da es sein Gesichtsfeld einengte. Er beschloß, sich so bald wie möglich davon zu trennen, und wandte seine Aufmerksamkeit einer Gruppe von Männern zu, die Handfeuerwaffen reinigte und Entermesser schärfte. Die Araber Yussuf ben Ibrahims beobachteten sie aufmerksam und schüttelten die Köpfe über die plumpen Marinewaffen.

Die Sambuke schnitt durch die See, auf Steuerbordbug nach Osten segelnd. Die großen Lateinersegel zogen sie so ungeduldig vorwärts, als wäre das Schiff genauso gespannt auf die vor ihnen liegende Aufgabe wie Drinkwater. Strangford Wrinch kam an Deck, sein grüner Umhang flatterte im Wind. Er nickte Drinkwater zu und lud ihn mit einer Handbewegung ein, sich zu ihm auf einen Teppich zu setzen. Drinkwater gesellte sich zu ihm.

»Nur die Ruhe, Nathaniel«, sagte Wrinch und blickte den Leutnant aus dunklen Augen an. Drinkwater überlegte, daß der Mann kaum älter als er sein konnte. Sie sprachen wieder über die Ereignisse der letzten Wochen und den glücklichen Umstand, daß Wrinch sie so rechtzeitig gefunden hatte.

Zwei oder drei Tage, nachdem Admiral Blankett *Fox* und *Daedalus* hinter *Hellebore* nach Norden geschickt hatte, waren bei Wrinch Nachrichten über ein geheimnisvolles Schiff eingetroffen, das vor der Küste der Gläubigen kreuzte. Bald wurde es als Fregatte identifiziert, mit Santhonax als Kommandant. Offensichtlich hatte dieser die Störung der einheimischen Schiffahrt aufgegeben und im Gegenteil sogar erhebliche Summen aufgewendet, damit sein Schiff sicher durch die Riffe bei Rayikhah und den Umm-Uruma-Inseln gelotst wurde. Wrinch hatte den Admiral von seinen Erkenntnissen unterrichtet, doch der hatte beschwichtigend abgewinkt. Er versicherte dem Agenten, daß der ›verdammte Froschfresser von Ball und Stuart schon niedergemacht‹ werden würde. Außerdem sei ihm der Rückzug aus dem Roten Meer durch die Blockade der Straße von Bab el Mandeb verwehrt. Blankett erkannte nicht den Denkfehler, der daraus bestand, daß die *Leopard,* das Blockadeschiff, bequem auf Reede vor Mocha lag und der kommandierende Admiral an Land residierte, wo er zu Streifzügen in nichts Gefährlicheres als einen Serail willfähriger *houris* aufbrach. Aber Wrinch ließ sich nicht von der Lethargie des Admirals anstecken. Er brach mit einer kleinen Truppe nach Norden auf. Nach einem Überlandmarsch von sechshundert Meilen erreichte er mit seinen *mehari*-Kamelen Jiddah. Die Anstrengungen dieses Marsches tat Wrinch nun mit einem Schulterzucken ab. In Jiddah fand er Yussuf ben Ibrahim, der dort den Luxus genoß, den ihm der Verkauf seiner Prisen ermöglicht hatte. Wrinch stachelte ihn an, und bald war die Sambuke mit den beiden Männern auf dem Weg nach Norden. In Al Wajh wurden die Nachrichten bestätigt, daß nur wenige Seemeilen weiter nördlich ein großes Schiff lag. Seine Kanonen standen an Land. Offensichtlich überholte Santhonax seine Fregatte gründlich, bevor er zu neuen Taten aufbrach.

»Ich verstehe nicht, Strangford, daß er die Arbeiten ausgerechnet an der Hejaz-Küste ausführt. An der ägyptischen Küste hätte er doch Kontakt mit Desaix aufnehmen können und wäre dann völlig sicher gewesen.«

»Lieber Freund«, Wrinch legte Drinkwater freundschaftlich eine Hand auf den Schenkel, »Sie behaupten, den Mann zu kennen, und verstehen doch nicht die Verschlagenheit dieses Schachzugs. Die ägyptische Küste scheint auf den ersten Blick tatsächlich hervorragend geeignet, aber dort würden ihn die Mamelukken ständig beunruhigen. Murad Bey würde ihm keine ruhige Minute gönnen. Bestimmt könnte er kein Stag und keinen Preventer ungestört aufriggen – oder wie die Dinger heißen.«

»Aber Qusayr ist in den Händen der Franzosen, er hätte es dort machen können.«

»Nein. Sie haben doch selbst dort nach ihm gesucht. Natürlich hätte er sich in Qusayr verteidigen, aber sein Schiff nicht um die Kanonen erleichtern können, wie es für die Überholungsarbeiten notwendig ist. Nein, Santhonax brauchte einen abgelegenen Platz, wo ihn niemand vermutet, deshalb war diese versteckte Bucht genau richtig. Die *sharms* an der Hejaz-Küste sind für seine Zwecke ideal, weil es die Mündungen von *wadis* sind, ausgetrockneter Flußtäler, die in flachen, sandigen Buchten enden. Nach See hin sind sie meist durch Korallenriffe vor Überraschungsangriffen und der Brandung geschützt. Das kleine Dorf bietet seinen Männern Abwechslung, und der örtliche Gemeindevorsteher ist mit Leichtigkeit zu bestechen. Santhonax kann sich so einen Monat lang unsichtbar machen, bevor die Nachricht verbreitet wird.«

Wrinch griff unter seinen Umhang und zog ein Papier hervor. »Das sind meine Pläne.«

Drinkwater beugte sich über die Skizzen, seine Spannung wuchs. Er erinnerte sich an den Kriegsrat, den sie im Messezelt auf der steinigen Insel mitten im Roten Meer gehalten hatten. Auch Griffiths war anwesend, lag aber halb bewußtlos in seiner Koje. Die Kraft des Fiebers war gebrochen, und er hatte ein paar Stunden friedlich geschlafen.

Wrinch hatte die Sitzung geleitet, auch Morris hatte sich eingeschlichen. Lestock war von Anfang an gegen das Unternehmen, er sah die Nachteile nicht ein, wenn man Santhonax seine Arbeiten vollenden und entkommen ließ. Appleby wollte natürlich seine kostbaren Patienten nach Mocha gebracht wissen und ließ sich über diesen Gesichtspunkt lang und breit aus. Er schlug vor, die schnelle Sambuke nach Süden zu schicken, damit sie die beiden Fregatten holte; diese sollten dann den Franzosen angreifen.

»Selbst einem Nichtkombatanten wie mir leuchtet es ein, daß zwei Fregatten einer überlegen sein müssen«, schloß der Arzt.

»Das haben wir ja in Qusayr gesehen, Appleby«, sagte Rogers mit neu aufflackernder Ungeduld.

Drinkwater stimmte ihm zu. »Außerdem kann jede Verzögerung dazu führen, daß wir diesen verdammten Franzosen verpassen. Und ich für meinen Teil habe nicht den ganzen langen Weg hinter mich gebracht, um ihn jetzt noch entwischen zu lassen.«

»Bravo, Nathaniel«, sagte Wrinch. »Ich denke, wir können die anderen noch überzeugen. Falls Sie, meine Herren, nicht innerhalb von sieben Tagen von uns hören, schicken Sie Mr. Lestock mit dem vorbereiteten Boot los. Ich lasse Ihnen einen Lotsen hier, der Ihnen den Weg nach Mocha weisen wird.«

Rogers war begeistert von der Idee, Santhonax anzugreifen, Lestock schüttelte den Kopf und murmelte trübe Vorahnungen. Morris verhielt sich ruhig, er hatte noch immer den Gesichtsausdruck eines Mannes, der weiß, daß seine Stunde kommen wird.

Als sich die Versammlung aufzulösen begann, richtete sich Griffiths plötzlich auf, zum ersten Mal wieder bei klarem Bewußtsein. Er war sehr hager und sah um Jahre gealtert aus, aber seine Augen blickten klar und intelligent. Irgendwie glich er einem Kind, das tatendurstig aus einem erfrischenden Nachmittagsschläfchen erwacht.

»Wrinch? Guter Gott, sind Sie's wirklich? Wo, zum Teufel, sind wir? Nathaniel?«

Appleby rief nach Wasser, Drinkwater kniete neben Griffiths' Koje nieder und begann, ihm geduldig die ganze Geschichte zu erzählen. Die kurzen präzisen Fragen des Alten machten vollends klar, daß er wieder völlig bei Sinnen war. Als Drinkwater schwieg, warf er seine Laken zur Seite und stand unsicher auf.

»Gentlemen, da gibt es nichts mehr zu debattieren. Treffen Sie Ihre Vorbereitungen, ich werde das Unternehmen selbst kommandieren. Nathaniel, suchen Sie vierzig zuverlässige Männer aus. Mr. Rogers, geben Sie die Waffen für den Nahkampf aus! Mr. Lestock, Sie übernehmen in meiner Abwesenheit den Oberbefehl, Mr. Appleby wird Sie unterstützen.«

Er schwankte ein wenig, aber mit eiserner Energie riß er sich zusammen.

»Vielleicht darf ich Sie daran erinnern, Commander Griffiths, daß ich weit genug hergestellt bin, um hier in Ihrer Abwesenheit das Kommando übernehmen zu können.« Morris hatte zum ersten Mal das Wort ergriffen. Drinkwater wollte protestieren, aber Morris setzte schnell hinzu: »Nach Ihnen, Sir, bin ich der dienstälteste Offizier.« Seine Augen suchten die Drinkwaters, Befriedigung lag darin.

»Ja, natürlich, Mr. Morris. Sie können die Invaliden und Krüppel kommandieren. Wir anderen werden den Fuchs in seinem Bau aufstöbern.«

Drinkwater gefiel das Arrangement überhaupt nicht. Morris würde jetzt seinen Einfluß auf Dalziell und den verstörten Bruilhac vergrößern, vielleicht auch Quilhampton, Catherine Best und Appleby gegen ihn einnehmen. Schlimme Vorahnungen stiegen in ihm auf, aber da wurde er von Wrinch abgelenkt.

»Nat, wir müssen die drei Grundsätze der Kriegführung sorgfältig beachten: Einfachheit des Plans, sorgfältige Vorbereitung der Einzelheiten und Überraschung bei der Durchführung.«

Nach Sonnenuntergang erreichten sie Al Wajh und ankerten. Ein kleines Boot wurde ausgesetzt, Wrinch und Yussuf gingen damit an Land. Yussufs Männer saßen zusammen und rauchten Haschisch. Drinkwater wies seine Leute nochmals in ihre Aufgaben ein. Unter den vierzig ausgesuchten Männern waren Tregembo und Kellet sowie die meisten Toppsgasten, außerdem Mr. Trussel und die besten Stückführer, auch Rogers war mit von der Partie. Quilhampton hatte mitkommen wollen, aber das hatte Drinkwater untersagt. Er hatte dem Fähnrich ein Päckchen Briefe anvertraut, die dieser im Falle seines Todes öffnen sollte.

Nun ging er unter Deck und fand Griffiths friedlich in seiner Hängematte schlafend. Er hoffte, daß der Kommandant bei dem bevorstehenden Angriff an Bord der Sambuke bleiben würde, da er durch das Fieber noch entkräftet war. Beruhigt kehrte Drinkwater an Deck zurück und rollte sich zusammen, aber der Schlaf wollte nicht kommen. Unruhig wälzte er sich hin und her, schließlich richtete er sich auf und lehnte sich ans Schanzkleid. Die Sterne über ihm zogen unbeirrt ihre Bahn, die Düfte von Al Wajh wehten streng herüber. Er dachte an Elizabeth und ihr Kind, und es berührte ihn seltsam, daß er nicht »mein Kind« denken konnte, solange er es noch nicht gesehen hatte. In der Dunkelheit flüsterte er ihren Namen laut genug, daß er Gestalt gewann und ihm die Gewißheit verlieh, daß es eine braunhaarige Frau gab, die ein Kind von ihm an ihrer Brust hatte. Das war die Realität und nicht der Nathaniel Drinkwater, der wie ein arabischer Viehdieb verkleidet an Deck herumsaß. Bei diesem Gedanken sank er in Schlummer.

Das Poltern eines Bootes längsseits weckte ihn. Wrinch war zurückgekehrt, und schon wurde der Anker gehievt. Während der nächtlichen Flaute wurde die Sambuke von vier Riemen weitergerudert, und bald machten sie an einer steinernen Pier fest. Die Luken wurden geöffnet und die Rahen als Ladebäume benutzt; an ihnen schwangen die drei Sechspfünder vorsichtig an Land. Der Morgen dämmerte, bis das letzte Geschütz auf der Lafette stand, dann setzte sich der Zug unter der Führung Mr. Trussels in Bewegung.

Wrinch kam herüber, um sich zu verabschieden. Er besprach sich mit Griffiths, der noch immer sein unförmiges Nachthemd trug.

»Es ist alles vorbereitet, Madoc. Ich hatte genug Gold zur Hand. Deine Kanonen waren zudem ein überzeugendes Argument. Nathaniel ist in alle meine Pläne genau eingeweiht. Was dich selbst angeht, mein Lieber, so mute dir nicht zuviel zu. Es ist völlig ausreichend, daß du mitgekommen bist, laß den Angriff von Nathaniel führen.«

»Ich bin Marineoffizier und kein verschämtes Schulmädchen, um das man sich Sorgen machen muß«, brummte Griffiths. »Nun hau schon ab. Brenne das Blaulicht ab, wenn du auf Station bist, und du wirst uns bereit finden.« Er streckte die Hand aus. »Auf daß wir unseren Erfolg in Santhonax' Kajüte mit seinem Wein begießen können!«

Nathaniel schüttelte Wrinch die Hand. »Viel Glück, Strangford, hoffentlich gefällt Allah unser kleines Unternehmen.«

Kaum war Wrinch verschwunden, als die Briten sich unter Deck verbargen und Yussuf ben Ibrahim seine berauschte Mannschaft zur Arbeit antrieb. Ohne Mißgeschick gewann die Sambuke die hohe See, und zwei Stunden nach Sonnenaufgang stürmte sie mit schäumender Bugwelle nach Norden. Drinkwater machte sich klar, daß er hier nur Passagier war, und schlief tief wie ein Kind.

Im Lauf des Vormittags ließen sie die Rayikhah-Inseln hinter sich, änderten Kurs auf Nordost und hielten auf Ras Murabit zu. In Landnähe begannen sie zu fischen, und nachmittags gesellten sich zwei Fahrzeuge zu ihnen, die demselben Geschäft nachgingen. Gegen vier Uhr, die Berge des Hejaz zeichneten sich scharf gegen den makellos blauen Himmel ab und die Küste flimmerte im Sonnenlicht, sahen sie die Fregatte. Zuerst war sie noch winzig, aber als sie sich in Gesellschaft der anderen Fischer näherten, wuchsen die Umrisse schnell. Sie erkannten, daß sie aufrecht schwamm und ihre Rahen gekreuzt hatte. Offensichtlich hatten sie die Überholungsarbeiten beendet und bereiteten sich darauf vor, in See zu gehen.

Als der Wind gegen Abend einschlief, näherten sie sich nur noch langsam. Wieder wurden die Briten unter Deck geschickt, nur die Offiziere in ihrer arabischen Kleidung durften oben bleiben. Commander Griffiths sah blaß und angespannt aus, seine Augen ließen das gegnerische Schiff nicht mehr los.

Der Franzose lag in einem *sharm,* einer löffelförmigen Vertiefung der Küstenlinie. Ein paar mickrige Mangroven standen am Ufer, und die viereckigen Umrisse einiger Lehmhütten duckten sich in den Schatten von Palmen. Am Ende des *sharms* wand sich das ausgetrocknete *wadi* bergaufwärts. Von dort würde sich Wrinch nähern.

Frech, mit der untergehenden Sonne im Rücken, näherte sich die Sambuke Al Mukhra, Yussufs Mannschaft schimpfte lautstark über die Fischknappheit bei Rayikhah und flehte Allahs Zorn auf die Ungläubigen herab, die Ägypten überrannt hatten. Die Männer aus Al Mukhra waren offensichtlich gleicher Meinung, sie deuteten auf die französische Fregatte und machten obszöne Gesten. Drinkwater konnte den Sinn der Gespräche gut verstehen, da sie von eindeutiger Mimik begleitet waren. Auch wenn Santhonax den Gemeindevorsteher mit Bestechung auf seine Seite gezogen hatte, so waren die Einwohner doch keinesfalls Freunde der Franzosen.

Drinkwater merkte sich gut die Ansteuerung des *sharm.* Die Fahrrinne schien breit und tief zu sein. Er beobachtete die Fregatte sorgfältig, bedacht darauf, daß kein Sonnenstrahl auf die Linse seines Fernglases fiel. Eine halbe Stunde später ankerten sie vor dem Strand und trafen ihre Vorbereitungen für die Nacht.

Die Fischlast der Sambuke bot ein bizarres Bild, denn die Briten bereiteten sich in dieser drangvollen, stinkenden Enge auf das Gefecht vor. Sie hatten ihre Gesichter mit Ruß geschwärzt. Die beiden Leutnants kontrollierten ihre Männer, dann gingen sie nach achtern zu Griffiths, der dort auf einer Rolle Tauwerk saß. Seit dem Daedalusriff hatte er kaum gesprochen.

»Wir sind bereit, Sir«, meldete Drinkwater. »Ich bin ziemlich sicher, daß sie noch nicht voll ausgerüstet ist, dafür hat sie zu wenig Tiefgang; außerdem steht noch ein großes Zeltlager am Ufer.

Ein Boot hat abgelegt, als wir ankerten, kehrte aber bald wieder zurück. Die Landbrise rührt sich schon, deshalb werden wir nur wenige Segel benötigen, um hinüberzugelangen.«

» *Da iawn,* Mr. Drinkwater, gut gemacht. Sie wollen gleich ablegen, nicht wahr?«

»Aye, Sir, in wenigen Minuten.«

»Haben Sie unseren gemeinsamen Freund erspäht?«

»Santhonax? Nein, Sir.«

Griffiths grunzte. »Also viel Glück. Ich hoffe, Wrinch hat diesem Mohren eingeschärft, daß er sich nicht von der Stelle rühren darf, bis das Blaufeuer zu sehen ist.«

»Gewiß, Sir. Außerdem wird sich Yussuf ohnehin nicht rühren, ehe er die Gewißheit hat, daß er auf der Seite der Sieger steht.«

»Dann ab dafür, *bach,* und seid vorsichtig.«

Drinkwater ging über Deck, das kleine Dingi dümpelte schon längsseits. Rogers verabschiedete ihn.

Yussuf ben Ibrahim stand ebenfalls an Deck und rauchte mit seiner wildäugigen Mannschaft Haschisch. Der Mond war aufgegangen. Seine schmale Sichel war ein gutes Vorzeichen, jedenfalls versuchte Drinkwater dies dem Araber klarzumachen. Yussuf grinste verständnisinnig. » *In'sh Allah*!« stieß er hitzig hervor, zog seinen Krummsäbel und ließ die Klinge im fahlen Mondlicht blitzen.

»Viel Glück, Drinkwater«, sagte Rogers und streckte ihm die Hand hin. »Sie lassen sich da zwar auf ein verzweifeltes Unternehmen ein, aber wenn es erfolglos sein sollte ...« Er ließ den Satz unvollendet.

»Wenn es erfolglos ist, dann haben wir alle keine Zukunft vor uns, Samuel.«

Nat ergriff die Hand des Mannes und suchte in der Dunkelheit seine Augen. Rogers hatte sich seit dem Verlust der Brigg verändert. Drinkwater stellte fest, daß er den Mann allmählich mochte.

»Viel Glück auch Ihnen, Samuel!«

Er stieg in das kleine Boot, setzte sich nach achtern und sah, daß Tregembo und Kellet an den Riemen saßen; ein weiterer Toppgast namens Barnes kauerte im Bug. Drinkwater warf die *galabiya* ab. Sie umfuhren das Heck der Fregatte im weiten Abstand, und als sie nach einer Dreiviertelstunde ihre Position erreicht hatten, näherten sie sich ihr langsam von Steuerbord. Barnes machte im Dunkeln die Fangleine des Bootes lautlos an der dicken, hänfenen Ankertrosse fest, Kellet und Tregembo holten vorsichtig die Riemen ein, und die vier Männer warteten schweigend unter dem Bug mit der Galionsfigur. Sie hatten ihren Teil erfüllt, das Gelingen des Plans lag nun bei Wrinch.

Geräusche erreichten sie: das Quietschen eines Schiffes vor Anker, ein paar gepfiffene Takte des *Ça ira,* gedämpftes Gelächter, leise Unterhaltungen, die anzeigten, wo die Deckswache ihr Garn spann und Karten spielte. Einmal hörten sie ein lautes Räuspern, etwas klatschte dicht neben ihnen ins Wasser. Die Minuten schlichen dahin, ein Mann kam nach vorn und benutzte das Klo. Die Männer verharrten in stoischer Ruhe. Als der Mann oben fertig war, zischte Mr. Trussels Rakete durch die Nacht und barst über Al Mukhra mit fahlem blauem Licht. Eine kleine Ewigkeit herrschte oben gelähmtes Schweigen, dann füllte sich die Back der Fregatte mit Männern. Aufgeregt schwatzend zeigten sie zum Land. Drinkwater machte eine Handbewegung, und Barnes fierte die Leine weiter auf, so daß sie mit dem Schatten des Vorschiffs verschmolzen. Sie mußten warten, bis Griffiths mit der Sambuke die Franzosen ablenkte.

Drinkwater blickte zum Land. Blitz und Donner zeigten an, wo Mr. Trussels Sechspfünder standen. Die Abschüsse erhöhten die Erregung und die Spekulationen an Deck. Das Geschrei angreifender arabischer Reiter war zu vernehmen, dazwischen die Rufe überraschter Franzosen und die Kommandos ihrer Offiziere. Schattenhafte Bewegungen um die flackernden Feuer verrieten, daß der Nahkampf begonnen hatte. Auch auf der Back wurden jetzt Kommandos gegeben.

Eine heftige Detonation ließ Drinkwaters Ohren klingen, eine Pulverwolke hüllte ihn ein. An Bord hatte man ein Buggeschütz bemannt und schoß auf gut Glück in Richtung Land. Niemand sah, wo das Geschoß einschlug. Nach zwei Minuten folgte der nächste Schuß. Drinkwater wünschte sich ein Tuch, das die Seeleute im Gefecht über die Ohren zu binden pflegten. Doch da vernahm er einen anderen Ausruf. Ein scharfes: *»Qui va là?«* ertönte mittschiffs, die Männer strömten von der Back nach achtern, um sich gegen die Bedrohung durch die Sambuke zu wehren.

»Jetzt, Jungs!« Lautlosigkeit spielte nun keine Rolle mehr.

Drinkwater schwang sich an den Schnitzereien empor und pendelte einen Augenblick, dann zog ihn Tregembo hoch. Drinkwater hangelte sich weiter hinauf und erreichte die stinkenden Grätings des Abtritts; er wischte sich den Unrat am Bugspriet von den Händen, dann waren auch seine Männer heran. Sie sprangen auf die verlassene Back.

»Ist mit dem Boot alles in Ordnung?«

»Aye, Sir«, antwortete Tregembos vertraute Stimme. Er war seit dem Abend in Qusayr beleidigt, als Drinkwater ihn zurückgelassen hatte, aber das spielte im Augenblick keine Rolle.

Sie glitten um den Vormast und sahen, daß sich die Kuhl mit Männern aus dem Unterdeck füllte. Die Sambuke lag schon längsseits. Mehrere Briten standen auf dem Schanzkleid der Fregatte, darunter Leutnant Rogers, der mit dem Säbel um sich hackte. Drinkwater erkannte auch Yussuf mit seinem gefährlichen Krummsäbel.

»Aufwärts geht's!« ermunterte er seine Männer und schwang sich in die Vormastwanten. Tregembo folgte ihm, Kellet enterte auf der anderen Seite auf. Nach unten blickend, sah Drinkwater, daß das Deck der Sambuke nun leer war, aber in der Kuhl der Fregatte tobte ein Kampf Mann gegen Mann; Klingen blitzten, gelbes Mündungsfeuer flackerte. An Land rollten die Kanonensalven und ertönten die markerschütternden Kampfschreie der arabischen Reiter.

Drinkwater erreichte die Vormarsrah und legte auf dem Fußpferd aus. Er zog sein Bordmesser und begann, die Zeisinge zu zerschneiden. Tregembo klarierte die Gordings und Geitaue. Nach und nach fiel das große Segel in schweren Falten nach unten und stand nun back gegen den Mast. Mittschiffs hatte der Kampf immer noch nicht an Heftigkeit verloren, als sie wieder an Deck standen.

»Nach unten, Jungs!« Er dirigierte seine kleine Truppe durch den Niedergang. Das Geschützdeck war verlassen. Im Licht einer Laterne sahen sie, daß sechs Kanonen schon an Ort und Stelle waren. Die leeren Lafetten der übrigen standen vor den Geschützpforten, ein unordentliches Durcheinander von Leinen, Blöcken, Taljen und Handspaken deutete auf einen arbeitsreichen Tag hin. »Schlampige Hunde«, murmelte Barnes und folgte Drinkwater zur Ankertrosse. Dort säbelten sie munter drauflos.

»Nicht zu viel, Barnes«, sagte Drinkwater. »Bei dem backstehenden Vormarssegel muß allerhand Zug auf der Trosse sein. Aber sie darf erst brechen, wenn wir alles bereit haben.«

Drinkwater rannte mit Tregembo und Kellet nach achtern. Ihm war klar, warum keine Enternetze geriggt worden waren. Erstens hätten sie beim Übernehmen der Kanonen behindert, zweitens hatte sich Santhonax hier völlig sicher gefühlt. Noch ein Tag, und das Schiff wäre auch wieder seetüchtig gewesen. Sie waren gerade noch rechtzeitig gekommen. Über ihren Köpfen ging der Kampf weiter, zeitweise konnten sie die stampfenden Beine einiger Franzosen erkennen; aber sie kümmerten sich nicht um die Gegner und trotteten nach achtern. Drinkwater stieg ins halbdunkle Wohndeck hinab.

Überraschte Schreie und Wimmern begrüßten sie. Drinkwater ergriff die einzige Laterne und ging weiter nach achtern. Endlich fanden sie die Steuerseile hinter dem Wohnverschlag der Seekadetten. Er fühlte sich plötzlich an das höllische Loch auf *Cyclops* erinnert. Fast hatte er befürchtet, keine Steuerseile vorzufinden, aber Santhonax hatte schon neue einscheren lassen. Sie schnitten sie an den Leitblöcken zum Oberdeck durch und legten das Ruder auf hart Backbord.

»Ihr bleibt beide hier.« Drinkwater ließ die Laterne bei Tregembo und Kellet und rannte nach vorn ins Geschützdeck zu Barnes.

»Kapp jetzt das verdammte Ding, Barnes!«

»Aye, aye, Sir!«

Drinkwater erreichte das Oberdeck und stieß auf mehrere Franzosen. Er zog seinen Degen, aber sie teilten sich vor ihm, ihr Widerstand war gebrochen. Gegen Griffiths und Rogers mit ihren zwei Dutzend Männern hatte eine Ankerwache von sechsunddreißig Mann und ein Leutnant gestanden. Der Offizier lag schwer verwundet an Deck, er hatte seinen Degen Griffiths übergeben. Der Kommandant stand vor Erregung zitternd da, sein weißes Haar klebte schweißnaß am Kopf, die Klinge seines Degens glänzte dunkel. Hinter Griffiths wartete Yussuf ben Ibrahim, die Arme wie ein Haremswächter gekreuzt, und belauerte mit seinen Männern die überraschten Franzosen. Sie hofften darauf, daß sie sich zur Wehr setzen würden.

Barnes triumphierender Schrei verriet, daß die Ankertrosse

gebrochen war.

»An die Vormarsfallen und klar bei Vormarsbrassen und -schoten!« Eine kleine Gruppe rannte an die Nagelbänke. Das Vormarssegel stieg in die Nacht hoch und preßte sich gegen den Mast. Drinkwater blickte über die Seite, das Schiff nahm schon Fahrt über den Achtersteven auf.

»Mr. Rogers, setzen Sie die Gefangenen fest!« befahl Griffiths.

»Wir haben die Steuerseile gekappt, Sir, die Pinne ist bemannt. Sobald wir alles unter Kontrolle haben, lasse ich die Steuerseile wieder spleißen. Wir machen jetzt Fahrt achteraus, und die Brassen sind bemannt, Sir«, meldete Drinkwater.

»*Da iawn*. Vordeck, Achtung! Hol durch die Backbordbrassen!«

Der Bug der Fregatte drehte langsam nach Steuerbord, der Druck auf das backgebraßte Segel verstärkte die Drehung. Lärm und Mündungsfeuer des Gefechts an Land lagen jetzt schon querab. Das Luvliek des Segels fing an zu killen.

»Los die Brassen und hol die Schoten!« schrie Griffiths, dann wandte er sich ruhig an Drinkwater: »Sehr gut. Jetzt lassen Sie Stützruder legen und die Steuerseile spleißen.«

Drinkwater eilte nach unten. Tregembo und Kellet fingen die Drehung des Schiffes durch entsprechende Ruderlage auf, dann beaufsichtigten sie die Reparatur der Seile. Inzwischen postierte Drinkwater eine Meldekette, die die Ruderkommandos weiterleitete. Die Vormarsrah war jetzt vierkant gebraßt, die Fregatte glitt seewärts.

»Ist das Blaulicht klar, Mr. Rogers?«

Nach kurzer Suche fanden sie die Rakete, sie hatte noch auf der Sambuke gelegen, die weiterhin längsseits scheuerte. Die Rakete wurde gegen die Heckreling gelegt und nach einigen Verzögerungen gezündet. Sie zischte himmelwärts und explodierte mit einem blauen Lichtball, der den *sharm* in trügerische Helligkeit tauchte. Nicht lange darauf zündete auch Mr. Trussel an Land seine Rakete.

»Nun wißt ihr, warum der Stückmeister ›Old Bluelights‹ genannt wird«, meinte Rogers keck. Drinkwater kicherte, dann ging er zum Kompaß hinüber, um den Kurs zu überprüfen. Es war alles nach Plan gelaufen, beinahe zu einfach. Vorne wurden die

Franzosen zusammengetrieben, eine der Quarterdeckkarronaden war binnenbords gedreht worden und hielt sie in Schach. Topp-gast Barnes saß lässig auf ihrem Rohr, eine langsam brennende Lunte in der Hand; mit der anderen bohrte er sich genüßlich in der Nase. Tregembo stand wachsam daneben und beobachtete mit tiefem Mißtrauen Yussuf ben Ibrahim.

Drinkwater wischte seinen Degen ab und steckte ihn weg, dann ging er nach achtern und stellte sich neben Griffiths.

»Meine Glückwünsche, Sir.«

»Danke, Nathaniel. Die Mannschaft hat ihre Aufgabe hervor-ragend erfüllt.«

»Danke, Sir ...« Er wollte mehr sagen, aber plötzlich sah er den Schreck in Griffiths' Gesicht.

»Hinter dir, *bach*!«

Er fuhr herum und sah einen Mann auf dem Schanzkleid ste-hen, nur etwa sechs Fuß entfernt. Als seine Pistole bellte, erkannte Drinkwater ihn. Der Lichtblitz, der von der Zündpfanne auf-leuchtete, erhellte die Züge von Edouard Santhonax. Sein Gesicht war vor Wut über das plötzliche Wiedersehen verzerrt.

Sechzehntes Kapitel

September 1799

Der Sold der Admirale

Es entbehrte nicht einer gewissen Ironie, daß es Santhonax' schnelle Auffassungsgabe war, die Drinkwater das Leben rettete. Der brillante Offizier hatte Nathaniel Drinkwater trotz der schlechten Lichtverhältnisse erkannt und in der Überraschung nicht mit der üblichen Sorgfalt gezielt. Drinkwater hatte den Arm schützend vors Gesicht gerissen, so flog die Kugel einen Zoll von seinen Rippen entfernt vorbei.

»*Vous!*« heulte der Franzose in fassungsloser Wut auf. Er schleuderte die Pistole von sich und sprang mit gezogenem Degen an Deck. Drinkwaters Waffe fuhr kratzend aus der Scheide. Weitere Franzosen kletterten übers Schanzkleid. Auf dem Vordeck entstand heftiges Gedränge, als die Gefangenen ihren Kommandanten erkannten. Drinkwater hörte Griffiths Ruderkommandos geben, während Santhonax ihn lauernd umkreiste. Vorn brüllte plötzlich die Karronade auf. Barnes hatte sie gezündet, als die Franzosen nach achtern eilen und in den Kampf eingreifen wollten. Viele fielen schreiend an Deck.

Neben Drinkwater griff Yussuf die drei Offiziere und das halbe Dutzend Seeleute an, die Santhonax gefolgt waren. Stahl traf auf Stahl. Aus den Augenwinkeln sah er, daß Griffiths mit einer Pistole auf Santhonax zielte. Drinkwater wehrte verzweifelt den Angriff des Franzosen ab, Yussufs Krummsäbel hackte erbarmungslos zu seiner Rechten. Er wußte nicht, wie es geschah, aber plötzlich sank Santhonax rückwärts gegen das Schanzkleid, sein Degen hing nutzlos vom Handgelenk, seine linke Hand hatte er an die rechte Schulter gepreßt. Drinkwater drehte sich um und sah noch, wie Griffiths fiel, einen roten Fleck auf der Brust. Sechs

Fuß von ihm entfernt stand ein französischer Offizier, die rauchende Pistole in der Hand.

Santhonax war Drinkwater entgangen, also stürzte er sich voll Mordlust auf den Offizier. Der französische Degen sang in seiner Hand, die Klinge biß in die Schulter des Gegners, schnitt über Schlüsselbein und Rippen, öffnete eine große blutige Wunde quer über die Brust. Drinkwater drückte die Klinge mit seiner ganzen Kraft in den Körper. Um ihn herum hatten seine Männer Santhonax' Entermannschaft umzingelt, das Gefecht entwickelte sich zu einem Massaker. In seinem Innern wußte Drinkwater, daß Griffiths sterben würde. Dafür schlitzte er dem Todesschützen auch noch den Bauch auf und durchbohrte ihn vollständig.

Nach diesem Akt der Rache drehte er sich um. Yussuf ben Ibrahim lag auf den Decksplanken, Kopf und Brust von den Klingen dreier Franzosen gespalten; aber diese waren gleich darauf von den Gefolgsleuten Yussufs niedergemacht worden. Nach fünf Minuten war alles vorbei.

Die Steuerseile waren repariert, das Schiff wurde wieder vom Ruderrad aus gesteuert. Drinkwater wandte sich an die auf dem Boden kauernden Franzosen und deutete auf Santhonax. »Kümmert euch um ihn!«

Dann eilte er nach achtern zu Griffiths. Tregembo hatte schon das Hemd des Commanders geöffnet, sie fanden den Einschuß über dem Herzen. Schwarzes Blut sickerte dem Alten aus dem Mundwinkel, das Atmen kostete ihn viel Mühe. Sie richteten ihn auf und lehnten ihn gegen eine Karronade.

Rogers näherte sich.

»Geht es ihm schlecht?« Drinkwater nickte. »Welchen Kurs sollen wir steuern, Nat?«

»West, genau West. Setzt das Großmarssegel und dann das Vormarsstagsegel . . . Und schafft die verdammten Froschfresser unter Deck.«

»Viele sind nicht übriggeblieben. Barnes hat die meisten weggepustet.«

Rogers eilte davon, vergewisserte sich über den anliegenden Kurs und rief dann die Seeleute am Fuß des Großmasts zusammen. Drinkwater wandte sich wieder Griffiths zu. Die Lippen des alten Mannes formten fast tonlos einen Namen: »Santhonax?«

Drinkwater warf einen schnellen Blick auf den französischen

Kommandanten. Er lag noch immer bewußtlos am Schanzkleid.

»Tregembo, achte darauf, daß der Bursche hinter Schloß und Riegel kommt, sowie er sich rührt.«

»Irre ich mich, oder ist es derselbe, den wir schon mal gefangengenommen haben, Sir?«

Drinkwater nickte müde. »Du irrst dich nicht, Tregembo.«

Er rief nach Wasser, aber Griffiths verschluckte sich daran. Er winkte ab. »Nützt nichts, *annwyl*«, flüsterte er angestrengt. »Dafür ist es zu spät ... Ich habe meine Pflicht getan ...«

Ein Matrose näherte sich mit einem Bootsmantel, und sie versuchten, Griffiths bequemer zu lagern; aber als sie ihn bewegten, hustete er nur mehr Blut. Seine Augen waren geschlossen, Schweiß lief ihm über das Gesicht, als würde ein Schwamm ausgedrückt.

Nathaniel legte einen Arm um ihn, um die Verkrampfung der Brustmuskulatur zu lösen. So spürte er die letzten heftigen Erschütterungen, als sich Griffiths an seinem Blut verschluckte und erstickte. Er fühlte, wie der Lebenswille erlosch. Griffiths öffnete noch einmal die Augen, sie glichen schwarzen Löchern in dem leichenblassen Gesicht. Rasch verloren sie ihren Glanz und verglommen wie Funken in einem erlöschenden Feuer.

Am Nachmittag desselben Tages holten sie Mr. Trussel mit seinen Männern in Al Wajh ab. Und als Wrinch eintraf, hatten sie die Fregatte schon gut in der Hand. Die Franzosen waren zur Arbeit herangezogen worden, sie räumten im Geschützdeck auf, das Rigg wurde klariert.

Trussels freudige Blicke wanderten über das Schiff. »Das ist ein echter Fortschritt, Mr. Drinkwater.«

»Ja, das stimmt, Mr. Trussel«, sagte Drinkwater ernst. »Aber wir haben mit dem Tod des Kommandanten einen hohen Preis dafür bezahlt.«

»Verzeihung, Sir, das wußte ich nicht ...«

»Schon gut, Mr. Trussel. Wie sieht es mit Ihren Kanonen aus?«

Die Trauer auf dem faltigen Gesicht vertiefte sich. »Alle weg, Sir. Alle meine kleinen Schönheiten sind verloren, aber wir haben hier doch sicher genug Ersatz?«

»Nein, wir sind nur leicht bewaffnet, Mr. Trussel, mit Karronaden und einem halben Dutzend Kanonen im Geschützdeck unten. Die anderen Kanonen hatten die Franzosen noch an Land. Aber was ist mit Ihren Geschützen geschehen?«

»Diese verdammten arabischen Karren fielen nach einem halben Dutzend Schüssen auseinander. Also mußten wir sie wie reguläre bespannte Artillerie benutzen. Danach mußte ich meine schwarzen Schönen in der Wüste zurücklassen, und das tut mir sehr leid.«

»Schon gut, Mr. Trussel.« Drinkwater senkte die Stimme. »Sie finden in der Achterkajüte eine Flasche Wein, bedienen Sie sich sparsam.«

Trussels Augen glänzten wieder. Drinkwater wandte sich jetzt Wrinch zu: »Einen Augenblick noch, Mr. Wrinch, wenn ich bitten darf. Achtung, Vordeck – an die Brassen! Hart Steuerbord, neuer Kurs ist Nordwest zu West!«

»Nordwest zu West, aye, aye, Sir.«

Sie braßten die Rahen und setzten mehr Segel. Die Bramsegel wurden hochgeholt, die Fock wurde ausgeschüttet. Die Fregatte schnitt zunehmend schneller durchs Wasser, und Drinkwater hätte eigentlich Triumph verspüren sollen.

»Ich war unten und wollte mit Griffiths sprechen«, begann Wrinch. »Es tut mir so leid um ihn. Was ist passiert?«

»Er bekam eine Pistolenkugel in die Lunge, als er versuchte, mich vor Santhonax zu retten.«

»Also haben Sie den Franzosen gefangen?«

Drinkwater nickte. »Ja. Griffiths hat ihm in die Schulter geschossen. Er ist sehr schwach, aber er lebt. Er hat uns in einem Boot verfolgt und geentert, als wir uns schon sicher fühlten. Yussuf wurde im Handgemenge getötet.«

»Ich weiß, seine Männer erzählten es mir.«

»Wie ist es Ihnen ergangen? Ihr Plan hat jedenfalls hervorragend funktioniert.«

Wrinch lächelte dünn. »Nun ja, beinahe. Die Geschütze waren für uns fast schrecklicher als für den Feind, obwohl die Schüsse aus dem Dunkel schon sehr verwirrend gewesen sein müssen. Die beiden Scheichs, deren Reiterei ich führte, lebten in Blutrache mit dem Mann in Al Mukhra, von dem Santhonax seine Sicherheit erkauft hatte. Ich bot ihnen Gold, erzählte von den Geschützen und dem Ablenkungsangriff über See, da waren sie kaum noch zu zügeln. Die verdammten Kanonen machten uns eine Menge Arbeit, aber wir konnten sie in Stellung bringen, ohne daß die Franzosen etwas merkten. Die Wagen flogen nach den ersten Salven auseinander, haben aber ihren Zweck erfüllt. Meine Kavallerie war ausgezeichnet! Haben Sie schon mal arabische Reiterei gesehen? Sie ist ständig in Bewegung, wie Fließsand. Der Feind floh aus Zelten und Hütten, wir verfolgten ihn bis ins Unterholz ...« Er machte eine Pause, offensichtlich hatte er den toten Griffiths vergessen, so berauschte ihn die Erinnerung. »Wir haben vier Männer verloren, Nathaniel, vier Männer, die nun mit Allah im Paradiese wandeln. Aber wir haben dafür Unzählige getötet. Es gibt keinen lebenden Franzosen mehr in Al Mukhra.«

Ein fremdartiges, erbarmungsloses Glitzern stand in Wrinchs Augen, als er beschrieb, wie die heilige Erde des Hejaz von den Ungläubigen befreit worden war. Drinkwater gewann den Eindruck, daß Wrinch dem Islam anhing. Religion und Patriotismus hielten den Mann in seinem selbstgewählten Exil fest, unter den wilden Reitern mit ihrer fremdartigen Zivilisation und auch ihrer Barbarei. Aber war sein eigenes Leben nicht auch eine Mischung aus Gegensätzlichkeiten: Brutalität und Ehre, Tod und Pflicht? Wie um seine Gedanken zu bekräftigen, fragte Wrinch schließlich: »Soll ich Santhonax kurieren?«

Drinkwater nickte. »Wenn Sie so freundlich sein wollen? Ich wünschte, daß Ihre Fähigkeiten auch Griffiths hätten helfen können.«

»Der Tod, mein lieber Nathaniel«, antwortete Wrinch, eine Hand vertraulich auf Drinkwaters Schulter legend, »der Tod ist der Sold der Admirale.«

SIEBZEHNTES KAPITEL

September–Oktober 1799

Eine Verkettung unglücklicher Umstände

Drinkwater starrte nach achtern, wo das Daedalusriff hinter dem Horizont versank. Er fühlte eine große Leere in sich, der Verlust Griffiths' war ihm in seiner ganzen Schwere noch gar nicht bewußt geworden. Er wußte, daß die Trauer noch kommen würde. Sie hatten ihn zwischen struppigem Seegras begraben, nicht weit vom ausgebrannten Wrack seines Schiffes entfernt. Einige Matrosen hatten während des kurzen Begräbnisses geweint. Es war schon merkwürdig, daß er, der doch dem Commander am nächsten gestanden hatte, nichts fühlte. Auch Catherine Best hatte geweint, an der Schulter Applebys.

Drinkwater seufzte. Die Riffinsel war hinter der Kimm verschwunden. Griffiths und *Hellebore* gehörten der Vergangenheit an, ein alltäglicher Vorgang im Leben eines Seemannes, so herzlos sich das auch anhören mochte. Was Gott der Herr gab, konnte er auch nehmen. Das war so sicher wie die Tatsache, daß auf den Morgen ein Abend folgte. Drinkwater drehte sich um und schritt über das geräumige Deck der Fregatte. Wenn der Wind dreht, muß man an die Brassen, so war das Leben, jetzt und immer; und nach Griffiths kam Morris.

Sie hatten zwei Tage gebraucht, um die Vorräte vom Daedalusriff abzubergen. Zwei Tage harter Arbeit, mit ständigem Antreiben der Mannschaft. Die große Fregatte mußte draußen auf und ab stehen. Die Boote mußten hin- und hergerudert werden, Kisten, Ballen und Fässer an Bord gehievt werden. Der Mangel an Matrosen war deutlich spürbar gewesen, so hatten die Offiziere ihre Jacken abgelegt und selbst mit zugepackt.

Morris hatte auf Grund seines Dienstalters das Kommando

übernommen. Das war nicht zu ändern. Drinkwater hatte sich nicht dagegen aufgelehnt, obwohl er im stillen sein Pech verfluchte. Doch so etwas passierte Marineoffizieren jeden Tag; er konnte nur hoffen, daß Morris in Mocha wieder auf sein Schiff zurückkehren würde.

Drinkwater flüchtete sich in seine Arbeit, und zu tun gab es mehr als genug. Er schritt weiter auf und ab, die sinkende Sonne beleuchtete die Steuerbordseite der Fregatte, so daß die Verzierungen leuchteten. Sie war wirklich eine Schönheit und hieß *Antigone*. Sie war mit der *Pomone* baugleich, die am St.-Georgs-Tag des Jahres 1794 von Sir Johns Flottille erobert worden war. Zwar hatten sie nur sechs der großen Geschütze an Bord, aber alle Karronaden auf der Back und dem Quarterdeck waren zur Stelle, außerdem mehrere Drehbassen. Bei ihrer kleinen Besatzung waren das gerade so viele Waffen, wie sie bedienen konnten.

Drinkwater faltete die Hände auf dem Rücken, bog das Kreuz durch und blickte nach oben in die Segelpyramiden, die sich im Licht des Sonnenunterganges rot färbten. Das Schiff würde von der Admiralität unzweifelhaft angekauft werden. Sie mußten es nur heil nach Hause bringen. Seine Gedanken schweiften zu dem zu erwartenden Prisengeld ab, er würde ein hübsches Sümmchen bekommen. Für solch ein schmuckes Schiff betrug Griffiths' Anteil ungefähr ... Er stockte bei dem Gedanken. Griffiths war tot. Die Sonne verschwand, ihr letztes grünes Aufleuchten war kurz über dem Horizont zu sehen. Plötzlich vermißte Drinkwater Madoc Griffiths sehr.

Die Reise nach Mocha wurde für alle anstrengend, denn das Schiff war viel größer als *Hellebore*. Die verschworene Gemeinschaft, die auf der Brigg so reibungslos funktioniert hatte, fand hier zuviel Platz vor, außerdem war sie neuen Einflüssen ausgesetzt. Der Wechsel des Kommandos an Morris, über dessen Charakter auch im Zwischendeck kein Zweifel bestand, unterminierte die Disziplin. Die Männer gehorchten seinen Befehlen nur widerwillig und ließen klar erkennen, daß ihnen Drinkwater lieber gewesen wäre. Auch die Anwesenheit von Santhonax und Bruilhac störte. Zwar war der eine noch sehr schwach und der andere zu verängstigt, um im Augenblick eine Gefahr zu bedeuten, aber das konnte sich ändern.

Morris genoß seine neue Allmacht und nutzte sie natürlich zum

198

Schlechten aus. Zwei Tage, nachdem sie das Riff verlassen hatten, war der Wind stärker geworden, und Rogers hatte die Bramsegel wegnehmen lassen. Morris war an Deck erschienen. Während der Arbeit war an einem Block ein Geitau unklar gekommen, ein Fehler, der passieren konnte, wenn zu wenige Männer eine zu schwere Arbeit zu schnell ausführen mußten. Rogers hatte den Steuermannsgehilfen oben verflucht, das Segel hatte wild geschlagen, die Rah schwang heftig, und sogar der Großmast vibrierte.

»Schreiben Sie den Namen des Mannes auf, Mr. Rogers. Bei Gott, der wird noch nach seiner Mutter schreien!« Morris war nach vorne gekommen, er zitterte vor Wut, sein Atem roch nach Rum. »Wo ist der Erste Offizier? Lassen Sie den Ersten holen!«

Feixend holte Dalziell Drinkwater an Deck, wo ein tobender Morris wartete. Das Ende war inzwischen klariert worden, die Toppsgasten hatten entlang der Rah ausgelegt und zeisten das Segel auf.

»Sir?« Drinkwater berührte grüßend den Hut.

»Was haben Sie bloß mit diesen Männern angestellt, Mr. Drinkwater? Diese verdammten Landratten können kein Bramsegel mehr auftuchen, ohne daß das laufende Gut durcheinander gerät.«

Drinkwater blickte Rogers an und dann nach oben.

»Nun, was sagen Sie dazu, Sir? Was sagen Sie?«

»Ich denke, daß die Leute mit dem neuen Rigg noch nicht vertraut sind. Ich . . .« Er verstummte, als er den Triumph in Morris' Augen sah.

»In diesem Falle, Mr. Drinkwater, sollten Sie alle Mann an Deck pfeifen und üben lassen.« Er wandte sich an Rogers: »Lassen Sie die Segel neu setzen und anschließend wieder bergen. Aber diesmal richtig, wenn ich bitten darf, oder es knallt.«

Morris stapfte nach unten, Rogers und Drinkwater blickten sich an. Rogers' Temperament ging beinahe mit ihm durch, nur mühsam beherrschte er sich.

»Ruhig, Samuel«, beschwichtigte ihn Drinkwater leise. »Er ist nun mal der Kommandant . . .«

Rogers stieß seinen Atem heftig aus: »Und zwei Wochen längere Dienstzeit reichen aus, daß ein Mann gehängt werden kann . . . Ich weiß!« Er wandte sich ab und brüllte die Kuhlgasten an: »Die Leebrasse dort dichter, ihr Landratten, oder ihr bekommt alle die Katze zu spüren . . .«

Eigentlich war es nur ein triviales Vorkommnis gewesen, das sich täglich auf vielen Schiffen ereignete, aber es hatte doch ein Nachspiel in der Kommandantenkajüte. Die Luft war mit Rumgeruch geschwängert. Morris flegelte sich in einem Sessel, das Hemd aufgeknöpft, ein Glas in der Hand.

»Ich möchte alles schön ordentlich haben, Drinkwater. Jetzt bin ich Kommandant, und darauf habe ich bei Gott lange genug gewartet; ich bin von Ihnen und Ihresgleichen oft genug um meine Chance betrogen worden. Ich gebe keinen Fingerbreit nach, wenn es um gute Seemannschaft geht. Sollten Sie versuchen, meine Beförderung in Mocha zu hintertreiben, werde ich Sie vernichten!«

»Sir, ich denke, daß ich . . .«

»Halten Sie den Mund! Versuchen Sie nicht, überschlau zu sein oder den Unschuldigen zu spielen. Das verfängt nicht bei mir. Sollten Sie meine Pläne durchkreuzen, werde ich mir eine passende Rache ausdenken. Und nun raus!«

Drinkwater ging und vermied an diesem Abend ein Zusammentreffen mit Wrinch und Appleby.

»Gut, gut, mein lieber Wrinch, das scheint wirklich ein erfolgreicher kleiner Streifzug gewesen zu sein. Der Verlust von *Hellebore* wird durch die Eroberung der *Antigone* mehr als wettgemacht. Zu schade, daß *Daedalus* und *Fox* die Brigg *Annette* so schwer beschädigten, daß sie verbrannt werden mußte, nicht wahr?« Blankett schniefte. Die beiden Fregatten hatten auf ihrem Weg nach Süden Santhonax' drittes Schiff vernichtet.

»Ich glaube, daß die Fregatte der fettere Bissen ist, Eure Exzellenz«, entgegnete Wrinch trocken.

Admiral Blankett leckte sich die Lippen, dann rülpste er diskret hinter seiner Serviette. »Man kann wohl sagen, daß *Hellebore* unter meinem Kommando stand, obwohl Sie Ihre Befugnisse etwas überschritten haben, als Sie sie nach Norden schickten.«

Wrinch lächelte schwach über den Versuch des Admirals, das Gesicht zu wahren. Blankett fuhr fort: »Nun, der Commander ist jedenfalls tot, und es scheint, daß ich diesem Laffen Nelson einen Gefallen schulde, nicht wahr?«

Wrinch nickte bestätigend. »Die Franzosen stellen im Roten

Meer keinen Machtfaktor mehr da, Sir.«

»Was halten Sie von diesem Narren Santhonax?« fragte der Admiral, der sich erinnerte, daß Wrinch den Franzosen verhört hatte.

»Er war sehr offen. Allerdings blieb ihm auch kaum eine andere Wahl, da wir seine Befehle erbeutet hatten. Er sollte dieses Jahr eine Division nach Indien verschiffen; aber dann griff Bonaparte Syrien an, und Murad Bey setzte Desaix in Oberägypten unter Druck, also mußte er warten. Nach *Antigones* Überholung wollte er seine Flottille sammeln und Eure Exzellenz heimsuchen. Wären wir zwei Tage später auf ihn gestoßen, hätte er sein Ziel vielleicht erreicht. Schließlich war er weiterhin im Besitz von Qusayr. Balls Versuch, ihn von dort zu vertreiben, war ein gigantischer Reinfall, wie ich hörte . . .«

Wrinch schwieg, da er am Gesicht des Admirals ablesen konnte, daß diesem das Unternehmen von Qusayr in einem anderen, rosigen Licht geschildert worden war.

»Nun ja . . . Jedenfalls haben wir eine hübsche Prise zum Beweis unserer Tüchtigkeit, nicht wahr, Strangford?«

Wrinch lächelte. Der Admiral würde trotz des Verlustes von *Anette* ein hübsches Sümmchen Prisengeld einstreichen, ein Achtel des Kaufpreises.

»Wir sollten *Antigone* schleunigst nach Hause schicken.« Wrinch nickte. »Außerdem sollten wir die Auslagen, die Sie bei den Arabern hatten, etwas nach oben aufrunden. Jeder weiß doch, wie habgierig diese Burschen sind.« Der Admiral grinste spitzbübisch. »Die Differenz teilen wir uns. Was halten Sie davon?«

Wrinch zuckte ergeben mit den Schultern. »Ganz wie Sie entscheiden, Eure Exzellenz.«

»Sehr gut.« Blankett war zufrieden. Ohne sich von Mocha entfernt zu haben, hatte er sich durch das Prisengeld für *Antigone* und die vom Steuerzahler zu vergütenden überhöhten Spesen bereichert. Außerdem hatten seine Untergebenen die Franzosen aus dem Roten Meer vertrieben. Seine Schiffe hatten mit einem Verbrauch von sechstausend Kanonenkugeln den Hafen Qusayr schwer beschädigt – nach Aussage des ehrenwerten Kapitäns Ball. Und während all dieser aufregenden Geschehnisse hatte er selbst die Wonnen genossen, die ihm zwei willige Damen schenkten. Nein, dachte Wrinch, für Blankett lief das Leben nicht schlecht.

»Wer wird die Prise kommandieren, Sir?« forschte er.

Der Admiral legte die Stirn in Falten. »Nun ja, da gibt es einen jungen Mann in Bombay, wie war doch gleich sein Name, der befördert werden sollte. Aber ich denke mehr an einen meiner Offiziere ... Grace, der Kommandant der *Hotspur*, könnte dafür geeignet sein; aber war das Schiff nicht zu leicht bewaffnet?«

Wrinch nickte. »Nur sechs Kanonen auf dem Hauptdeck, Sir.«

»Hm, Grace würde es mir kaum danken, wenn ich ihn als Lockvogel für jeden französischen Kreuzer losschicke ...« Blankett rieb sich das Kinn. »Nein, wir werden eben einem der schmachtenden Leutnants den Rang eines Commanders geben. Wenn er die Prise unterwegs verliert, dann trifft es keinen Wichtigen. Wer kommt da in Frage ...?«

»Bestimmt sollte doch der Offizier damit betraut werden, dessen Anstrengungen die Prise zu verdanken ist? Ist es nicht auch Tradition so?«

Blankett wischte den Einwand beiseite. »Natürlich ist es Tradition. Aber manchmal muß man auch etwas für seine Freunde tun, das wissen Sie so gut wie ich, Strangford.«

»Richtig, Sir. Ich dachte nur ...« Er betonte jedes Wort so, daß Blankett an Wrinchs Einfluß erinnert wurde. »Drinkwater wäre der richtige Mann. Seine Leistung war hervorragend.« Wrinch blickte dem Admiral in die Augen. »Ich bin sicher, daß Sie da mit mir übereinstimmen.« In Wrinchs Stimme schwang Schärfe mit, doch dann fiel er wieder in den verbindlichen Ton zurück: »Schließlich haben wir uns ja in letzter Zeit über so vieles geeinigt. Über Ihren Aufenthalt in meinem Haus mit allen damit verbundenen Annehmlichkeiten, über die Frage der Spesen für meine arabischen Freunde in Al Wajh ...« Er ließ den Satz ausklingen, damit Blankett seine Bedeutung verarbeiten konnte.

Aber Blankett blieb unbeeindruckt; er zuckte nur verbindlich mit den Schultern. »Vielleicht haben Sie recht, Strangford. Aber auch Mr. Morris ist ein drängender Kandidat, und schließlich hat er gute Verbindungen zu Ihren Lordschaften. Warum er trotzdem erst Leutnant ist, kann ich sowieso nicht verstehen. Ich werde die Sache mit Ball besprechen. Außerdem müssen wir noch einen Untersuchungsausschuß über den Verlust der *Hellebore* einberufen. Da die Admiralität so dringend auf ihrer Rückkehr bestanden hat, ist das besonders eilig.«

Der Ausschuß trat am 1. Oktober 1799 an Bord der *Leopard* zusammen. Den Vorsitz führte der Konteradmiral, Beisitzer waren die Kapitäne Surridge, Ball und Stuart sowie Commander Grace.

In seiner Eigenschaft als Britischer Konsul hatte Strangford Wrinch einige Rechtskenntnisse, folglich fungierte er als Gerichtsoffizier. Zu diesem Anlaß trug er europäische Kleidung.

Weil *Hellebores* Kommandant nicht mehr verfügbar war, verhörte man zuerst Drinkwater. Sein Bericht der Strandung wurde verlesen, und er erwähnte darin auch seinen Fehler bei der Standortbestimmung. Danach wurde Lestocks Bericht verlesen, ein vorsichtig formuliertes, weitschweifiges Schriftstück, das viel über Lestocks Charakter aussagte, aber wenig über seine beruflichen Fähigkeiten. Schließlich kam Rogers' Bericht an die Reihe. Rogers fand die Hitze in der Kajüte von *Leopard* unerträglich, voll wie sie war mit lauter Offizieren in ihren besten blauen Uniformen.

Rogers wurde gebeten aufzustehen.

»Tja, äh, Mr. . . äh . . .«

»Rogers, Sir.«

». . . Rogers«, fuhr der Admiral fort, seine Perücke war verrutscht. »Es geht hier zwar nicht um Tod oder Leben, aber es sieht doch so aus, als hätten Sie sehr viel ›vermutet‹, nicht wahr?«

Die drei Kapitäne und der Commander nickten betrübt Zustimmung, als würden Männer ihres Ranges niemals Fehler machen.

»Es ist doch sicher keine Vermutung, daß Brecher über dem Riff zu sehen waren, Sir, oder? Klären Sie mich auf: Wo sonst können Sie mit welchen rechnen? Hätten Sie beigedreht und dann zweihundert Faden gelotet, hätte sich zwar die ganze Flottille halbtot gelacht, aber niemand hätte Ihnen einen Vorwurf gemacht. Jedenfalls wäre das sehr sinnvoll gewesen.«

Drinkwater sah, daß Rogers rot anlief, und fühlte Mitleid mit ihm. Er wußte, daß der Verlust der Brigg Rogers tief getroffen hatte. Seine Überheblichkeit war dadurch gedämpft worden.

Blankett flüsterte mit seinen Beisitzern. Commander Grace schien auf einen wichtigen Punkt hinzuweisen und deutete dabei mit dem Kopf in Drinkwaters Richtung. Blankett wischte sich mit dem Taschentuch die schweißtriefende Stirn und fuhr in der Verhandlung fort.

»Nun gut, meine Herren, ich höre, daß es mildernde Umstände gibt. Commander Grace hat mich gerade auf Mr. Drinkwaters Beobachtung der Refraktion hingewiesen; er hat selbst wissenschaftliche Studien zu diesem Phänomen gemacht. Der Untersuchungsausschuß wird diesen Faktor berücksichtigen, wenn es auch den Leutnant – äh . . . äh – der Wache nicht völlig entlastet.« Er blickte in die Runde, und seine Beisitzer nickten.

»Der Untersuchungsausschuß ist zu folgendem Schluß gekommen«, fuhr Blankett fort. »Der Verlust Seiner Britannischen Majestät Brigg *Hellebore* in der Nacht des 19. August ist auf eine Verkettung unglücklicher Umstände zurückzuführen. Dennoch möchte er dem wachhabenden Leutnant einen Tadel erteilen, Mr. . . . äh . . .«

»Rogers«, half Wrinch aus.

»Rogers, weil er nicht die gebotene Sorgfalt eines ordentlichen Schiffers während seiner Wache auf einem Kriegsschiff Seiner Majestät walten ließ.« Der Schweiß lief Blankett in Strömen übers Gesicht, er wischte es sich ergeben trocken. »Ich denke, daß unsere Aufgabe hier damit beendet ist.«

Der Admiral erhob sich schwerfällig und zog sich zurück, die Versammlung löste sich auf. Grace näherte sich Drinkwater und wollte von ihm Näheres über die beobachtete Refraktion wissen. Rogers fühlte sich in seiner Haut sichtlich unwohl. Nachdem er Grace die Auskünfte gegeben hatte, wandte sich Drinkwater deshalb Rogers zu. »Nun, Sam, das ist doch ganz gut ausgegangen, wie?«

»Wirklich? Heißt das, es wird kein Kriegsgericht geben?«

»Ich glaube nicht. Griffiths ist tot, und die Navigation im Roten Meer ist schwierig, das weiß jedes Mitglied dieses Ausschusses. Es wird lange genug dauern, bis der Sekretär des Admirals den Bericht so hingebogen hat, daß ihn auch die Sesselpuper in der Admiralität verstehen, und danach wird es noch länger dauern, bis dieser Bericht in London eintrifft. Dann erst beginnen die Mühlen der Admiralität langsam, sehr langsam zu mahlen. Ich denke nicht, daß wir von dieser Angelegenheit noch einmal hören.«

Sie traten in den blendenden Sonnenschein hinaus, und auf dem Achterdeck verabschiedete sich Wrinch von ihnen.

»Ich glaube nicht, daß wir uns wiedersehen werden, Nathaniel«, sagte Wrinch und streckte ihm eine Hand entgegen, die aus einem reichverzierten Rüschenhemd und einem schlichten schwarzen Ärmel herausragte. »Nun, da der Fall *Hellebore* abgeschlossen ist, wird der Admiral Sie bald los sein wollen. Ich habe Ihnen einen kleinen Gefallen erwiesen und hoffe, daß Sie bei Sonnenuntergang eine Epaulette tragen können.« Wrinch lächelte, Drinkwater stammelte seinen Dank. »Nicht der Rede wert, lieber Freund. Gott sei mit Ihnen, und achten Sie auf den Halunken Morris. In der Flottille will ihn niemand haben, deshalb wird er Sie wohl nach Hause begleiten.«

Sie sahen zu, wie er ins Admiralsboot hinabstieg, und wollten gerade ihr eigenes Boot heranrufen, als sich ein Fähnrich näherte.

»Der Admiral wünscht Sie noch zu sprechen, Sir.«

Drinkwater stand dem Admiral gegenüber. Die Tische waren von den Papieren der Verhandlung freigeräumt worden, eine Flasche und ein Glas hatten sie ersetzt. Der Admiral war in Hemdsärmeln, mit offener Halsbinde.

»Äh, Mr. äh . . . Mr. . . .«

»Drinkwater, Sir.«

»Ach ja, richtig. Allerdings ziehe ich Wein vor«, gluckste der Admiral und goß sich ein Glas ein. Er stürzte es zur Hälfte hinunter, dann blickte er auf. »Es geht um *Antigone*. Ich denke daran, Sie zu befördern, und natürlich müssen die Lords der Admiralität diese Beförderung noch bestätigen. Sie werden hiermit zum Commander befördert und erhalten Befehl, ohne Verzug nach Spithead zu versegeln. Außerdem werden Sie Depeschen von mir mitnehmen. Schicken Sie bitte bei Sonnenuntergang einen Offizier zur Abholung. Die Fregatte ist ausreichend proviantiert?«

Drinkwater drückte seinen Dank aus, dann erklärte er, daß die Fregatte mit den Vorräten von *Hellebore* und den Franzosen gut bevorratet sei.

»Fein, fein, äh . . . Mr. Drinkwater. Und nun zum Prisengeld. Soviel ich weiß, hatte Commander Griffiths kein Prisengeldübereinkommen mit Stuart oder Ball. Ist das richtig?« Blanketts Stimme war plötzlich sehr vertraulich.

»Ich glaube, Sie haben recht, Sir.«

»Gut. Denken Sie daran, daß auch Sie davon profitieren, wenn das Schiff in einem Stück nach Hause kommt.« Der Admiral fixierte Drinkwater mit harten Augen.

»Verlassen Sie sich darauf, daß Ihr Achtel Ihnen sicher ist, Sir«, erwiderte Drinkwater bereitwillig. Ihm kam der Verdacht, daß der Konteradmiral es neben seinem Prisengeld auch auf Griffiths' Anteil abgesehen hatte.

Blankett kratzte sich den Kopf unter der Perücke. »Sie werden einen zusätzlichen Offizier benötigen, am besten nehmen Sie Morris mit. Ball will ihn nicht haben. Der verfluchte Bursche verfügt zwar über einigen Einfluß durch den Unterrock seiner Schwester, aber Ball sagt, er sei schwul. Also ist es besser, wenn ich den warmen Bruder nach Hause schicke, bevor ich ihn hängen muß.«

Drinkwaters Freude war verdorben. Klar wollte Blankett Morris loswerden, er wußte alles über ihn, erinnerte sich sogar an seinen Namen.

»Das war alles, Mr. äh . . . äh . . . Also, das war's. Passen Sie verdammt gut auf die Fregatte auf. Loten Sie fleißig, ich möchte nicht, daß mein Prisengeld als Feuerholz bei einem verdammten Abwracker endet.«

Drinkwater zog sich zurück, gemischte Gefühle bewegten ihn. Vor der Kajüte richtete er seinen Hut.

»Commander Nathaniel Drinkwater«, flüsterte er probehalber und wurde rot, als der Wachtposten diskret hüstelte. Er trat aufs Quarterdeck hinaus.

»Es war doch hoffentlich nichts Ernstes?« fragte Rogers besorgt. Er grollte noch immer wegen des Tadels, den er hatte einstecken müssen.

Drinkwater lächelte. »Das kommt auf den Standpunkt an, Samuel.«

»Entschuldigung, da kann ich nicht folgen.«

»Der alte korrupte Taugenichts«, Drinkwater konnte die Freude über seine Beförderung kaum noch zügeln, »Seine Exzellenz Konteradmiral John Blankett hatte die Güte, mich zum Commander zu befördern.«

»Ich will verdammt sein! Meinen herzlichen Gückwunsch, Mr. Drinkwater, ehrlich.«

»Das ist sehr anständig von Ihnen, Samuel. Aber wir sollten den Tag nicht vor dem Morgen loben, denn diese Nachricht wird Morris aus der Haut fahren lassen.«

»Kehrt er denn nicht auf *Daedalus* zurück, Sir?«

»Nein, leider nicht. Durch eine Ironie des Schicksals wird er mein Erster Offizier. Tut mir leid, daß nicht Sie es werden, Samuel, aber was können wir machen?«

Sie riefen nach ihrem Boot. Während der Überfahrt sprach niemand mehr über das Thema. Drinkwater wollte erst seine Beförderungsurkunde in der Hand halten, ehe er die Tatsache an Bord bekanntgab. Ungeduldig wartete er auf den Abend. Bei zwei Glasen der ersten Hundewache bat er Mr. Rogers, ein Boot um die Befehle zu schicken, und Rogers schickte Mr. Dalziell.

Drinkwater setzte sich in seine Kajüte, öffnete sein Tagebuch und begann zu schreiben: ›Es erfüllt mich mit großer Befriedigung, daß mir der Konteradmiral heute eröffnete, er werde mich zum Commander befördern. Ich bin jetzt sechsunddreißig Jahre alt und habe zwanzig Jahre Dienstzeit hinter mir. Dieser Schritt aufwärts beschwichtigt viele Besorgnisse und ist der Lohn vieler Mühen.‹ Er hielt inne, dann setzte er hinzu: ›Ich danke Gott dafür.‹

Das wirkte zwar etwas überschwenglich, aber er fühlte im Augenblick wirklich so. Er begann, von zu Hause zu träumen.

An Bord von *Leopard* wartete Mr. Dalziell in der Kajüte des Sekretärs. Dieser würdige Mann beschriftete mit schmerzlicher Langsamkeit ein Päckchen.

»Hier sind die Befehle.« Er händigte Dalziell das versiegelte Päckchen aus, und weil er ein ordentlicher Mann war, ließ er ihn den Empfang quittieren. Danach reichte er ihm ein zweites Paket. »Das sind die Depeschen des Admirals, achten Sie darauf, daß der Commander sie an einem sicheren Platz verwahrt.« Wieder lief die Prozedur der Übergabe und Unterschrift ab.

»Und nun ...« Mr. Wishart zog einen Bogen zu sich heran.

»Leider hat der Admiral ein sehr schlechtes Namensgedächtnis. Wie also ist der Name Ihres dienstältesten Leutnants?« Er tauchte seine Feder in das Tintenfaß und wartete gespannt.

»Morris, Sir, Augustus Morris, durch Heirat verwandt mit dem Earl of Dungarth, bekannt mit dem Earl of Sandwich, Sir.« Dalziell schwatzte schmeichlerisch weiter.

»So? Na, dann«, sagte Mr. Wishart und stäubte Sand über das Blatt Papier, »ist er ja dazu prädestiniert, eine so schöne Fregatte nach Hause zu segeln. Hier ist also Mr. Morris' Beförderung zum Commander.«

ACHTZEHNTES KAPITEL

Oktober 1799

Morris

Drinkwater hörte nicht die Worte der Bibellesung, die von Morris heruntergehaspelt wurden. Morris hatte nicht die Ausstrahlung Griffiths', bei Morris wurde aus dem Gebet eher eine Parodie. Drinkwater blickte nach vorn auf den Halbkreis der Offiziere und Unteroffiziere, die in voller Uniform angetreten waren; ihre Hände ruhten auf den Degengriffen, die Hüte hatten sie unter den Arm geklemmt. Die Besatzung drängte sich in der Kuhl. Es waren ungefähr achtzig Männer, die die Fregatte nach Hause bringen sollten, nicht viel zur Bedienung dieses Schiffes und sicher zu wenig, um zu kämpfen.

Aber es war nicht die Anzahl, die Drinkwater Sorgen machte, seine wachen Sinne waren über die Stimmung beunruhigt. Sie lagen bekalmt im Indischen Ozean, und eine schwarze Wolke schien auf dem Schiff zu lasten.

Drinkwater wurde noch immer von nagender Enttäuschung zerfressen. Die überhastete Abfahrt von Mocha, sein ungläubiges Staunen, als Morris forsch seine Beförderung verlas, hatten bei ihm tiefe Depressionen ausgelöst. Er vergrub sich in seiner Kammer, haderte mit seinem Schicksal und trauerte – jetzt endlich – um Griffiths.

Aber wahrscheinlich hatte ihn die Depression vor übereilten Schritten bewahrt. Später hatte ihn Rogers angesprochen, und sie entdeckten, daß Rogers selbst Dalziell ausgeschickt hatte, die Beförderung abzuholen. Das versetzte Rogers einen weiteren Schlag. Der Verlust der Brigg, der Tadel des Admirals hatten sein Selbstbewußtsein schon unterminiert, und jetzt zog er sich vollends in sich selbst zurück. Während die beiden Leutnants so frustriert waren, triumphierte Morris.

Antigone hatte das Rote Meer und den Golf von Aden hinter sich gelassen, bevor Drinkwater seine Enttäuschung überwand und sich bemühte, das Beste aus der Situation zu machen.

Aber er wußte jetzt, daß es beinahe zu spät war. Während die Offiziere geschmollt hatten, waren die Leute geschunden worden. Morris ließ jede kleine Unachtsamkeit mit brutalem Auspeitschen ahnden. Er hatte eine Reihe von Zuträgern, darunter einen gewissen Rattray, Morris' Steward, der ihm von *Daedalus* nachgeschickt worden war. Die Männer nannten ihn treffend nur »die Ratte«. Und dann natürlich auch Mr. Dalziell, der als diensttuender Leutnant fungierte. Dalziell schikanierte zu Drinkwaters größtem Ärger die Matrosen, wo er nur konnte. Auch Lestock gehörte zu Morris' Anhängern, zu seinem nervösen Temperament paßte es offenbar, durch Terror zu herrschen. Diese Männer bildeten die Garde des neuen Kommandanten, eine kleine Clique, die große Macht besaß und das Strafbuch mit trivialen Eintragungen füllte. Drinkwaters Mund wurde schmal, wenn er daran dachte. Die Eintragungen lasen sich natürlich gut: ungebührliches Benehmen – ein Mann hatte zu laut gelacht, als der Kommandant an Deck war; Beschmutzung des Decks – einem Mann war versehentlich das Eßgeschirr entfallen; Nachlässigkeit im Dienst – eine Leine war nicht sorgfältig genug aufgeschossen worden. All diese Verfehlungen endeten damit, daß der Schuldige an den Grätings ausgepeitscht wurde.

Morris beendete das Gebet, was Drinkwater an seine Pflichten erinnerte.

»Hüte auf!« Routinemäßig grüßte Drinkwater, als Morris unter Deck ging.

»Bootsmann, pfeifen Sie die Männer zum Essenfassen!« Er drehte sich um und sah Rattray neben sich stehen, als hätte er dort schon die ganze Zeit Drinkwaters Gedanken gelesen.

»Empfehlung des Kommandanten, Sir, und er bittet Sie, mit ihm um vier Glasen zu speisen.«

Drinkwater suchte im Gesicht des Mannes vergeblich nach einem Hinweis auf den Grund für diese ungewöhnliche Einladung. Er akzeptierte.

Vor ihm überquerten Appleby und Catherine Best das Deck. Die beiden waren einander sehr nahe gekommen, seit Morris das

Kommando übernommen hatte. Drinkwater glaubte, daß die Anwesenheit der Frau einen mäßigenden Einfluß auf Morris ausübte. Er verbeugte sich. »Guten Morgen, Mrs. Best. Ich sehe, daß Mr. Wrinch sein Versprechen gehalten hat, Ihnen etwas Passenderes zum Anziehen zu besorgen.«

Catherine lächelte ihn an, ein scheues Glück erhellte ihr Gesicht, und ihre rechte Hand strich kokett über den Rock aus arabischer Baumwolle. »Tatsächlich, Mr. Drinkwater, er hat Wort gehalten.«

Drinkwater blickte Appleby an, der puterrot geworden war. Lächelnd berührte er seinen Hut und drehte sich dann zum Quartermaster um. »Melden Sie mir, wenn Wind aufkommt.«

Das Essen in der Kapitänskajüte, an dem außer Drinkwater kein weiterer Gast teilnahm, verlief in völligem Schweigen. Rattray legte ihnen vor, und obwohl die achteren Fenster geöffnet waren, lastete die Hitze in der großen Kajüte. Nachdem das Geschirr abgetragen war, wurde eine Flasche Portwein geöffnet und in Santhonax' Privatkristall serviert. Die Karaffe füllte dreimal Morris' Glas, bevor er sie großmütig in Drinkwaters Richtung schob. Drinkwater trank maßvoll, denn er sah, daß Morris' Durst groß war.

»Haben Sie das gesehen?« Morris zeigte auf ein Porträt einer Frau, das halb von der Tür verdeckt am weißen Schott hing. Mit schwerer Zunge fuhr Morris fort: »Ich nehme an, das ist die Hure des Froschfressers.«

Drinkwater fand das Bild hervorragend. Die grauen Augen Hortenses blickten streng von der Leinwand, ihr schlanker langer Hals war entblößt, in ihrem kastanienroten, aufgetürmten Haar glänzten Perlen. Ihre schwellenden Brüste wurden durch einen Hauch Spitze bedeckt. Er sah Hortense wieder in *Kestrels* Kajüte vor sich und dann am Strand von Criel, wo sie sie freigelassen hatten. Das Porträt beunruhigte ihn, er wandte sich lieber Morris zu. Der Mann beobachtete ihn unter schweren Augenlidern.

»Sie ist seine Frau«, meinte Drinkwater und erwiderte den Blick fest.

»Und was ist mit Applebys Hure? Stimmt es, daß sie ein Sträfling ist?«

Es war zwecklos, das abzustreiten, aber er brauchte es auch

nicht zu bestätigen. »Ich glaube, daß sie sich durch den Dienst an Bord geläutert hat. Und was ihr Verhältnis zu Appleby angeht, so täuschen Sie sich.«

Morris wischte Drinkwaters Einwand beiseite. »Ach was, sie ist seine Hure!« beharrte er und ließ sich in seinen Sessel zurückfallen.

Drinkwater zuckte mit den Schultern, er wartete ab, was Morris wohl mit diesem Essen beabsichtigte. Er hoffte auf eine Art Waffenstillstand und verdrängte dabei, daß Morris ihn am Strand von Qusayr hilflos zurückgelassen hatte. Ihre Gegnerschaft auf *Cyclops* lag lange Jahre zurück, sie waren jetzt erwachsene Männer. Und was Morris' private Gepflogenheiten auch sein mochten, jedenfalls praktizierte er sie nicht offenkundig.

»Sicher fragen Sie sich, warum ich Sie zum Essen eingeladen habe. Ausgerechnet Sie, der mich damals ausgetrickst und dafür gesorgt hat, daß ich von *Cyclops* gejagt wurde ...«

»Ich habe nichts dergleichen getan, Sir.«

»Machen Sie mir nichts vor, verdammt!«

Drinkwater war nun über den weiteren Verlauf ihres Gesprächs besorgt. Er hatte damals bei Morris' erzwungener Versetzung nur eine Nebenrolle gespielt, die Ursachen lagen bei Morris selbst. Dennoch hatte er zwanzig Jahre lang auf den Tag der Rache gewartet, zwanzig Jahre, die seine verschmähte Zuneigung in zwanghaften Haß verwandelt hatten. Aber die Situation war schwierig, denn er mußte sich während ihrer Reise auf seinen Ersten verlassen können.

»Ich habe jetzt mein Kommando, Drinkwater«, sagte er; sein Mund war schlaff, das Kinn lag auf der Brust, er glich einer bösen Karrikatur. »Wenn Sie versuchen, mich wieder anzuschwärzen, dann wird das Ihr Verderben.«

»Ich werde meine Pflicht tun, Sir«, erwiderte Drinkwater vorsichtig, aber es genügte Morris nicht.

»Bei Gott, das werden Sie auch!« Speichel floß aus Morris' Mundwinkel.

»Dann verstehe ich Ihr Mißtrauen nicht.«

»An Bord gibt es ein Gerücht, daß dieser Pinsel«, er deutete auf die Epaulette, die er aus Griffiths' Nachlaß entwendet hatte, »eigentlich an Sie gehen sollte.« Er hoffte, daß diese Bemerkung Drinkwater aus der Reserve locken und seinen Verdacht bestätigen würde. Aber Drinkwater tat ihm nicht den Gefallen.

»Admiral Blankett ließ mich wissen, daß mir das Kommando übertragen werden *sollte«,* antwortete er. »Wenn er seine Entscheidung geändert hat, habe ich das nicht zu kritisieren.« Er richtete sich auf und hoffte, daß damit das Thema beendet war. »Und in der Zwischenzeit werde ich meine Pflicht als Erster Offizier tun. Es sei denn, daß Sie beschließen, Mr. Dalziell an meine Stelle zu setzen.«

»Was soll denn das?« fragte Morris errötend; Drinkwater merkte, daß er einen wunden Punkt berührt hatte. Sollte auch Dalziell homosexuelle Neigungen haben? Drinkwater blickte den Commander scharf an. Morris' Blick blieb unverändert, aber kleine Schweißperlen bildeten sich auf seiner Stirn.

Plötzlich sah Drinkwater klar. Morris hatte endlich durch einen glücklichen Zufall sein Kommando erhalten; unfähig, wie er war, hätte er es niemals aus eigener Kraft geschafft. Eine weitere Laune des Schicksals hatte Drinkwater sowohl zum Spender dieser Wohltat, als auch zu dem Mann gemacht, auf dessen Fähigkeiten er angewiesen war. Morris wollte die Chance, zum Vollkapitän befördert zu werden, nicht durch seine privaten Rachegelüste aufs Spiel setzen. Aber Drinkwater kannte seine Vergangenheit und schien auch alles über seine gegenwärtigen Verfehlungen zu wissen. Morris, selbst rachgierig, konnte sich nicht vorstellen, daß jemand eine solche Gelegenheit ungenutzt ließ, und fürchtete seinen Ersten ebenso, wie er ihn haßte.

Aber dies war für Drinkwater augenblicklich nur ein schwacher Trost; er fragte sich, ob das bißchen ergaunerte Gold auf der Schulter einen so verwirrten Geist wie Morris wirklich gezähmt hatte.

»Nur ein schlechter Scherz, Sir«, sagte er deshalb vorsichtig. »Ich bin sicher, daß Sie Mr. Dalziell den ihm gebührenden Platz zuweisen werden.« Damit erhob er sich. Seine Bemerkung war keine bewußte Provokation gewesen, aber Morris starrte ihn noch immer mißtrauisch an.

»Bei der Gelegenheit, Sir«, fuhr Drinkwater fort, »Mr. Appleby sagte mir, daß es Santhonax guttun würde, wenn er an die frische Luft käme. Habe ich Ihre Erlaubnis dazu?«

»Wohl besorgt um das Wohlergehen der Gefangenen?« nuschelte Morris mit geistesabwesendem Blick, er schien in einer anderen Welt. »Machen Sie, was Sie für richtig halten.«

Er entließ Drinkwater mit einer Handbewegung und griff zur Karaffe. Auch als er schon allein war, gaukelten ihm die gereizten Sinne des Betrunkenen vor, daß ihn diese grauen Augen immer noch unentwegt anstarrten. Sie schienen ihn für sein verpfuschtes Leben verantwortlich zu machen. Seine Hand krampfte sich um eine Gabel, die der nachlässige Rattray vergessen hatte, und in einem Anfall von Gehässigkeit stieß er sie in die Leinwand des Porträts. Die Zinken vibrierten in Hortenses weißer Schulter. Das erinnerte Morris an die guten alten Zeiten, als der dienstälteste Fähnrich stets eine Gabel in die Decksbalken rammte, zum Zeichen für die Jüngeren, ins Bett zu gehen, während die Älteren ihrem »Sport« frönten; dieser Begriff mußte damals für viele Ausschweifungen herhalten. Aber die Zeiten hatten sich seit 1797, seit den Meutereien in Seiner Majestät Flotten, geändert. Jetzt ruinierten solch doppelzüngige Liberale wie Drinkwater die Marine. Verdammt sollten sie sein! Morris warf den Kopf in den Nacken und brüllte: »Rattray!«

»Sir?«

»Lassen Sie Mr. Dalziell kommen!«

Drinkwater sog die frische Luft tief in seine Lungen. Nach der Flaute erschien ihm der zunehmende Nordostwind wie Champagner. Über seinem Kopf hatte die Wache gerade die Royals geborgen und kam an den Pardunen zurück an Deck gerutscht. Die Luvwanten waren steif und summten leise unter dem Druck, über die Luvreling wehte ein feiner Gischtschleier. Er ging zum Kompaßhaus hinüber.

»Versucht, gut Strich zu steuern, ein genauer Kurs bringt uns nur um so schneller nach Hause.«

Wieder nahm er seine Wanderung auf, so zufrieden, wie er unter den Umständen sein konnte. Seine Blutergüsse waren verschwunden, und sogar der Schnitt im Bein hatte nur eine leichte Narbe hinterlassen. Nach dem Essen mit Morris hatte die Spannung zwischen ihnen nachgelassen. Er tat seine Arbeit, und Morris, durch den Rang isoliert, brütete in seiner Kajüte. Trotz Dalziells Beförderung zum diensttuenden Leutnant ging Drinkwater weiter seine Wache. Er hätte darauf bestehen können, daß Dalziell sie übernahm, wie es auf großen Schiffen üblich war, aber bei

ihrer geringen Mannschaftsstärke hätte das gegen seine Pflicht-
auffassung verstoßen. Außerdem traute er Dalziells Fähigkeiten
nicht und sah seinen Aufstieg eher als einen Betriebsunfall des Sy-
stems an. So ging er weiter die Morgen- und die Abendwache, und
die armen Hunde aus dem Mannschaftslogis mußten im Sechs-
Stunden-Wechsel auf Wache. Aber er konnte es nicht ändern, das
war der Lauf der Welt in der Marine.

Ungewohnte Gestalten erschienen an Deck, und Drinkwater
fielen seine Befehle wieder ein. Gaston Bruilhac stützte den langen Santhonax, dessen Arm noch immer in einer Schlinge lag. Die
Matrosen gafften neugierig. Santhonax blickte prüfend in die Takelage, nach dem Stand der Segel.

»Guten Morgen, Sir«, grüßte Drinkwater und berührte höflich
seinen Hut. Lange Feindschaft hatte ihn Respekt vor dem Franzosen gelehrt. Drinkwater hoffte, daß die Anwesenheit des Gefangenen Griffiths da oben freuen würde.

»Guten Morgen, Boireleau.« Santhonax stöhnte und stemmte
sich gegen die Bewegungen des Schiffes. »Aber vielleicht sollte
ich Sie besser Drinkwater nennen, jetzt, da *Antigone* Ihnen gehört.«

»Es würde mich freuen, Sir. Sie ist ein gutes Schiff.«

»War das ein Kompliment?«

»Könnte man sagen, Sir, und das einzige, das ich unter den
Umständen machen kann.«

»Ihre Besatzung ist recht klein.«

»Ausreichend, Sir.«

»Sie freuen sich über Ihren Erfolg, nicht wahr?« Santhonax biß
sich auf die Lippen, als eine Schmerzwelle ihn durchfuhr. »Und
darüber, daß ich Ihr Gefangener bin.«

»Es war Kriegsglück, Sir. Mir wäre es lieber, Griffiths stünde
hier, er wäre glücklicher.«

»Er hat Ihnen das Leben gerettet.« Santhonax blickte auf seine
Schulter.

»Aber Sie leben, Kapitän, er nicht.«

Santhonax lächelte. »Er wollte mich töten.«

»Er wollte jemanden rächen.«

»Warum? Wen?«

»Major Brown«, erwiderte Drinkwater eisig, »der am Strick
über den Kanonen von Kijkduin verrottete.«

Santhonax runzelte die Stirn. »Ach ja, dieser englische Spion, den wir damals fingen . . .« Er zuckte die Schultern. »Schließlich sind wir alle sterblich. Meine Frau hat Ihnen bis heute dies hier nicht vergeben . . .« Seine Finger berührten die Narbe, die sein Gesicht verunstaltete.

Einen Augenblick war Drinkwater versucht, den Ärmel hochzukrempeln und ihm *seine* Narbe zu zeigen, aber dann wurde ihm klar, wie kindisch dies gewesen wäre. Er schwieg.

»Sie segeln jetzt nach England, nicht wahr?« fuhr Santhonax fort. Und als Drinkwater nickte: »Ein ziemlich langer Weg.« Er begann, an Deck auf und ab zu wandern, wobei er sich auf Bruilhac stützte.

»Mr. Drinkwater!« Morris' Stimme klang scharf über das Quarterdeck, er tauchte aus dem Niedergang auf.

»Guten Morgen, Sir.«

»Mr. Drinkwater, die Leute sollen bei vier Glasen einer Bestrafung beiwohnen.«

»Bestrafung? Mir ist nichts gemeldet worden.«

»Ungebührliches Verhalten, Mr. Drinkwater. Der Verstoß wurde mir gegen sechs Glasen der ersten Wache gemeldet, von Mr. Dalziell.«

»Wer ist der Übeltäter, Sir?«

»Ihr Speichellecker«, sagte Morris mit offensichtlichem Vergnügen, »Tregembo.«

Drinkwater zwang sich, Tregembos Gesicht zu betrachten. Die Augen waren fest geschlossen, die Zähne gruben sich in den Lederriemen, der den Mann aus Cornwall daran hindern sollte, sich vor Schmerz die Zunge abzubeißen. Nach dem zwölften Hieb wechselte der Bootsmannsgehilfe. Der ablösende Mann zog die blutigen Striemen der Katze durch die Hand, er zögerte.

»Weitermachen, verdammt!« zischte Morris. Drinkwater fühlte die Woge von Haß, die aus der Kuhl heraufschwappte. Inzwischen hatte er erfahren, worin Tregembos Vergehen bestanden hatte. Er war als letzter aus der Takelage wieder an Deck gekommen, als während Mr. Dalziells Wache aufgeentert werden mußte. Als er der vorsätzlichen Faulheit beschuldigt wurde, hatte Tregembo geantwortet, daß schließlich einer immer der letzte sein müsse und daß gewöhnlich er derjenige sei, der als erster oben war und draußen an der Rahnock arbeitete. Für diese logische Begründung wurde Tregembo nun ausgepeitscht.

Die Bootsmannsgehilfen lösten sich wieder ab. Drinkwater erinnerte sich an den ersten Versuch Dalziells, Tregembo auspeitschen zu lassen; das Lächeln auf dem Gesicht des jungen Mannes zeigte, wie zufrieden er war. Auch Morris hatte seine Motive, Tregembo auspeitschen zu lassen. Schließlich kannte dieser seine unrühmliche Geschichte, außerdem hatte er in einer dunklen Nacht einen von Morris' Spießgesellen verschwinden lassen.

Es freute Drinkwater, daß Leutnant Rogers über die Bestrafung höchst unglücklich schien; Quilhampton, Appleby und die anderen hielten die Blicke abgewendet. Erst nach dem dritten Dutzend Schläge wurde Tregembo losgeschnitten. Drinkwater entließ die Mannschaft, seine Stimme ließ keine Regung erkennen.

Gegen Abend wurde es wieder flau, das Schiff wiegte sich in der Dünung. Die Sonne war blutrot untergegangen, das Abendrot hatte fast bis zum Zenit gereicht. Die kleinen funkelnden Punkte der Sterne traten nun daraus hervor. Zweihundertfünfzig Seemeilen im Westen lag Afrika, dort stand strahlend die Venus. Drinkwater marschierte an Deck hin und her, seine Wache dauerte noch eineinhalb Stunden. Die Uniformjacke klebte ihm am Rükken, als lästige Erinnerung an Morris' Tyrannei, denn der Commander hatte den Offizieren verboten, in Hemdsärmeln auf dem Quarterdeck zu erscheinen, wie es unter Griffiths üblich gewesen war.

Die Schatten vertieften sich, die zweite Hundewache verstrich. Drinkwater nahm den Sextant, den Quilhampton heraufgebracht hatte.

»Fertig, Mr. Q?«

»Fertig, Sir«, erwiderte der Fähnrich. Er hockte an Deck, so konnte er besser den Chronometer ablesen und die beobachteten Gestirnshöhen aufschreiben. Drinkwater lächelte auf die kleine gekrümmte Gestalt hinab. Der Junge hatte vor Konzentration die Stirn gerunzelt, angestrengt beobachtete er den Sekundenzeiger; den Stift hielt er in seiner verbliebenen Hand.

»Auf denn, zuerst die Venus.« Drinkwater stellte den Index auf Null, fing den Planeten in den Spiegeln ein, dann schob er die Alhidade nach vorne. Seine langen Finger drehten die Noniusschraube, bis die Scheibe des Planeten den Horizont berührte;

nun drehte er den Sextanten um die horizontale Achse, das Ge-
stirn beschrieb einen Kreisbogen, an dessen unterem Berührungs-
punkt die Kimm die Tangente bildete.

»Achtung! Null!«

Quilhampton notierte die Zeit, Drinkwater gab ihm die Ge-
stirnshöhe an. Quilhampton wiederholte die Zahlen pflichtge-
mäß. Drinkwater nahm eine zweite Höhe der Venus, dann wechselte er auf die andere Decksseite. »Jetzt den Canopus.«

»Steh auf, du Balg!«

Drinkwater drehte sich um. Morris stand über dem Fähnrich,
der in seiner Konzentration das Nahen des Kommandanten nicht
bemerkt hatte.

»Hat dir noch niemand Respekt beigebracht, du Hurensohn?«

Quilhampton wollte sich auf die linke Hand stützen und sich
aufrichten, aber da war keine Hand. Der noch weiche Stumpf gab
nach, er fiel auf die Knie, alle Farbe wich aus seinem Gesicht.

»Entschuldigen Sie, Sir, ich habe den Chronometer beobachtet . . .« Morris' Fuß schoß vor, der Chronometerkasten rutschte
übers Deck und prallte gegen einen Augbolzen; Glas splitterte.

Drinkwater sprang zum Kompaßhaus.

»Sanduhr umdrehen!« befahl er dem Quartermaster. Vielleicht
war kein schwerer Schaden entstanden, und das kurzzeitige Ste-
henbleiben konnte ausgeglichen werden.

Morris keifte weiter mit Quilhampton, er war offensichtlich betrunken.

»Ich denke, Sir«, versuchte Drinkwater zu vermitteln, »daß Sie
Mr. Quilhampton unrecht tun, wenn Sie ihn der Respektlosigkeit
beschuldigen. Der Verlust seiner Hand machte es notwendig . . .«

»Seien Sie still, Mr. Drinkwater«, lallte Morris, »schicken Sie
diesen Abschaum sofort in den Vormast.«

Drinkwater musterte die schwankende Gestalt.

»Auf geht's, Mr. Q«, befahl er ruhig und stellte den Sextanten
in den Kasten zurück. Quilhamptons Augen waren voller Tränen,
aber Drinkwater wies mit dem Kopf nach vorn; der Junge trottete
weg. Drinkwater beugte sich über den Chronometer.

»Drinkwater! Ich spreche mit Ihnen!«

Drinkwater hob den Kasten auf.

»Sir?« Er begutachtete die verbogenen Zeiger, der Sekundenzeiger bewegte sich nicht mehr.

»Auf meinem Achterdeck dulde ich keine derartige Respektlosigkeit!« Morris war schwer betrunken, wahrscheinlich hatte er gar nicht bemerkt, was er da über das Deck getreten hatte.

»Ich bezweifle, daß es noch einmal vorkommen wird, Sir«, entgegnete Drinkwater mit einem Blick auf den ruinierten Chronometer.

»Das bitte ich mir auch aus!« Plötzlich seufzte Morris tief auf, schluckte schwer und taumelte unter Deck. Dunkelheit lag über dem Schiff. Die Zeit für astronomische Beobachtungen war verstrichen. Drinkwater wußte nicht genau, wo sie sich befanden, und jetzt interessierte es ihn auch nicht mehr.

»Nur keine Trauer, Mr. Drinkwater«, sagte ein offensichtlich über den Verlust des Chronometers erfreuter Lestock. »Ihre Navigation hat uns schon eine Brigg gekostet. Unser Kommandant hat Ihnen nur das Spielzeug weggenommen, bevor Sie noch mehr Unheil anrichten können.«

»Zur Hölle mit Ihnen, Sie hohlköpfiger alter Narr!« fuhr Drinkwater ihn an.

Im Morgengrauen holten sie Mr. Quilhampton herunter. Der Arzt hüllte den Jungen in wärmende Decken und rieb ihn mit Essenzen ein. Die Innenseite seines linken Arms war aufgescheuert, er hatte ihn beim Aufstieg als Greifhaken benutzen müssen. Am Ende seiner Wache suchte Drinkwater den Arzt auf, der immer noch mit dem Jungen beschäftigt war. Catherine Best half dabei.

»Wie geht's ihm?«

»Er wird überleben, ist aber völlig unterkühlt.«

»Aye, der verdammte Wind, der während der Mittelwache aufgekommen ist. Hat sich schon fast zum vollen Sturm ausgewachsen. Das ist der Monsun.«

»Ihr Monsun kann mir gestohlen bleiben. Was mich viel mehr interessiert: Müssen wir diesen gefährlichen Irren den ganzen langen Weg nach Hause ertragen? Oh, vor Catherine brauchen Sie sich nicht zu genieren«, setzte er hinzu, als er Drinkwaters Blick sah. »Sie kennt die Gefühle, die ich für den lieben Mr. Morris hege. Verfaulen soll er!«

»Sie wissen die Antwort selbst, Harry.«

»Also heißt es Segel kürzen und den Sturm abwettern, auch wenn er drei oder vier Monate dauern sollte?«

»Das Beispiel ist gut gewählt.«

»Zu schade, daß er nicht krank ist wie der gute alte Griffiths. Dann müßte er Sie das Schiff führen lassen.«

»Ich fürchte, das würde er niemals zulassen«, lächelte Drinkwater resigniert.

»Wenn er den Rum weiter so in sich hineinschüttet, verfällt er bald ins Delirium tremens.« Appleby erhob sich, als Quilhampton die Augen aufschlug. »Dann müßten Sie das Kommando übernehmen, oder?«

»Wenn das von einem anderen käme, würde ich es für Anstiftung zur Meuterei halten. Hüten Sie Ihre Zunge, Harry, ich bitte Sie!«

NEUNZEHNTES KAPITEL

Oktober–November 1799

Die Hand einer Frau

Appleby betrachtete seinen neuen Patienten mit Abscheu. Commander Morris lag erschöpft und schweißgebadet in der Koje. Der Deckel seines Kajütabtritts war aufgeklappt, daneben stand ein Eimer mit Erbrochenem. Appleby trat an die geöffneten Heckfenster, um frische Luft zu atmen.

Antigone eilte nach Süden, ihr schlanker Rumpf durchschnitt die blauen Fluten des Indischen Ozeans. Ihre hohen Segelpyramiden waren um die Leesegel verbreitert, was noch mehr Schnelligkeit bedeutete. Unter dem eleganten Bugspriet und der weißen Galionsfigur spielten Delphine. Sie sprangen in die Luft und machten die tollsten Kapriolen, mühelos überholten sie das Schiff, wenn Schwärme fliegender Fische aufgescheucht wurden. Der Oktober ging in den November über, auf der Südhalbkugel begann jetzt der Hochsommer. Die See zischte am Achtersteven und strudelte weiß unter dem fülligen Heck hervor. Die Ruderketten quietschten unter Deck.

Appleby schien die Frische der See ein gutes Mittel gegen den Gestank in der Kajüte zu sein. Er wandte sich wieder um.

»Der Schweißausbruch ist bedenklich, Sir, und der Brechreiz unnatürlich. Wie oft haben Sie sich heute nacht übergeben?«

»Kommen Sie mir nicht mit Ihrem quacksalberischen Kauderwelsch, Appleby! Ich habe die halbe Nacht auf dem Topf gesessen, und wenn ich nicht damit beschäftigt war, habe ich mir die Galle aus dem Leib gekotzt. Ich sage Ihnen, jemand will mich vergiften!«

»Na, na, Sir, übertreiben Sie nicht. Das sind keine Vergiftungssymptome. Wie sollte an Bord auch jemand an Gift kommen? Der

221

Medizinschrank ist abgeschlossen, und die Schlüssel trage ich immer bei mir.« Er tätschelte das Schlüsselbund an seinem Bauch.

»Sie verdammter Narr, man kann einen Mann jederzeit vergiften . . .«

»Sir«, unterbrach ihn Appleby scharf, »ich versichere Ihnen, daß Sie nicht vergiftet wurden. Ihre Vermutung ist völlig abwegig. Sie haben alle Symptome einer fortgeschrittenen Gastritis. Ihr Alkoholkonsum hat die Schleimhäute des Magens angegriffen, und als Folge davon können Sie keine Nahrung bei sich behalten. Das ist eine natürliche Abwehrreaktion des Körpers. Aber wenn Sie meiner Diagnose nicht trauen, Sir, wäre es mir nur recht, wenn Sie mich am Kap auf ein anderes Schiff versetzen ließen. Einstweilen schicke ich Ihnen Tyson, der sich um Sie kümmern und diese Schweinerei aufklaren wird. Guten Morgen!«

Appleby verließ den Commander und besuchte Santhonax, dessen Wunde schlecht verheilte. Eine zögernde Vertrautheit hatte sich zwischen ihnen entwickelt.

»Wo haben Sie Englisch gelernt?« fragte Appleby, während er den Verband entfernte.

»Meine Mutter war eine halbe Engländerin, Mr. Appleby, die Tochter eines heimatlosen Engländers, der König James III. unterstützt hatte.«

»Ach, den Thronprätendenten«, erwiderte Appleby trocken. »Aber seit Ihrer Revolution haben Sie nicht mehr viel im Sinn mit Königen.«

»Wie man weiß, halten Könige nicht viel von Dankbarkeit. Auch ihre treuesten Anhänger werden das bestätigen.«

»Davon können wir in König Georgs Marine ein Lied singen.«

»Ist das nicht Hochverrat, Mr. Appleby?«

»Es ist die Wahrheit, Kapitän Santhonax.«

»Sie würden einen hervorragenden Revolutionär abgeben.«

»Vielleicht, wenn das Material wert wäre, gerettet zu werden. Aber ich habe so meine Zweifel, daß Sie und Ihresgleichen diese müde alte Welt ändern können. Waren Sie nicht gerade unterwegs, um die Hindus zu versklaven?«

Santhonax lächelte wölfisch. »Diese verdammte Kombination aus Griffiths und Drinkwater hat meine Pläne durchkreuzt.«

»Sie vergessen, Kapitän, daß auch ich auf *Kestrel* war.«

»Teufel, das hatte ich tatsächlich vergessen ... Richtig, Sie haben meine Wunde genäht. Es ist schon merkwürdig, daß wir anscheinend eine Art Privatkrieg austragen.«

Appleby legte einen neuen Verband an. »Griffiths pflegte es einen Beweis für die Vorsehung zu nennen. Und wie nennt es Ihre neue Religion der reinen Vernunft?«

»Wohl genauso, Mr. Appleby. Vielen Dank.«

»In wenigen Tagen werden Sie wiederhergestellt sein. Sie können als gesunder Mann auf die Gefangenenhulk in Portsmouth gehen.«

»Bis jetzt haben Sie mein Schiff noch nicht an der Ile de France vorbeigeschmuggelt. Vielleicht werde ich es sein, der Sie in Gefangenschaft besuchen kommt.«

»Nun heraus damit, was ist mit Morris los?« fragte Drinkwater, sich von der Seekarte abwendend, die er auf dem Messetisch ausgebreitet hatte. »Er behauptet, daß er vergiftet wird. Ich hatte fast den Eindruck, daß er von mir eine Untersuchung erwartet. Gott stehe uns bei, wenn hinter dem Ganzen auch nur ein Körnchen Wahrheit steckt.«

»Nun fangen Sie nicht auch noch damit an, Nat. Gestehen Sie mir doch zu, daß ich mein Geschäft verstehe. Sie würden sich mit Recht meine Ratschläge bei der Höhenberechnung der Gestirne verbitten. Der Mann leidet an einer Gastritis, verursacht durch übermäßigen Alkoholkonsum.«

»In Ordnung, Harry, ich vertraue Ihrem Urteil.« Drinkwater schnitt die langatmige Abhandlung ab, die Appleby über Morris' Symptome beginnen wollte, als Rattray in der Messe erschien.

»Eine Empfehlung des Kommandanten, Sir, und würden Sie ihn bitte in seiner Kajüte aufsuchen?«

Drinkwater tauschte einen langen Blick mit Appleby, ergriff seinen Hut und folgte ›der Ratte‹.

Der Gestank in der Kajüte verschlug ihm den Atem. Morris sah aus wie ein Geist, schwach und bleich, auf seinem Gesicht standen kleine Schweißperlen. Die Bettücher waren zerwühlt. Er sprach mühsam.

»Lassen Sie mich vergiften, Drinkwater?« Der Mann war offensichtlich verzweifelt.

»Natürlich nicht, Sir!« Drinkwaters Empörung war nicht gespielt. Er riß sich zusammen. Was Morris sonst auch sein mochte, im Augenblick war er ein kranker Mann. »Der Arzt ist tüchtig, Sir, glauben Sie ihm, wenn er sagt, daß Sie an einer Gastritis leiden. Ich bin sicher, wenn Sie Diät halten, werden Sie . . .«

»Raus, Drinkwater, verschwinden Sie . . . Rattray! Wo, zum Teufel, ist der Drecksack?«

Beim Hinausgehen sah Drinkwater den Riß in Hortenses Porträt.

Rattray brachte Drinkwater gegen Abend überraschend eine Flasche Wein mit den Empfehlungen des Kommandanten. Drinkwater zog den Korken und schnüffelte mißtrauisch am Flaschenhals. Er saß allein in der Messe, Rogers war schon zu Bett gegangen, und Appleby wechselte Santhonax' Verbände. Er goß sich den Portwein ein, hielt das Glas gegen die Lampe und roch noch einmal daran. Achselzuckend nahm er einen Schluck.

Wenn Morris glaubte, daß der Wein vergiftet sei, dann war das purer Nonsens und nur ein Zeichen für seinen Verfolgungswahn. Drinkwater leerte das Glas und fühlte nichts anderes als angenehme Wärme in seinen Eingeweiden. Er setzte sich, zog seine Bestandslisten heran und öffnete das Tintenfaß. Merrick brachte ihm eine neue Schreibfeder. Drinkwater entließ den Steward für die Nacht und streckte genüßlich die Beine aus.

Der Zwieback war gut, dachte er, als er den dritten anknabberte. Er konzentrierte sich wieder auf seine Arbeit und goß sich geistesabwesend ein zweites Glas Wein ein.

Gegen Morgen fühlte sich Drinkwater sehr krank, eine dünne Schweißschicht bedeckte sein Gesicht. Er schickte nach Appleby, der auch gleich an Deck erschien, in der Vermutung, daß er den Kommandanten behandeln solle.

»Was ist los, Nat?«

Drinkwater führte den Arzt nach Luv, außerhalb der Hörweite des Rudergängers und des Quartermasters.

»Was schließen Sie aus meinem Aussehen, Harry?«

»Wie?« Appleby betrachtete den Leutnant genauer. »Nun ja, Sie sind ein bißchen verschwitzt.«

»Mir ist seit ein paar Stunden fürchterlich übel. Während der Mittelwache habe ich mich mehrfach übergeben.«

Appleby runzelte überrascht die Brauen. »Aber das ist unmöglich . . . Nein, ich meine . . .«

»Es bedeutet, daß Morris wirklich vergiftet worden ist, Mann. Letzten Abend hat er mir eine Flasche Portwein geschickt, ich sollte wohl für ihn den Vorkoster spielen. Ich habe die ganze Flasche ausgetrunken.«

»Um Gottes willen, Nat, natürlich ist Morris vergiftet. Rum und alte Weine verwirren den Geist und zerfressen die Eingeweide. Versuchen Sie mal, damit Messing zu putzen.« Applebys Erbitterung verriet seinen langen Kampf gegen den Alkoholmißbrauch. »Ihren Zustand würde ich einer verdorbenen Flasche zuschreiben. Vielleicht hat auch Morris eine ganze Kiste schlechten Weins ausgesoffen. Das würde diese Symptome erzeugen und das Magengeschwür, an dem er meiner Überzeugung nach leidet, noch verschlimmern.«

»Aber der Wein schmeckte gut. Es waren keine Anzeichen dafür zu erkennen, daß er übergegangen war.«

Appleby hörte nicht zu, denn ihm war ein Verdacht gekommen. Die Symptome konnten auch durch schweißtreibende Arznei erzeugt werden, wie er sie beispielsweise zur Bekämpfung von Griffiths' Malaria benutzt hatte. Den Schlüssel für den Medikamentenschrank verwahrte er zwar selbst, aber jetzt ging er in Gedanken doch die Leute durch, die das notwendige Wissen hatten, um Morris außer Gefecht zu setzen.

»Gewöhnlich ist Gift doch eine Waffe der Frauen«, flüsterte er.

»Wie bitte?«

Appleby schüttelte den Kopf. »Ach, nichts.« Er wandte sich ab, kam dann aber zurück, weil er sich etwas überlegt hatte.

»Nat, würden Sie Ihre Unpäßlichkeit bitte verschweigen, jedenfalls für die nächste Zeit?«

Erstaunt nickte Drinkwater. »Wie Sie meinen.« Er unterdrückte einen heftigen Brechreiz und starrte angestrengt auf das Meer. Was auch der Grund für seine Krankheit war, jedenfalls war sie nicht tödlich, sondern nur verdammt unangenehm.

»An Deck!« Der Ruf kam vom Masttopp. »Schiff in Lee querab!«

»Verdammt!« fluchte Drinkwater zwischen zusammengebissenen Zähnen und angelte nach seinem Fernglas.

ZWANZIGSTES KAPITEL

November 1799

Kriegsglück

Im Besantopp kämpfte Drinkwater noch immer mit seiner Übelkeit, trotzdem hatte er das Gefühl, daß die Wirkung des verdorbenen Weins nachließ. Vor allem aber lenkte ihn das bläuliche Rechteck am Horizont von seinen Beschwerden ab. Er stützte das Glas an den Wanten ab und stellte die Schärfe nach. Es war hier oben nicht leicht, das Fernglas ruhig zu halten, trotzdem meinte er zu erkennen, daß das andere Schiff genau wie *Antigone* am Wind segelte. Es wehte nicht sehr stark, und auch der heraufziehende Tag versprach keine Besserung. Er rieb sich das Auge und versuchte es erneut. Danach war er noch immer unsicher, aber er entschloß sich, das zu tun, was jeder verantwortungsbewußte Offizier auf einem schlecht bewaffneten Schiff wie *Antigone* getan hätte, nämlich das Schlimmste zu vermuten.

Wieder an Deck, sagte er zu Quilhampton: »Übernehmen Sie bitte die Wache, Mr. Q.« Den Gang, den er vor sich hatte, wollte er nicht dem Fähnrich aufhalsen.

Mr. Quilhamptons Erstaunen wich Stolz und Entschlossenheit. »Aye, aye, Sir!«

Trotz seiner heimlichen Befürchtungen mußte Drinkwater lächeln. Quilhampton hatte sich als Aktivposten erwiesen, war tüchtig und verfügte über die nötige Loyalität, die ihn zu einem guten Untergebenen machte. Aber jetzt gab es wichtigere Dinge zu tun.

Drinkwater klopfte flüchtig und betrat Morris' Arbeitsraum. Automatisch huschte sein Blick über Hortenses Porträt.

»Was, zum Teufel, wollen Sie? Was treibt Sie von Deck?«

»Ein Feind, Sir. An Backbord.« Er kämpfte mit einem neuen Anfall von Übelkeit, ausgelöst durch den Gestank in Morris' Kajüte. »Ich vermute, daß es ein französischer Kreuzer ist, wahrscheinlich von der Ile de France, Sir.«

Morris mußte die Neuigkeit erst verdauen. Er schluckte, dann fragte er finster: »Aber ich ... Ein französischer Kreuzer, sagen Sie? Was macht Sie da sicher?«

»Ist das so wichtig, Sir? Falls er sich als Engländer entpuppen sollte, schadet es nichts, wenn wir wegrennen. Ist er dagegen ein Franzose, und wir rennen nicht, dann schadet es sehr.«

Morris runzelte die Stirn, Begriffsstutzigkeit war ein Symptom seiner Krankheit. Drinkwater ertappte sich dabei, daß er ihn bedauerte.

»Ich rate Ihnen zur Flucht, Sir. Sie sollten das Schiff einen halben Strich höher an den Wind bringen lassen und abwarten, was der andere macht.« Er schwieg kurz. »Schließlich haben wir kaum Hauptartillerie, Sir.«

Die Last der Verantwortung bedrückte Morris sichtlich. Schließlich nickte er. »In Ordnung.«

Drinkwater eilte hinaus, froh, sich auf die kommenden Aufgaben stürzen zu können.

»Alle Mann an die Brassen!« Der Ruf pflanzte sich schnell fort.

»Klar zum Gefecht, Sir?« fragte Quilhampton eifrig.

»Noch nicht, Mr. Q«, erwiderte Drinkwater mit einem Blick in die Takelage. »Wir haben keinen Trommler, der das stilecht machen könnte, außerdem schlägt man sich besser ohne große Zeremonien in die Büsche.«

Es kam Drinkwater vor, als hätte er dem Jungen etwas Anstößiges gesagt, denn gewöhnlich rannten britische Seeleute auch dann nicht davon, wenn sie in der Minderzahl und an Feuerkraft unterlegen waren.

»Etwas dichter die Segel! Einen halben Strich anluven!« Er blickte nach oben, die Männer braßten die Rahen an, bis sie an den Wanten anlagen; jede Rah stand in spitzerem Winkel zum Wind als die darunterliegende.

»Royals, Sir?«

»Royals, Mr. Q!«

Die Jagd zog sich bis zum Nachmittag hin, und der Wind wurde immer unsteter. Bedingt durch den schwachen Wind kam keine Dramatik auf, nur ein gespanntes Warten. Drinkwater behielt das

Kommando an Deck, trotz der wütenden Blicke des wachhabenden Leutnant Dalziell. Morris tauchte mehrmals an Deck auf, borgte sich Drinkwaters Fernglas, murmelte Zustimmung und verschwand dann wieder, um sich seiner Koje zu widmen.

Drinkwater dachte darüber nach, was wohl Appleby aus der Tatsache schloß, daß auch er diese Krankheitssymptome bekommen hatte. Dabei fiel ihm auf, daß er keinerlei Beeinträchtigung mehr verspürte, nur Hunger. Aber jetzt beschäftigte ihn etwas anderes.

»Mr. Dalziell, würden Sie bitte so freundlich sein und den Sextanten aus meiner Kammer holen.«

»Mr. Drinkwater, darf ich Sie daran erinnern, daß ich hier als Wachhabender . . .«

»Sie dürfen auf dem Achterdeck herumstehen, sonst nichts! Öden Sie mich nicht mit Ihrer blöden Arroganz an, sondern gehen Sie, Sir, aber sofort!«

Dalziell flüchtete. Während der nächsten halben Stunde maß Drinkwater sorgfältig mehrmals den Vertikalwinkel zwischen der obersten Rah des Gegners und dem Horizont. In dieser Zeit vergrößerte sich der Winkel um ungefähr zwölf Bogenminuten.

»Ich weiß nicht, Sir, ob ich das darf«, hörte er Quilhampton sagen. Er drehte sich um und sah, wie der Fähnrich sein Fernglas hinter dem Rücken versteckte und es so dem Zugriff Santhonax' entzog.

»Lassen Sie den Gefangenen hindurchblicken, Mr. Q. Vielleicht wird er dann so freundlich sein, uns seine Meinung zu sagen.«

Santhonax setzte sein Piratenlächeln auf. »Typisch Drinkwater! Nur keine Gelegenheit auslassen, um Informationen zu sammeln, nicht wahr?«

Er ergriff das Glas und zog sich vorsichtig in die Besanwanten hinauf; seine Wunde war in den letzten Tagen gut verheilt. Drinkwater beobachtete Santhonax' Gesicht, und fand seine Befürchtungen bestätigt. Sein Gefangener kletterte wieder an Deck.

»Es ist ein französisches Fahrzeug, nicht wahr, Kapitän?«

Santhonax bedachte Drinkwater mit einem langen, durchdringenden Blick. »Ja«, sagte er ruhig, »ein Franzose von der Ile de France.«

Drinkwater nickte. »Danke, Sir. Mr. Quilhampton, holen Sie

bitte den Stückmeister.« Dann wandte er sich wieder Santhonax zu: »Kapitän, ich bedaure die Notwendigkeit, Sie wieder einschließen zu lassen, aber . . .« Er zuckte die Schultern.

»Sie schicken mich unter Deck?«

Drinkwater nickte und wandte sich an den Stückmeister. »Mr. Trussel, Kapitän Santhonax und der Kadett Bruilhac werden in Eisen gelegt.«

»Merde!«

»Tut mir leid, Sir, aber Ihr Charakter ist mir zu gut bekannt.« Er drehte sich auf den Hacken um. »Lassen Sie Alle-Mann pfeifen, Mr. Dalziell, und übernehmen Sie die Wache, solange ich mit dem Kommandanten spreche.«

Morris hörte zu, was Drinkwater zu sagen hatte. Als Mann, der nie moralische Skrupel gekannt hatte, der seine Aufgabe mit tyrannischer Autorität zu meistern suchte, der bei Fehlschlägen immer anderen die Schuld zuschob, fand er es nur natürlich, die Verantwortung an Drinkwater zu delegieren. Trotzdem war er von tiefem Mißtrauen erfüllt. Es störte ihn nicht, daß Drinkwater ihm jetzt die Schau stehlen und ein glänzendes Gefecht liefern konnte, denn ein Sieg würde immer ihm als Kommandant zugeschrieben werden. Nein, was sich in Morris' Gehirn einnistete, war die Vision, daß Drinkwater die Sache verpatzen könnte, vielleicht sogar absichtlich.

»Wenn Sie mich im Stich lassen oder mir Schande bringen, werde ich Sie erschießen, Gott ist mein Zeuge.«

Drinkwater log nicht, als er beim Hinausgehen über die Schulter erwiderte: »Das würde ich niemals tun, nicht im Angesicht des Feindes.«

Er eilte zurück an Deck, wo ein Blick nach Lee seine schlimmsten Befürchtungen bestätigte. Man konnte schon den Rumpf des Gegners sehen, *Antigone* mußte das Rennen verlieren. Er begann, Befehle zu rufen.

Die Hektik, die darauf an Deck ausbrach, war im Lazarett kaum hörbar. In der kleinen Apotheke blickte Appleby beim Licht eines Kerzenstummels in ein Buch, dann in einen Glastopf und wieder zurück ins Buch. Schließlich richtete er sich auf. Er starrte das Glas an, dessen Inhalt grünlich verfärbt war und in dem flackernden Licht seltsam lebendig schien. Er öffnete den Verschluß und ließ einige weiße Kristalle in seine Handfläche fallen. Der Brechweinstein glänzte matt.

Appleby schüttete die Kristalle zurück, ein paar blieben an seiner feuchten Hand kleben.

»Ein Brechmittel«, murmelte er vor sich hin und stellte das Glas wieder an seinen Platz, »das auch schweißtreibend wirkt.« Er seufzte.

Der plötzliche Schein einer Laterne vor der angelehnten Tür ließ seine Hand vorschießen und die Kerze löschen. In völliger Dunkelheit wartete er und hoffte, daß er sich geirrt hatte. Aber er hörte ihr erschrecktes Atemholen, als sie das Schloß geöffnet fand. Sie hielt inne und überlegte offenbar, ob wohl jemand drin sein mochte. Dann kam sie zu einem Entschluß, zog die Tür auf und leuchtete in den kleinen Verschlag.

Appleby saß unbeweglich da, die schwankende Laterne zeichnete scharfe Konturen in sein Gesicht, beleuchtete seine runden Schultern und hob die Schatten seiner schlaffen Wangen und seines Doppelkinns hervor. Sie faßte sich an die Kehle.

»Mr. Appleby! Sir, Sie haben mich zu Tode erschreckt! Wie können Sie so im Dunkeln sitzen ...«

»Kommen Sie rein und schließen Sie die Tür.« Er sah sie mit einer Intensität an, daß sie schon erfreut dachte, er verspüre Lust auf sie. Also stellte sie sich so, daß er sie leicht umarmen konnte.

»Was, in aller Welt, soll das?« Applebys Stimme war dunkel vor Ärger. Mrs. Best zuckte zurück, da ergriff er die Laterne und hielt sie vor das Glas mit dem Brechweinstein.

»Sie haben das hier dem Kommandanten eingegeben.« Er sagte es langsam, keine Widerrede duldend.

»Sie wissen ...?«

»Ja. Sie haben es in seinen Wein gemischt, wenn ich auch noch nicht weiß, wie.«

Sie schwieg. Er blickte zu ihr auf: »Ich bin sehr enttäuscht. Ich hatte gehofft ...«

Sie fiel auf die Knie und ergriff seine Hände; ihre großen Augen blickten ihn fest an.

»Ich – ich wollte ihn nur dienstunfähig machen, zu krank, um das Schiff führen zu können. Sie selbst haben mich durch Ihr Gespräch mit Mr. Drinkwater auf die Idee gebracht.«

»Ich?«

»Jawohl, Sir.« Schon hatte sie Zweifel in ihm geweckt, hatte ihn entwaffnet mit ihrer unterwürfigen Haltung und dem blitzschnellen, treffsicheren Raffinesse der Großstädterin. »Sie haben doch gesehen, was er mit den Leuten macht, wie er sie grundlos auspeitschen läßt, wie er den armen kleinen Mr. Q in den Masttopp gejagt hat, ihn, dem eine Hand fehlt . . .« Sie appellierte an seine Menschlichkeit und fühlte, wie er nachgab. »Wir wissen doch alle, was Mr. Rogers erzählt hat – daß eigentlich Mr. Drinkwater das Kommando erhalten sollte.«

»Aber das ist noch lange kein Grund . . .«

»Und was für ein perverses Scheusal er ist, Sir . . .«

Aber jetzt zürnte Appleby. »Es steht *Ihnen* nun wirklich nicht an, darüber zu richten«, sagte er heftig. »Keinesfalls rechtfertigt es eine Vergiftung.«

»Aber ich habe ihm nur wenig gegeben, Sir, nur so viel, daß er brechen mußte. Es war nur etwas mehr, als Sie dem alten Kapitän gegen sein Fieber gegeben haben, Sir. Keine tödliche Dosis.«

Appleby runzelte die Stirn, seine Berufsehre stritt mit dem Verlangen, das er für diese Frau spürte, die in der stinkenden Dunkelheit vor ihm kniete. Er wollte es nicht Liebe nennen, denn er dachte, dafür sei er zu alt, zu häßlich und zu sehr ein Mann der Wissenschaft. Aber er stellte fest, daß er ihr nicht mehr zürnte. Er konnte ihre Motive ja verstehen, so wie man die Motive eines Kindes versteht, das sich schlecht benimmt. In dem Wunsch, sie zu schützen, wurde seine Abneigung gegen Morris noch bestärkt, aber natürlich war ihr Verbrechen damit nicht zu entschuldigen.

»Sie haben auch Mr. Drinkwater vergiftet, Catherine.« Unwissentlich traf er sie damit am empfindlichsten.

»Mr. Drinkwater, mein Gott! Wieso?«

»Morris hat ihm gestern abend eine Flasche geschenkt.«

»Oh!« Es war nicht Catherines Absicht gewesen, jemand anderem zu schaden, ganz besonders nicht dem Mann, der ihr die Chance gegeben hatte, der Gefangenschaft zu entgehen.

»Wie geht es ihm?«

»Ganz gut.« Er hielt inne. »Tut es dir leid?«

Da wußte sie, daß sie gewonnen hatte. Sie öffnete die Laterne und pustete sie aus, dann nutzte sie ihren Vorteil.

Im Geschützdeck war jeder an Deck entbehrliche Mann bei der Arbeit. Drinkwater hatte das Oberdeck Dalziell überlassen und dem Quartermaster angedroht, wenn er mehr als Haaresbreite vom Wind abfiele, würde er ausgepeitscht. Der Mann hatte freundlich gegrinst, und der Erste war unter Deck gegangen, um seine Idee in die Tat umzusetzen. Sie hatte gleich nach ihrem Bekanntwerden heftige Diskussionen hervorgerufen, und die meisten Stimmen waren ablehnend gewesen.

»Schluß mit diesem Weibergetratsch, und hört genau zu, was ich euch sage . . .«

Der Wind wurde von Minute zu Minute schwächer, behielt aber seine Richtung bei, was dem Gegner einen Vorteil verschaffte. Man konnte ihn nun von Deck aus klar erkennen, aber Drinkwater zerbrach sich jetzt nicht mehr den Kopf über die Schnelligkeit seiner Annäherung. Statt dessen schwitzte und fluchte, ermahnte und lobte er, packte mit an und trieb die Müden an. Die sechs Achtzehnpfünder der Backbordbatterie wurden quer über das Deck gezerrt, um die leeren Stückpforten an Steuerbord zu füllen. Das Deck war mit Taljen, Bullenstandern und Preventern bespannt. Nach mehreren Stunden schwerer Arbeit, nach ständigem An- und Abschlagen von Stoppern, enormem Verschleiß an Beiholern und kräfteverzehrender Arbeit mit Handspaken waren erst zwei Kanonen hinübergeschafft worden. Rogers, der sich in Hemdsärmeln den Schweiß von der Stirn wischte, suchte durch das Gewirr der Leinen einen Weg zu Drinkwater.

»Was Sie vorhaben, Sir, ist aber ein verdammt riskanter Trick! Ich will verdammt sein, wenn ich einsehe, warum wir alle Eier in ein Nest legen.«

Zustimmendes Gemurmel war von den Männern zu hören.

»Nun, Mr. Rogers«, sagte Drinkwater munter und so laut, daß er auch von den Umstehenden verstanden werden konnte, »so haben wir es eben leichter, sie den Franzosen an den Kopf zu werfen.«

»Vielleicht machen die Omeletts draus . . .«

»Und verspeisen sie zusammen mit ihren verdammten Froschschenkeln . . .«

Brüllendes Gelächter brandete auf. Lestock schielte vom Deck herunter und wandte sich indigniert ab.

»Der Kommandant weiß schon, was wir hier tun, Mr. Lestock«, rief ihm Drinkwater zu; lautes Lachen folgte seinen Worten. Es mochte eine gefährliche Disziplinlosigkeit sein, was er hier machte, aber zum Teufel damit! In wenigen Stunden konnten sie alle tot sein oder mit Santhonax die Rolle getauscht haben.

»Auf geht's! Die Talje dort muß noch etwas durchgesetzt werden, Mr. Brundell, sorgen Sie bitte dafür!«

»Los, Jungs«, brüllte der Steuermannsgehilfe. Die Männer spuckten in die Hände und legten sich wieder ins Zeug. Sie brachen spontan in ihren alten rhythmischen Sprechgesang aus, der die Anstrengungen wirksam unterstützte: *»Hellee-ee-bores ... Bellee-ee-whores!«*

Der nächste Achtzehnpfünder bewegte sich über das Deck, und Drinkwater dachte, daß Griffiths der Gesang gefallen hätte.

Als die Nacht hereinbrach, lagen sie fast völlig bekalmt. Der schwache Windhauch behielt aber seine Richtung bei. Im Morgengrauen frischte er auf und drehte zurück. Bei zunehmendem Licht sahen sie, daß sich die Segel ihres Widersachers früher füllten als ihre eigenen. Doch eine Stunde nach Sonnenaufgang wich Drinkwaters Verdruß neuer Hoffnung, denn der Wind sprang plötzlich wieder auf Südwest und frischte weiter auf. Beide Schiffe legten sich unter dem Druck auf die Seite, *Antigone* allerdings weniger als üblich, denn jetzt stand ihre gesamte Artillerie in Luv.

Allerdings hatte der launische Wind den Gegner fast in Schußweite gebracht. Schließlich konnte Drinkwater nicht umhin, seine Männer auf Gefechtsstationen zu rufen. Er hatte so lange gezögert, um ihre Kräfte zu schonen. Kaum hatte er seine Entscheidung getroffen, die Männer kamen gerade verschlafen an Deck gestolpert, da klatschte die erste Kugel hinter ihrem Achterschiff ins Wasser. Die achtzig Hellebores rannten auf Gefechtsstationen. Rogers kam nach achtern, um seine Befehle entgegenzunehmen. Nachdem Drinkwater seine Absichten erläutert hatte, streckte ihm Rogers die Hand hin.

»Ich habe Sie in der Vergangenheit falsch eingeschätzt, Nathaniel, jetzt tut es mir leid. Ich hoffe nur, daß mein neu gefundenes Vertrauen nicht enttäuscht wird.«

»Gleichfalls, Samuel«, erwiderte Drinkwater und lächelte.

Rogers eilte nach unten, um das Kommando über die Achtzehnpfünder zu übernehmen. Der nächste Schuß des Verfolgers lag wieder zu kurz. Die Trikolore wehte an seiner Gaffel und dem

Großmast aus, *Antigone* hatte immer noch keine Flagge gezeigt. Mr. Dalziell wanderte nervös an den Backbordkarronaden entlang. An Steuerbord stapfte Mr. Quilhampton seelenruhig auf und ab, er hatte seinen Armstumpf auf den Rücken gelegt und versuchte sein Bestes, um Mr. Drinkwater zu kopieren. Am Großmast hatte Mr. Brundell die Deckshände versammelt, um bei Bedarf entweder die Segel zu trimmen oder das andere Schiff zu entern. Auf der Back stand mit gegrätschten Beinen Mr. Grey mit der Bugmannschaft, die silberne Pfeife um den Hals.

Dann erschien Rattray mit einem Stuhl und stellte ihn auf das Quarterdeck. Morris ließ sich bleich und zitternd hineinfallen. Drinkwater trat zu ihm.

»Es freut mich, daß Sie heraufgekommen sind, Sir, Ihre Anwesenheit wird die Männer aufmuntern.« Unter den gegebenen Umständen konnte er nichts anderes sagen.

Morris starrte Drinkwater an und zog dann eine Hand unter der Decke hervor; ein Pistolengriff kam zum Vorschein.

»Lassen Sie das scheinheilige Gequatsche, Drinkwater. Retten Sie mein Schiff, oder Sie fahren zur Hölle!«

Drinkwater blieb der Mund offenstehen, so überrascht war er. Er faßte sich wieder, als ein dumpfer Schlag das Schiff erschütterte und eine Wolke von Holzsplittern über das Deck flog. Die Schlacht hatte begonnen.

Alles starrte nach achtern. Die heranstürmende Fregatte sah herrlich aus. Ihr Rumpf glänzte dunkelbraun, der Gang der Stückpforten war leuchtend gelb abgesetzt. Sie stand jetzt ungefähr einen Strich hinter ihrem Backbordheck. Gott sei Dank hat der Wind etwas zugelegt, dachte Drinkwater, dann wandte er sich an Lestock: »Fallen Sie bitte ein wenig ab, aber es muß aussehen, als ob es aus Unachtsamkeit geschähe.«

»Sie verschenken Höhe, Mr. Drinkwater?« fragte Lestock ungläubig, mit einem Seitenblick auf Morris.

»Führen Sie den Befehl aus, Sir!«

Der Quartermaster ließ das Ruder ein paar Speichen aufkommen, und *Antigone* fiel einige Grade vom Wind ab. Das Geschützfeuer hörte auf, der Franzose lief in ihr Kielwasser, seine Buggeschütze konnten das Ziel nicht mehr auffassen.

»Flagge setzen, Mr. Q!« Old Glory wehte knatternd über ihren Köpfen aus, fast gleichzeitig eröffnete das Backbordbuggeschütz des Feindes das Feuer. Er stand jetzt auf der anderen Seite, denn Drinkwater hatte freiwillig die Luvstellung aufgegeben; er ging nach vorne und packte die Reling.

»Mr. Brundell! Fieren Sie bitte die Vormastleeschoten etwas auf!«

Ein leichtes Zittern, das über die Reling in seine schwitzenden Hände geleitet wurde, zeigte ihm, daß *Antigone* durch die killenden Vorsegel an Vortrieb verlor. Er hoffte, daß für den Gegner die flatternden Schothörner durch die Großmastsegel verdeckt waren. Der Franzose setzte zum Überholen an und zog an ihrer Steuerbordseite vorüber, ein schönes, großes Schiff. Sie sahen es jetzt von der Seite und stellten fest, daß es dem ihren fast völlig glich.

»Sind Sie bereit, Mr. Rogers?« rief Drinkwater und erhielt die Bestätigung.

»Ich hoffe, Sie wissen, was Sie tun, Mr. Drinkwater.« Morris' Stimme klang kräftiger.

»Das hoffe ich auch, Sir«, erwiderte Drinkwater, den plötzlich eine Welle der Heiterkeit durchflutete. Hoffentlich eröffneten die Froschfresser das Feuer erst, wenn auch seine Kanonen alle zum Tragen kamen.

»Klar bei Besansegelbrassen, Mr. Brundell!« rief er scharf.

»Was, zum Teufel, soll das?«

»Bei dem, was wir jetzt zu erwarten haben . . .«

»Heilige Maria, Mutter Gottes . . .«

Rauchwolken quollen aus den Backbordgeschützen der französischen Fregatte. Es waren die Kanonen auf ihrer Leeseite, die nach unten geneigt waren – ein Nachteil ihrer Luvstellung. Aber noch war es nicht vorbei.

»Besanbrassen! Mr. Rogers!«

Die Leebrassen wurden losgeworfen, an jedem Belegnagel stand ein Mann mit dem Befehl, das Tau sofort zu kappen, wenn es unklar kommen oder sich in einem Block verklemmen sollte. Aber die Leinen liefen klar, und die Luvbrassen wurden unter der lautstarken Anleitung von Brundell dichtgeholt. An ihrer ganzen Steuerbordseite zuckten die Mündungsfeuer auf und ballte sich der Qualm der Hauptartillerie. Die zwölf Achtzehnpfünder rumpelten auf ihren Lafetten zurück, um ausgewischt und nachgeladen zu werden. Drinkwater hatte nicht damit gerechnet, daß sie mehr als eine Salve würden abgeben können, denn unter dem Druck des mit Donnergetöse backkommenden Besansegels schien *Antigone* schlagartig stehenzubleiben. Der Franzose stürmte vorbei, seine Kugeln schlugen vor den Briten wirkungslos ins Wasser. Quilhampton ließ seine Karronade seitlich herumreißen, damit er eine zweite Salve abfeuern konnte, er brüllte seine Mannschaften an wie ein altgedienter Salzbuckel: »Los, los, ihr Hurensöhne, schneller mit dem Auswischer! Verdammt sollt ihr sein . . .«

Drinkwater beobachtete die Feuerwirkung. Sie hatten mit maximaler Rohrerhöhung in dem Augenblick geschossen, als sich *Antigone* vom Gegner weg auf die Seite gelegt hatte. Sie mußten Wirkungstreffer im Rigg des Gegners erzielt haben. Sie mußten! Schließlich hatten sie alles an Ketten- und Stangenkugeln in die Rohre gestopft, was hineinpaßte. Alle diese Geschosse hatten nur einen Zweck: den Gegner zu entmasten, wie die Briten das aus früheren Treffen mit den Franzosen nur zu gut kannten. Diesmal hatten sie ihnen ihre eigene Medizin zu kosten geben wollen. Aber offensichtlich hatten sie ihr Ziel verfehlt. Niedergeschmettert las Drinkwater den Namen der vorbeipreschenden Fregatte: *Romaine.* Jetzt gab es nur eins – die Hacken zeigen!

Ein Hurraruf erscholl auf der Back, er blickte wieder hoch. Der Großmast des Feindes wankte nach Lee, bog sich elegant durch – und dann fiel er, alles mit sich über Bord reißend. Spieren krachten, Stage brachen knallend.

Erleichterung durchflutete Drinkwater. Begeisterungsrufe brandeten über das Deck. Rogers kam herauf und schüttelte ihm ekstatisch die Hand. Sogar auf Lestocks Gesicht war ein schwaches Lächeln zu entdecken.

»Sir! Sir!« Quilhampton deutete aufgeregt nach vorn.

»Verdammt!«

Die Wrackteile zogen *Romaine* nach Backbord, genau vor den Bug der *Antigone,* in die ideale Position zum Beharken in Längsrichtung. Auf ihrem Deck arbeiteten Männer mit Äxten verbissen daran, das Schiff von dem unerwünschten Treibanker zu befreien. Vorne schrie ein Mann, als ihm von einer Kugel ein Bein abgerissen wurde. Es war Mr. Brundell.

»Mr. Grey! Alle Vormastsegel back!« Drinkwater drehte sich um. »Die Großmastsegel back, Mr. Dalziell, Beeilung bitte!«

Er wartete ungeduldig. *Antigone* mußte beidrehen und dann Fahrt über den Achtersteven aufnehmen, um dem Verhängnis zu entgehen ...

Die Breitseite traf sie voll, ihre Kugeln bestrichen die gesamte Länge des Decks. Mr. Quilhampton fiel, und neben Drinkwater würgte Lestock dumpf. Ein Blutstrom ergoß sich über Drinkwaters Hose. Drinkwater stand wie angenagelt, ebenso wie Mr. Grey auf der Back. Beide waren wie betäubt. Hundert Fuß trennten sie, ihre Blicke trafen sich über einem Deck voller Leichen. Wie von Geisterhand bewegt, drehten sich die Großmastrahen, gefolgt von denen am Vormast. *Antigone* nahm Fahrt achteraus auf. Die nächste Breitseite brüllte auf, in der Aufwärtsbewegung abgefeuert. *Antigones* Vormaststenge ging über Bord.

»Nach Luv das Ruder! Hart Steuerbord!« Aber Drinkwaters Befehl kam zu spät. Die Fregatte drehte bereits in den Wind, drehte durch den Wind, schließlich dümpelte sie nur noch, ihre unbewaffnete Backbordseite zeigte auf den Feind.

»An die Leemarsbrassen!« Wenn es gelang, die Segel auf dem neuen Bug richtig zu trimmen, konnten sie immer noch entkommen. Aber die nächste Breitseite kostete sie Großmarsstenge und Besanbramstenge. Keine lebende Seele stand mehr am Ruder. Drinkwater blickte zur *Romaine* hinüber. Er wußte, daß französische Handelsstörer starke Besatzungen hatten, und dieser Vorteil zeigte sich jetzt. Die hinderlichen Wrackteile waren schon beseitigt, der Kommandant hatte das Schiff völlig unter Kontrolle, langsam näherte es sich.

»Mr. Dalziell, klar bei den Karronaden an Backbord! Mr. Grey, die Backbordkarronaden auf dem Vorschiff klar!« Voll Bitterkeit wankte Drinkwater nach vorne an eine der Messingdrehbassen und richtete sie auf die angreifende Fregatte.

»Mr. Drinkwater!« Er drehte sich um und sah, daß Morris mit der Pistole auf ihn zielte.

»Sie haben versagt, Drinkwater!«

»Noch nicht, bei Gott, Morris, noch nicht ...«

»Was können Sie denn jetzt noch retten, Sie Flasche? Ihre Cleverness hat Sie vernichtet.«

In Drinkwaters Kopf drehte sich alles. Tatsächlich war er noch vor einer Sekunde am Rande des Zusammenbruchs gewesen, aber das menschliche Hirn arbeitete unter Streß oft wundersam. Ihm wurde gar nicht bewußt, daß Morris' Drohung mit der Pistole völlig absurd war, daß Morris' Freude über seinen Fehlschlag zwangsläufig mit seiner Gefangennahme enden mußte. Die alte Beleidigung aus der Fähnrichsmesse stachelte ihn zu neuer Anstrengung auf.

»Nein, Sir! Bei Gott, einen Trumpf haben wir noch im Ärmel!«

Er rief nach Mr. Rogers, da erschien Dalziell mit einem bunten Stoffbündel im Arm.

November–Dezember 1799

Wie ein Wunder

Drinkwater riß die Flagge aus Dalziells Armen, das rote Fahnentuch sank an Deck. Er drehte sich zu Morris um, blickte ihn fragend an. Morris neigte bestätigend den Kopf, er hatte die Order zur Kapitulation gegeben.

Er hatte in der Übergabe die einzige Möglichkeit gesehen, sein Leben zu retten. Der feindliche Kreuzer war auf der Ile de France stationiert. Der Kommandant einer so glänzend verteidigten Prise würde dort mit allem Respekt behandelt werden und auch weiterer Vergiftung entgehen. Und während er selbst unter leichtem Hausarrest stehen würde, wären seine Offiziere eingekerkert. Drinkwater würde für die Dauer des Krieges lebendig begraben sein, womit beendet wurde, was er in Qusayr erfolglos versucht hatte.

Auf dem Achterdeck herrschte explosive Spannung, beiden Männern war klar, worum es ging. Ihre gegenseitige Abneigung hatte den Höhepunkt erreicht.

»Die Franzosen schicken ein Boot, Sir.« Dalziells Blicke wieselten von einem zum anderen. Drinkwater wandte sich um und schob ihm die Flagge wieder zu.

»Das ist *Hellebores* Flagge! Bei Gott, ich lasse nicht zu, daß sie jetzt schon gestrichen wird!«

Rogers erreichte das Achterdeck und starrte die Flagge an.

»Wir haben doch nicht etwa . . .?«

»Nein, verdammt noch mal, wir haben nicht!« Er schob Dalziell zur Flaggleine und sagte barsch zu Rogers: »Bringen Sie Santhonax und Bruilhac nach oben! Rasch!«

Drinkwater blickte dem Boot entgegen, es war eine Barkasse,

randvoll mit Männern besetzt; sie stand noch eine Kabellänge entfernt.

»*Ich* habe hier das Kommando, verdammt!« zischte Morris wütend.

Drinkwater drehte sich um und erblickte die Pistole. Er überquerte das Deck in zwei Sätzen und riß Morris die Waffe aus der Hand.

»Meinetwegen können Sie verrotten, Morris, aber ich bin noch nicht dazu bereit . . . Ziehen Sie die Flagge wieder hoch, Dalziell, Sie Lümmel . . .« Drinkwater war sich nicht klar darüber, daß er die Pistole auf den jungen Mann gerichtet hielt. Dalziell warf Morris einen letzten verzweifelten Blick zu, dann führte er den Befehl aus.

Er belegte die Flaggleine gerade, als Santhonax an Deck kam. Der Franzose blickte sich neugierig um, registrierte die herabgestürzten Spieren, die zerfetzten Körper und die Blutlachen an Deck. Er sah, daß die Flaggleine gerade wieder belegt wurde, sein schneller Verstand erfaßte die Situation. Ein Blick nach Luv zeigte ihm seine Landsleute, die Stückpforten der *Romaine* und das Boot, das nun fast längsseits war.

»Stellen Sie die beiden an die Reling, Rogers, die Franzosen werden nicht feuern, so lange ihr eigenes Boot bei uns liegt.«

Aber ein Geschütz feuerte doch, die Kugel jaulte über sie hinweg. Es war nur ein Schuß, der die Briten an die Etikette des Krieges erinnern sollte. Drinkwater zielte mit seiner Pistole auf Santhonax.

»Kapitän, sagen Sie dem Boot, daß es wieder zurückfahren soll. Dieses Schiff hat sich nicht ergeben, die Flaggleine ist durchschossen worden. Wenn sich das Boot zurückzieht, werde ich das Feuer nicht eher wieder eröffnen, bis es sein Schiff erreicht hat. Andernfalls lasse ich das Boot vernichten«, er machte eine Pause, »und Sie ebenfalls, Kapitän.«

Die Franzosen waren jetzt nur noch zehn Meter entfernt; ein Offizier stand im Heck und blickte erstaunt den französischen Marineoffizier an, der unter der britischen Flagge stand wie Hektor auf den Mauern von Troja.

Santhonax starrte Drinkwater an.

»Nein«, sagte er einfach. »Ich überlasse Sie einfach der Hoffnungslosigkeit Ihrer Lage und Ihrem Gewissen, das Ihnen verbieten wird, mich zu erschießen.«

Drinkwaters Herz krampfte sich schmerzhaft zusammen, er fühlte, daß ihm der Schweiß ausbrach, daß Morris schadenfroh der Entwicklung folgte; unterdrückt fluchte er.

»Hoch, Bruilhac!« Der verschreckte Junge stieg zitternd auf das Schanzkleid. Drinkwater gab Rogers einen Wink, Santhonax abzuführen. Rogers sprang vor, Tregembo wollte ihm helfen, aber sie waren beide zu langsam.

Drinkwater wollte gerade Bruilhac mit der Androhung eines schnellen Todes einschüchtern, falls er seinen Anweisungen nicht Folge leistete, aber die Ereignisse enthoben ihn dieser Brutalität. Plötzlicher Kanonendonner im Osten fesselte die Aufmerksamkeit aller und lenkte sie von dem kleinen Drama am Schanzkleid der *Antigone* ab. Zuerst glaubten alle, *Romaine* hätte eine letzte vernichtende Breitseite abgefeuert, um *Antigone* zum Streichen der Flagge zu bewegen. Die Franzosen in der Barkasse dachten dasselbe und zogen instinktiv die Köpfe ein. Bruilhac wurde vor Angst ohnmächtig, Santhonax aber sprang über Bord.

Drinkwater registrierte den Ausbruch von Santhonax, das Wutgeheul von Morris und auch, daß bei *Romaine* kein Mündungsfeuer zu sehen war. Die Sonne brannte durch den sich auflösenden Rauch des Gefechts, der Wind trug die Schwaden nach Lee davon, und dort, in der breiten Sonnenbahn auf dem Wasser, sah er den Neuankömmling.

»Eine britische Fregatte! Das ist ein Wunder!« trompetete Rogers und löste damit die allgemeine Versteinerung. Tregembo packte eine zweipfündige Kugel aus den Vorräten für die Karronaden und versuchte, sie in das französische Boot zu werfen. Die Franzosen legten sich in die Riemen und warfen das Boot herum, gerade als Kapitän Santhonax eine Hand danach ausstreckte. Drinkwater erhaschte einen Blick in sein Gesicht, es war entstellt durch den Schmerz, den ihm seine Schulter bereitete; er zog den linken Arm kraftlos nach, aber seine langen Beine arbeiteten mächtig.

Eine letzte donnernde Breitseite von *Romaine* verursachte eine kurze Pause. Auf *Antigone* gab es keine Treffer. *Romaine* braßte ihre Rahen an, dann füllten sich die Segel mit Wind.

Drinkwater sprang an Deck: »Rogers! Tregembo!«

Er packte eine Kartusche und rammte sie in die nächste Karronade. Tregembo rollte eine Kugel in die Mündung und half Rogers an den Richttaljen. Drinkwater drehte das Rohr auf Minimalhöhe und visierte. Durch die Pforte konnte er das Boot sehen, der Offizier und ein Mann zogen Santhonax gerade über den Heckspiegel. Rogers führte die Lunte ein und blies Pulver in die Zündpfanne. Immer noch das Boot anvisierend, spannte Drinkwater das Schloß, dann tasteten seine langen Finger nach der Abzugsleine. Es kam ihm in den Sinn, daß es einfacher sei, auf große Entfernung zu töten, fern der Auseinandersetzung, der Santhonax gerade entkommen war. Er brauchte nur die Leine zu ziehen, und Santhonax würde sterben. Er dachte an die grauen Augen auf dem Porträt unter Deck, und von Hortense wanderten seine Gedanken zu Elizabeth. Der Heckspiegel des Bootes glitt aus der Visierlinie, er riß an der Leine. Die Karronade fuhr zurück, Drinkwater blickte auf, um den Schuß zu verfolgen. Eine Wassersäule schoß am Heck des Bootes hoch. Er war erstaunt, daß er es mit Erleichterung sah.

»Wir wollen unser Glück mit der Fregatte versuchen.«

Wieder drehte Drinkwater das Rad für die Rohrerhöhung, bis die ablaufende *Romaine* im Visier erschien. Mit ihrem verkrüppelten Mast schlich sie langsam davon. Sie feuerten sechs Schüsse ab, dann gaben sie es auf, denn *Romaine* befand sich außerhalb ihrer Schußweite. Sie reckten die Hälse, um zu sehen, was weiter geschah. Ihr Retter drehte und versuchte, sich hinter *Romaines* Heck zu setzen, um sie zu beharken. Aber der französische Kommandant legte ebenfalls Ruder und folgte der Drehung des Briten. So kreisten sie umeinander wie zwei Hunde, wobei der eine die Nase am Schwanz des anderen hat. Eine volle Breitseite krachte auf *Romaine,* eine schwächere Antwort kam von dem Briten, der gleich noch eine zweite folgen ließ. *Romaine* begann, sich nach Südosten abzusetzen. Der Unbekannte halste, um die Verfolgung aufzunehmen, aber dabei ging seine Besanmarsstenge über Bord.

»*Telemachus*«, entzifferte Drinkwater im Fernglas. Die beiden Schiffe entfernten sich langsam. *Antigone* blieb leicht rollend zurück. Das Boot war verschwunden. Drinkwater wandte seine Aufmerksamkeit wieder den Vorgängen an Deck zu und wechselte einen langen Blick mit Morris. Unter schweren Lidern waren Morris' Augen die eines Verlierers. Er ließ sich unter Deck bringen.

Ohne Triumph wandte Drinkwater den Blick ab und gewahrte den ausgestreckten Körper Quilhamptons. Tregembo trat hinzu.

»Er weist keine Verletzung auf, er kann nicht tot sein . . . Mr. Q! Hören Sie mich, Mr. Q?«

Drinkwater begann, die Handgelenke des Jungen zu massieren; dessen Lider fingen an zu zucken, schließlich öffnete er die Augen. Rogers beugte sich über ihn.

»Eine vorbeifliegende Kugel hat ihm die Luft genommen. Er wird leben«, sagte Rogers.

Es dauerte drei Tage, bis *Antigone* wieder aufgeriggt war, drei Tage voll knochenbrechender Arbeit. Die völlig erschöpfte Mannschaft schuftete und fluchte, aß und schlief zwischen den Kanonen. Aber obwohl sie lästerlich schimpften, arbeiteten die Männer willig. Sie fühlten sich immer noch als Hellebores, und die große Fregatte war ihre Prise, der handgreifliche Beweis für ihre Anstrengungen. Außerdem war sie eine Geldquelle, und die geschrumpfte Zahl der Besatzung vergrößerte den Prisenanteil der Überlebenden.

Schließlich konnten neue Stengen geriggt und an allen Masten die Haupt- und Marssegel angeschlagen werden. Später würden sie nach einigen Verbesserungen auch noch das Großmarssegel setzen können, dachte Drinkwater.

Für ihn war die Aufgabe, die Fregatte wieder seetüchtig zu machen, ein Problem, das seine ganze Aufmerksamkeit erforderte; alles andere konnte warten. Morris hatte sich ganz in seine Kajüte zurückgezogen. Schließlich machte die Nachricht die Runde, daß er schon wieder Essen bei sich behalten konnte.

Aus dem Lazarett wurden die verschnürten Hängematten mit den Leichen der Unglücklichen an Deck gebracht, die Applebys Behandlung nicht überlebt hatten. Die tapfer lächelnden Verwundeten schnappten frische Luft. Über Bord gingen die leeren Rumflaschen, deren Inhalt Appleby seine stundenlange schwere Arbeit erleichtert hatte.

Johnson meldete, daß der Rumpf einundzwanzig Einschüsse aufwies, aber nur zwei lagen so tief, daß sie ernsthaften Schaden verursacht hatten. Die Pumpen quietschten unaufhörlich, auch dann noch, als die restlichen Männer das halbe Dutzend Achtzehnpfünder wieder zurück auf die Backbordseite gezerrt hatten.

Sie hatten sechzehn Tote und zwanzig Verwundete zu beklagen. Die Rangunterschiede hatten nahezu aufgehört zu existieren, denn Drinkwater hatte darauf bestanden, daß auch die Offiziere mit Hand anlegten und den Männern mit gutem Beispiel vorangingen. Mr. Lestock schüttelte darüber mißbilligend den Kopf. Drinkwater überließ ihm die Deckswache, er selber gewann der Arbeit sogar erfreuliche Seiten ab, vor allem dank der loyalen Unterstützung durch Tregembo, und auch der verkrüppelte Quilhampton half, wo er nur konnte. Samuel Rogers meisterte jede Aufgabe, die man ihm übertrug, mit dem wilden Temperament, das so charakteristisch für ihn war.

Am späten Nachmittag des dritten Tages nach dem Gefecht wurde in Lee ein Segel gesichtet. Nervös richteten sich viele Ferngläser darauf, es wurde befürchtet, daß die wieder aufgeriggte *Romaine* zurückkam, um ihrem Widersacher den Rest zu geben. Drinkwater brachte *Antigone* an den Wind und informierte Morris.

»Ich glaube, es ist *Telemachus,* Sir«, meldete Quilhampton, als Drinkwater wieder an Deck kam.

»Lassen Sie das Anfragesignal setzen, Mr. Q. Mr. Rogers, alle Mann auf Gefechtsstationen!«

Die Pfeifen schrillten an den Niedergängen, und ein schrecklich kleines Häufchen taumelte an Deck und verstärkte die Wache. Der Fremde kam schnell auf, er lag viel höher am Wind als *Antigone.* Das Erkennungssignal wehte vom Vormasttopp aus.

»Offensichtlich ist es ein Brite«, sagte Lestock überflüssigerweise.

Drinkwater beließ die Männer auf Gefechtsstationen, als sich das andere Schiff näherte. Mit einer Meile Abstand feuerte der andere einen Schuß nach Lee ab und setzte das Signal zum Beidrehen.

Drinkwater ließ das Großmarssegel backsetzen. In ihrem augenblicklichen Zustand konnte *Antigone* das andere Schiff weder niederkämpfen noch ihm entkommen.

»Er schickt ein Boot, Sir«, meldete Quilhampton.

Drinkwater ging nach unten, um Morris zu informieren. Der Commander beobachtete den Ankömmling von der achteren Backbordgalerie aus.

»Ein Achtundzwanziger, nicht wahr? Also ein Postschiff. Wissen Sie, wer der Kommandant ist?«

»Nein, Sir.«

»Ich komme nach oben.«

Das Boot hüpfte über die Wellenkämme zwischen den Schiffen.

»Ein Fähnrich sitzt darin, Sir.« Quilhamptons Augen leuchteten vor Aufregung. Es schien Drinkwater, als ob Mr. Q plötzlich stolz auf den Verlust seiner Hand sei. Das war wenig genug Ausgleich, dachte er.

»Nehmen Sie den jungen Herrn in Empfang, Mr. Q.«

Die Männer blinzelten neugierig auf das sich nähernde Boot, die Stückmannschaften reckten die Hälse durch die Pforten.

Morris kam unordentlich gekleidet an Deck und ließ sich ein Fernglas reichen. Der fremde Fähnrich schwang sich über die Seite. Spottreden kamen aus den unteren Stückpforten, Rogers' Stimme bellte: »Ruhe da!«

Die Bootsgasten wirkten schmuck in blau-weiß gestreiften Hemden und weißen Leinenhosen, außerdem trugen sie Lackhüte mit weißen und blauen Bändern; die Riemen waren ebenfalls in diesen Farben verziert. Diese Aufmachung mußte die Hellebores erheitern, aber Drinkwater schloß daraus, daß der Kommandant ein wohlhabender Mann war. Wahrscheinlich ein Offizier mit Verbindungen zum Parlament, sicherlich noch sehr jung, vielleicht halb so alt wie er selbst. Damit hatte er fast ins Schwarze getroffen.

Quilhampton erreichte das Achterdeck, sah Morris und änderte seinen Kurs von Drinkwater zum Commander: »Mr. Mole, Sir.«

Der Fähnrich verbeugte sich, er sprach mit einem deutlich ländlichen Norfolkakzent. »Meine Empfehlung, Sir – Commander Morris, wie ich vermute.« Morris erstarrte. »Für Sie Lümmel immer noch Kapitän! Wer kommandiert Ihr Schiff?«

Der Junge ließ sich nicht ins Bockshorn jagen.

»Kapitän White, Sir, Kapitän Richard White. Er bietet Ihnen jede Unterstützung an, die Sie brauchen sollten, aber ich sehe, daß Sie uns wohl kaum benötigen. Meine Gratulation!«

Drinkwater grinste grimmig. Der Affront, den sich dieser Junge geleistet hatte, verdiente Bewunderung, besonders deshalb, weil er sich von Morris nicht einschüchtern ließ.

Morris war perplex. Er drehte sich abrupt um und schritt zum Niedergang.

»Mr. Drinkwater, ich vermute, der feine Pinkel da drüben erwartet, daß wir seinen Befehlen gehorchen. Teilen Sie dem Laffen bitte mit, was wir benötigen. Dann jagen Sie diesen parfümierten Hintern von meinem Schiff.« Er verschwand unter Deck.

»Aye, aye, Sir.« Drinkwater betrachtete den Fähnrich. »Nun, Mr. Mole, ist das Ihr gewöhnlicher Umgangston, wenn Sie mit vorgesetzten Offizieren sprechen?« Der Junge blinzelte, und Drinkwater fuhr fort: »Was Ihren Kommandanten angeht – handelt es sich um Richard White aus Norfolk, einen kleinen Mann mit blondem Haar?«

»Kapitän White ist von kleinem Wuchs«, erwiderte Mole steif.

»Sehr gut, Mr. Mole. Ich möchte, daß Sie Kapitän White darüber informieren, daß wir sehr unterbesetzt sind, aber es zum Kap schaffen werden. Wir haben Depeschen von Admiral Blankett an Bord und sind nur leicht bewaffnet. Wir sind die Prisenbesatzung einer Brigg und waren kürzlich verdammt dankbar für Ihr Auftauchen.«

Mole lächelte, als sei er höchstpersönlich für das rechtzeitige Erscheinen von *Telemachus* verantwortlich.

»Ach ja, Mr. Mole, und informieren Sie ihn bitte auch darüber, daß der Name unseres Kommandanten Augustus Morris ist und daß ich Drinkwater heiße. Ich bestehe darauf, daß Sie diese Einzelheiten übermitteln.«

Mole wiederholte die Namen.

»Was ist übrigens aus dem Franzosen geworden, Mr. Mole?«

»Er ist uns in der Nacht entwischt, Sir.«

»Na so was!« Drinkwater blickte Quilhampton an. »Das wäre uns nicht passiert, nicht wahr, Mr. Q?«

»Niemals, Sir!« grinste Quilhampton.

»Sehen Sie nur, was Mr. Quilhampton das letzte Mal widerfuhr, als wir im Feuer standen...« Quilhampton hob seinen Armstumpf. »Mr. Quilhampton hat den Feind am Bugspriet gepackt und so seine Flucht verhindert...«

Gelächter wehte über das vernarbte Achterdeck *Antigones*. Mole, der schnell begriffen hatte, daß der Scherz auf seine Kosten ging, grüßte und flüchtete.

»Boot ahoi!« rief Lestock das Boot an, das sich näherte.

»*Telemachus!*« Die Antwort bedeutete, daß der Kommandant der Fregatte im Boot saß.

»Nun machen Sie mal einen Vorschlag, wie wir ein ordnungsgemäßes Empfangskomitee zusammenstellen sollen, Mr. Drinkwater«, sagte Lestock sarkastisch.

Drinkwater setzte sein Fernglas ab, die kleine Gestalt im Heck hatte er sofort erkannt.

»Ach, ich denke, daß Sie und Mr. Dalziell als Dekoration genügen werden. Mr. Grey und seine Gehilfen stellen die Ehrenwache. Für übertriebene Etikette ist jetzt nicht die richtige Zeit. Mr. Q!«

»Sir?«

»Informieren Sie bitte den Kommandanten, daß Kapitän White an Bord kommt.«

»Aye, aye, Sir.«

Drinkwater ging nach vorne, um das Empfangskomitee zu verstärken.

Lestock war wütend. Greys Bootsmannspfeife zwitscherte, und Drinkwater zog seinen verbeulten Hut.

»Ich will verdammt sein, du bist es wirklich!«

Richard White, mit goldenen Ärmel- und Schulterstreifen geschmückt, streckte die Hände zu freundschaftlicher Begrüßung aus.

»Bin verdammt froh, dich zu sehen, Nat . . .« Er blickte sich auf dem Deck um. »Wo ist diese Ausgeburt der Hölle, von der mir Mole erzählt hat?« Er unterbrach sich, und Drinkwater drehte sich gerade noch so rechtzeitig um, daß er Morris an Deck kommen sah.

»Na, so was, ich will blind werden, wenn das nicht der schwule Morris ist!«

November 1799–Januar 1800

Das Kap der Guten Hoffnung

Vor vielen Jahren hatte Richard White unter den sadistischen Quälereien von Morris zu leiden gehabt. Es war auf *Cyclops* gewesen, wo er mit Drinkwater zusammen als Fähnrich gedient hatte. Damals war der verängstigte White von Drinkwater beschützt worden. Später hatte er unter dem pedantisch genauen St. Vincent gedient, und jetzt befehligte er sein eigenes Schiff. Er war ein jähzorniger, aber gradliniger Mann geworden. Unter der Autorität konnten seine Freunde manchmal den knabenhaften Charme und die gelegentliche Unsicherheit eines noch sehr jungen Mannes erkennen; aber jetzt verbündete sich seine Machtstellung mit dem unwiderstehlichen Drang, seinen alten Widersacher öffentlich zu demütigen.

Einen Moment herrschte unheilvolles Schweigen unter den drei Männern. Drinkwater war zwischen seinen Vorgesetzten eingeklemmt, also verhielt er sich abwartend und beobachtete Morris' Reaktion. White war außerordentlich unhöflich gewesen. Unerklärlicherweise fühlte er kurz Mitleid mit Morris. Falls der Commander Genugtuung verlangt hätte, wäre das sicher gerechtfertigt gewesen – ganz gleich, was die Marinevorschriften auch über Duelle sagen mochten. White für seinen Teil war erfrischend streitlustig.

Morris verharrte stocksteif, sein Gesicht verlor jede Farbe, so sehr erschütterte ihn diese Beleidigung auf seinem eigenen Achterdeck. Nur die Beziehungen seiner Schwester hatten verhindert, daß er bisher wegen seiner Verfehlungen zur Rechenschaft gezogen wurde. Plötzlich sah er sich nun einer übergeordneten Instanz gegenüber, die von den üblichen Intrigen der Marine nicht belastet war. Whites drastische Äußerung hatte ihn entwaffnet.

Morris warf White einen Blick zu, der ein empfindsameres Gemüt auf der Stelle hätte tot umsinken lassen, aber er zügelte seine Zunge. Brüsk wandte er sich ab und verschwand im Niedergang; dabei rempelte er Drinkwater an, das Gesicht vor Wut und Empörung verzerrt. White ignorierte Drinkwaters verlegenen Blick.

»Nat, es tut mir aufrichtig leid, daß uns der Froschfresser durch die Lappen gegangen ist. Doch in der Nacht flaute der verdammte Wind ab, bei geschlossener Wolkendecke. Es war finster wie in den Stiefeln des Höllenfürsten, aber trotzdem bleibt es eine verdammte Schande.«

Er ließ die Augen über *Antigones* Takelage schweifen, die deutlich den Stempel von Drinkwaters Fleiß trug.

»Wie ich sehe, wart ihr nicht untätig. Aber erzähl doch, was ist aus der Brigg geworden, auf der ich dich das letzte Mal gesehen habe? Ich hörte, daß ihr damit ins Rote Meer geschickt worden seid. St. Vincent war ziemlich böse darüber. Ich glaube, wenn Nelson nicht bei Abukir gesiegt hätte, wäre er für seine Eigenmächtigkeit zur Rechenschaft gezogen worden.«

White grinste jungenhaft und fuhr fort: »Ich habe an Elizabeth geschrieben und ihr mitgeteilt, was ich wußte. Ich dachte mir schon, daß du vor dem Kap keine Chance finden würdest, ihr einen Brief zu schicken . . .«

Drinkwater stammelte seinen Dank, aber White plauderte weiter und marschierte dabei an Deck hin und her.

»Zum Teufel, das hier ist eine schmucke Fregatte, ganz ohne Frage. Mole sagte mir, daß ihr nur unvollständig bewaffnet seid?«

»Aye, wir haben nur zwölf Achtzehnpfünder im Geschützdeck.«

»Also habt ihr euch gegen *Romaine* nur mit Sechserbreitseiten wehren können?«

»Nicht ganz. Wir hatten alle auf Steuerbordseite stehen.«

Whites Augenbrauen hoben sich, als er die Tragweite des Gesagten begriff. »Also war eure Backbordbatterie leer?«

»Aye, Sir.«

»Verdammt will ich sein! Du wirst schon ebenso unorthodox wie Nelson. Wir dachten, ihr hättet die Flagge gestrichen?«

»Die Flaggleine war durchschossen«, sagte Drinkwater lahm.

»So, so.« White blickte Drinkwater an. »Wir haben nach einer französischen Fregatte gesucht, seit *Jupiter* im Oktober von *Preneuse* schwer beschädigt worden ist.« Er rieb sich die Hände. »Also sehen wir uns am Kap wieder. Ihr lauft die Table Bay an, um weitere Befehle entgegenzunehmen, das kannst du Morris von mir ausrichten. Und was würdest du zu einem Dinner auf *Telemachus* sagen?«

Drinkwater warf einen bedauernden Blick in Richtung Achterkajüte.

»Es wäre mir eine große Freude, Richard, aber . . . Außerdem danke ich dir herzlich dafür, daß du an Elizabeth geschrieben hast. Sie war nämlich schwanger, weißt du?«

White machte eine wegwerfende Handbewegung, schwangere Frauen lagen außerhalb seines Erfahrungsbereichs; aber er hatte Drinkwaters Besorgnis wegen Morris bemerkt.

»Hoffentlich habe ich deine Stellung hier nicht unnötig erschwert. Ich meine, wie klappt es mit dir und Morris?«

»Es könnte nicht schlechter sein.«

White blickte Drinkwater scharf an. »Hattet ihr nun die Flagge gestrichen oder nicht?«

»*Ich* hatte es nicht befohlen, Sir.« Drinkwater erwiderte fest Whites Blick.

»Wir sehen uns am Kap, Nat.«

Drinkwater beobachtete, wie Whites Gig elegant weggerudert wurde.

Das Kap der Guten Hoffnung lag immer noch eintausend Meilen entfernt; die Seeleute nannten es auch das Kap der Stürme. So hatte es sich ihnen auf der Ausreise gezeigt, aber nun hoffte er, daß es auf der Heimreise seinem anderen Namen gerecht werden würde. Drinkwater setzte den Hut auf.

»Lassen Sie hart anbrassen, Mr. Lestock. Gehen Sie auf Kurs Südwest, wenn das möglich ist.«

Er stieg unter Deck, um die unvermeidliche Konfrontation mit Morris hinter sich zu bringen.

Der Commander saß kerzengerade in seinem Sessel, seine Hände umklammerten die Armlehnen. Wie gelähmt dachte er an die juristischen Konsequenzen, die Whites Bemerkung haben konnte. Die Angst vor der Schlinge des Henkers kämpfte in ihm mit der Wut über die erlittene Demütigung. Der damals so schwächliche White war ein cholerischer, draufgängerischer Kapitän geworden, ein Aufsteiger, der Morris gefährlich werden konnte.

Drinkwater hatte den Eindruck, daß Morris ihm an die Kehle springen wollte, obwohl er scheinbar ganz steif dasaß. Vielleicht konnte er Morris' Gedanken im Unterbewußtsein erahnen.

»Entschuldigen Sie Kapitän Whites Bemerkung, Sir, ich hatte keine Ahnung . . .«

»Verdammt sollst du sein, Drinkwater! Zur Hölle mit dir!« Morris spie die Worte förmlich durch die zusammengepreßten Zähne. Seine Wut war so über die Maßen groß, daß er jede Selbstbeherrschung verlor und einen endlosen Strom von Flüchen und Beleidigungen hervorstieß. Drinkwater drehte sich auf dem Absatz um. Später mußte sich Rattray auf die Suche nach Dalziell machen.

Zwei Wochen ließ sich Morris nicht an Deck sehen. Appleby besuchte ihn täglich und stellte zwar eine Besserung seines Zustands fest, aber sie war nicht so durchgreifend, wie er gehofft hatte. Er erklärte diese Bemerkung nicht weiter, hatte sie aber mit so bedeutungsschwerer Stimme gemacht, daß Drinkwater aufmerksam wurde.

Sie erreichten den Schutz der Table Bay nicht, ohne der See ihren Tribut gezollt zu haben. Der günstige Strom schob *Antigone* um die Südspitze Afrikas, und niemand war sich der Tatsache bewußt, daß draußen am Rand der Agulhas-Bank, wo der Festlandsockel zu den Tiefen des Südlichen Ozeans abfällt, die vorherrschenden Westwinde auf den gegenlaufenden Agulhasstrom treffen. Durch diesen Zusammenprall entstehen die größten Monsterseen, die je von Menschen beobachtet wurden.

Die Fregatte arbeitete sich mühsam nach Luv, ihre kleine Besatzung war ständig durchnäßt, müde und hungrig. Der Weststurm erreichte mörderische Stärke. Sogar der schwarze Humor, mit dem an Bord Witze über den südlichen Sommer gerissen wurden, versiegte. Er wurde durch Stoßgebete abgelöst, wenn die Männer auf den Marsrahen standen und das dritte Reff einsteckten.

Während einer Morgenwache hielt sich Drinkwater mitten im kreischenden Sturm an einem Backstag fest. Die Decks glänzten vor überkommendem Wasser, Bäche liefen aus den Speigatten.

Jedes Tau tropfte vor Nässe, die Segel waren vollgesogen. In Luv bolzte *Telemachus* durch die Seen.

Mittschiffs erklang ein Warnschrei, und er sah einen Seemann mit ausgestrecktem Arm außenbords deuten.

»O mein Gott«, flüsterte Drinkwater angstvoll, dann griff er nach der Flüstertüte: »Wahrschau! Festhalten!«

Bei diesem Ruf blickte Mr. Quilhampton von der Logleine auf, die er in ihrem Korb aufgeschossen hatte. An seinem linken Arm trug er jetzt einen eisernen Haken, den ihm Mr. Trussel gefertigt hatte. Mr. Q warf sich hinter die achterste Karronade, hakte sich in ein Laschauge ein, warf eine Bucht der Richttalje um seine Hüfte und belegte das Ende an der Karronade. Diese Geistesgegenwart rettete ihm das Leben.

Auf dem Hauptdeck kam Dalziell ungerufen aus dem Niedergang, Morris hatte ihn gegen Morgen entlassen. Die Monstersee war eine Dreiviertelmeile entfernt gewesen, als sie ihrer gewahr geworden waren. Sie überragte die anderen Wellenkämme beträchtlich, und die Energie, die in ihr steckte, überstieg jede Vorstellungskraft. Jetzt hatte der Kaventsmann das kritische Stadium erreicht und wurde instabil; er mußte sich gleich in eine alles überrollende Lawine aus weißem Wasser verwandeln.

Die Fregatte fiel in das Wellental, die Segel schlugen kraftlos, als der Wind von dem Wasserberg abgedeckt wurde. Sogar tief unten im Rumpf, wo Appleby seine morgendliche Runde absolvierte, spürte man den Aussetzer. Dann brach eine massive Wasserwand über dem Schiff zusammen.

Drinkwater wurde auf die Knie gezwungen und wie Treibholz über das Deck gewaschen; grünes Wasser spülte ihn unter eine Kanone, die Luft wurde aus seinen Lungen gepreßt, vor seinen Augen erschienen rote Kreise; verzweifelt rang er nach Atem. Auch Mr. Quilhampton japste nach Luft, als das Deck nach scheinbar unendlicher Zeit wieder aus dem Wasser auftauchte. Vorn zeugte ständiges Knallen und Zittern davon, daß sich der lange Klüverbaum vom Bugspriet gelöst hatte. Ein Körper prallte neben Drinkwater an Deck. Dann richtete sich *Antigone* langsam wieder auf, das Wasser floß in breiten Kaskaden von ihren Seiten ab. Die nächsten Wellen waren erheblich niedriger, sie ließen den Männern Zeit zum Durchatmen. Sie erhoben sich taumelnd und wichen den Kanonenkugeln aus, die aus den Vorratsbehältern gewaschen worden waren. Die Kugeln rollten gefährlich von einer Seite zur anderen, bereit, jeden Unaufmerksamen zu verkrüppeln.

Drinkwater spuckte das letzte Seewasser aus, dann half er Mr. Quilhampton auf die Füße.

»Gehen Sie nach unten und lassen Sie sich von Merrick eine Flasche Rum geben.« Er hob die Stimme. »Quartermaster! Legen Sie das Schiff vor den Wind!« Er griff nach der Flüstertüte, die wild über Deck rollte. Das Wasser stand noch immer mehrere Zentimeter hoch auf den Planken. »Mr. Grey! An die Brassen! Bringen Sie das Schiff vor den Wind! Lassen Sie Mr. Johnson die Bilgen peilen!«

Das Schiff drehte bereits, fiel aus seiner exponierten Lage ab, wälzte sich träge in den riesigen Wellentälern; dann rollte es wieder abscheulich und schüttelte mühsam das Wasser ab.

»Klar bei Besanschot! Fier auf die Schot!«

Drinkwater griff nach der Flasche, die ihm der Fähnrich reichte, und nahm einen tiefen Zug. Wärme durchströmte ihn, dann blickte er nach vorne. Obwohl sie den Klüverbaum verloren hatten, konnten sie immer noch die Stagfock setzen. Gleich würde er alle Segel bergen lassen, nur die Schothörner der Breitfock würden das Schiff vor dem Wind halten, während sie die Schäden beseitigten und den Rumpf lenzten. Aber alles, was sie jetzt nach Osten abliefen, mußten sie dem Wind später mit Klauen und Zähnen wieder abtrotzen.

Langsam drehte das Schiff, die störenden Teile vorn wurden gekappt, die blockierten Blöcke im Rigg wurden gängig gemacht, der halbe Südliche Ozean wurde aus den Bilgen gepumpt. Es dauerte immerhin vier Stunden, bevor sie das Schiff wieder an den Wind bringen konnten. *Telemachus* war längst verschwunden.

Erst jetzt stellten sie fest, daß Dalziell fehlte.

»Signal, Sir?« fragte Drinkwater.

Morris drehte sich nicht um, er nickte nur. Drinkwater blickte nach oben. An der Gaffel knatterte Old Glory, die britische Flagge, die sie von *Hellebore* gerettet hatten und die auch über dem kleinen Eiland im Roten Meer geweht hatte. Sie war nun ausgefranst und zerfetzt und wurde arg gebeutelt von der frischen Brise, die in die Table Bay hineinwehte. Darunter blähte sich die viel größere französische Trikolore, deren leuchtendrotes Ende heftig knallte, als ob es sich der erniedrigenden Position widersetzen wollte.

»Hoch damit, Mr. Q!« Die kleinen Bündel stiegen hoch, brachen im Sonnenlicht auf und wehten farbenprächtig nach Lee aus. Mr. Quilhampton blickte mit offensichtlichem Stolz nach oben.

»Verzeihung, Sir«, sagte Tregembo, der die Flaggleine belegte, »aber was bedeuten diese Flaggen?«

»Sie bedeuten«, erklärte Quilhampton wichtig, »daß dieses Schiff eine Prise der Briggslup *Hellebore* ist.«

Das war durchaus nicht ein Signal, das man hier in Erinnerung behalten würde, dachte Drinkwater. Er stellte sein Glas auf einen fünfzig Kanonen tragenden Zweidecker ein, der einen Breitwimpel im Masttopp fuhr, und wünschte sich, daß der alte Griffiths jetzt auf der Luvseite stehen möge.

Morris drehte sich um, als hätte er Drinkwaters Gedanken gelesen. Mit zunehmender Genesung war der Commander ruhiger geworden. Appleby war darüber erfreut, Drinkwater dagegen besorgt. Denn Triumph stand in den überschatteten Augen.

»Bringen Sie das Schiff an den Wind, Mr. Lestock«, befahl Morris. Neugewonnene Autorität umgab ihn, ein Selbstbewußtsein, das Drinkwater unruhig machte. Der Navigator gehorchte mit unterwürfiger Bereitwilligkeit. Er hatte jetzt ständig einen hochmütigen Zug im Gesicht, als erwarte er stündlich den Sturz Drinkwaters. Dem schien es, wenn er die neue unheilige Allianz betrachtete, daß Dalziell unbeweint gestorben war.

Drinkwater griff nach dem Brief in seiner Tasche. Wenn es ihm gelang, ihn White zukommen zu lassen, dann mochte sich noch alles zum Guten wenden. Aber er durfte nicht in die falschen Hände gelangen oder falsch ausgelegt werden. Dieses Risiko weckte Zweifel in seinem verstörten Kopf. Um sich zu beruhigen, hob er wieder sein Fernglas.

Antigone drehte in den Wind, die Segel kamen back, und auf einen Befehl vom Achterdeck hin ließ Johnson den Anker fallen. Das Aufklatschen wurde vom Rumpeln der Ankertrosse begleitet, die aus ihrem Gatt rauschte.

»Klar bei Marssegelfallen!«

»Segel bergen!«

»Beginnen Sie mit dem Salut, Mr. Rogers!«

Drinkwater sah sechs Schiffe auf Reede. Drei führten den blauen Wimpel des Transportgeschwaders, doch teilweise verdeckt schienen da noch zwei Fregatten und eine Slup zu liegen. Er versuchte, sich darüber klarzuwerden, ob eine der beiden Fregatten *Telemachus* war. White mußte vor ihnen am Kap eingetroffen sein, nachdem sie sich im Sturm verloren hatten. Drinkwater fiel ein Stein vom Herzen, als er das ferne Schiff identifiziert hatte.

»Boot aussetzen!« befahl Morris, und Drinkwater überhörte die bewußte Unhöflichkeit dieses Befehls. Sie hatten ein Boot für die Benutzung in Kapstadt repariert. Drinkwater sah, wie es aus der Kuhl geschwungen und mit Hilfe der Rahtaljen über Bord gehievt wurde. Die Mannschaft stolperte hinein. Der Anblick des Landes hatte sie wieder aufgemuntert, stellte Drinkwater amüsiert fest. Er fragte sich, ob er es wagen sollte, dem Boot seinen Brief anzuvertrauen.

Er entschied sich dagegen und trat zur Reling, um Commander Morris zu verabschieden. Rogers kam zu ihm, nachdem er seine Salutgeschütze geladen hatte.

»Ich fürchte, daß wir nun auf das wassersüchtige Schwein so lange warten müssen wie Huren auf die Hochzeit«, flüsterte er in Drinkwaters Ohr. Dieser fand Rogers' rauhen Witz merkwürdig passend. Das Verhältnis zwischen den beiden Männern hatte sich von einer tiefen gegenseitigen Abneigung in Respekt verwandelt, jeder kannte den Wert des anderen. In gemeinsam bestandenen Krisen war zwischen ihnen so etwas wie Freundschaft gewachsen. Drinkwater grinste zustimmend.

Schließlich erschien Morris in voller Uniform an Deck und blieb vor Drinkwater stehen. Er schwankte leicht, eine Rumwolke umgab ihn.

»Und nun«, sagte Morris leise, aber gehässig, »werde ich mich um Ihre Zukunft kümmern.«

Während er Morris noch anstarrte, hatte Drinkwater schon begriffen: Dalziells Tod hatte den einzigen Zeugen für Morris' Verfehlungen beseitigt. Dalziell war wie ein verbrauchtes Schiff gewesen, nach dessen Abwrackung Morris von seiner Vergangenheit befreit wiedererstand. Das Gefecht mit *Romaine* war ehrenhaft verlaufen, und als Kommandant würde Morris das Lob dafür einstreichen. Seit seiner Genesung fühlte er sich fast wie neugeboren und sah bisher ungeahnte Möglichkeiten für sich. Die bittere Ironie lag darin, daß Morris seinen neuen Rang nur dank Drinkwaters Anstrengungen erhalten hatte und daß er auch seinen ersten Erfolg im Gefecht mit *Romaine* der hervorragenden Schiffsführung seines Ersten verdankte. Das alles wurde Drinkwater schlagartig klar, als er Morris' betrunkenen Blick erwiderte.

Er zog den Hut, als Morris von Bord ging. Ein neuer Gedanke durchzuckte ihn: Um mit seiner verfälschten Darstellung der Ereignisse durchzukommen, mußte Morris Drinkwater in möglichst schlechtes Licht rücken. Nathaniel zweifelte keinen Moment daran, daß Morris genau das vorhatte.

Das Problem, den Brief zu *Telemachus* zu befördern, erledigte sich eine Stunde später von selbst, als Drinkwater seine Bekanntschaft mit Mr. Mole erneuern konnte. Er hatte das sich nähernde Boot mit einiger Besorgnis beobachtet, war dann aber erleichtert, als Mr. Moles Aufgabe sich darauf beschränkte, die Einladung zum Dinner auf Whites Fregatte zu wiederholen.

»Ich wäre Ihnen sehr verbunden, Mr. Mole«, sagte Drinkwater, nachdem er das freundliche Angebot akzeptiert hatte, »wenn Sie diesen Brief nach Ihrer Rückkehr Kapitän White übergeben würden. Er ist ziemlich dringend.«

»Kapitän White befindet sich zur Zeit an Bord der *Jupiter,* Sir.«

Drinkwater dachte nach.

»Dann sind Sie vielleicht so freundlich, dafür zu sorgen, daß er ihn dort erhält, Mr. Mole.«

Nachdem der Fähnrich abgelegt hatte, wanderte Drinkwater unruhig auf und ab. Appleby versuchte, ihn aufzuhalten, aber er fertigte ihn kurz ab. Er kannte Applebys Sorge, daß Catherine Bests Aktivitäten entdeckt werden könnten, und vermutete, daß die Zukunft des Arztes eng mit diesen Ängsten verflochten war. Aber seine Befürchtungen ließen jetzt keinen Raum für die Sorgen anderer. Der Breitwimpel, der über *Jupiter* wehte, war auch ein Symbol für die Kriegsgerichtsbarkeit. Das Kap mochte ein vorgeschobener Außenposten sein, ein Sandkorn in der Faust des Empire, aber es lag im Zugriff der Admiralität. Nathaniel bangte.

Die Nemesis erschien nur wenig später in Person eines Fähnrichs, der noch hochnäsiger als Mr. Mole war. Dieser Mr. Pierce wurde von Quilhampton zu Drinkwater geführt.

»Der Kommodore, Sir, wünscht, daß Sie mich ohne Verzug zur *Jupiter* begleiten, Sir«, näselte er. Sein Benehmen war so exaltiert, daß Drinkwater plötzlich begriff: All diese grünen Jungs sahen in ihm einen uralten Salzbuckel, jedes Haar ein Schiemannsgarn, jeder Finger ein Marlspieker. Der Gedanke richtete ihn wieder auf, er ging hinunter und legte seinen Degen um. Er trug seinen besten Rock, wenn der auch schon etwas schäbig aussah, der bewährte französische Degen hing an seiner Seite, sein Hut war neu poliert, Merrick hatte das mit irgendeiner Mixtur bewerkstelligt. Sein Herz schlug aber immer noch heftig.

»Nun denn, Mr. Pierce, lassen Sie uns gehen.«

Tregembo, der vorne zuschaute, murmelte: »Viel Glück.« Er wußte, daß sein Schicksal eng mit dem Drinkwaters verflochten war. Von achtern sah ihm Mr. Quilhampton nach. Der Fähnrich hatte Drinkwaters wütendes Aufundabwandern während der letzten Stunden beobachtet, er kannte das offene Geheimnis der *Antigone* und teilte den Haß seiner Bordgenossen auf den Commander. Einmal hatte er sogar heimlich einen Blick in Drinkwaters Tagebuch geworfen, was zwar eines Gentleman nicht würdig, aber sehr interessant gewesen war. Auch er murmelte seine besten Wünsche. In seiner Phantasie erlebte er schon das Duell, bei dem er Morris erschießen würde, wenn Mr. Drinkwater etwas zustoßen sollte.

Kapitän George Losack war Kommodore der Marineeinheiten am Kap. Er lehnte sich in seinem Stuhl zurück und blickte zu Kapitän White auf. In der Kajüte der *Jupiter* herrschte eine merkwürdig erleichterte Stimmung, als sei gerade etwas Schlimmes passiert, und beide Männer bemühten sich, so schnell wie möglich wieder zur Normalität zurückzukehren. Sie vermieden es, den verwaisten Stuhl anzusehen, die verstreuten Seiten, die dort noch ausgebreitet lagen. Sogar Morris' Hut lag noch dort, wo er ihn hingeworfen hatte.

»Also, was halten Sie davon?«

»Er wollte mich nicht dabeihaben, Sir«, erwiderte White. »Offensichtlich war er der Meinung, daß ich in seinem Falle voreingenommen sei.«

»Weil Sie ein Bekannter dieses Drinkwater sind?«

»Zum einen; zum anderen, weil ich seine miesesten Neigungen kenne . . .«

Losack blickte scharf auf.

»Lassen Sie sich einen guten Rat geben, Richard: Bringen Sie dieses Thema nicht offiziell aufs Tapet. Ein Kriegsgerichtsverfahren, auf den besagten Artikel gestützt, wäre ein politisches Risiko – für uns beide. Auch wenn Jemmy Twitcher die Admiralität nicht länger beherrscht und statt dessen blasphemische Predigten vor einer Gemeinde heißer Kätzchen hält, so ist er doch immer noch mächtig. Wenn man den Bruder der Mätresse des Lords bekämpft, kann es sein, daß man nicht nur die Mißbilligung des Earls herausfordert, sondern – und das ist viel schlimmer – auch die Feindschaft seiner Hure.«

White schloß den Mund. Zwar teilte er nicht des Kommodores Furcht vor dem Earl of Sandwich, aber die Weibergeschichten, die die Politik der Marine so nachhaltig beeinflußten, waren den Männern seiner Generation hinreichend bekannt. Viele verheerende Niederlagen während des Amerikanischen Krieges waren auf diesen Einfluß zurückzuführen.

»Trotzdem, Morris hat die Fähnrichsmesse von *Cyclops* im letzten Krieg auf übelste Weise terrorisiert. Manchmal muß ein Mann auch für frühere Verfehlungen zahlen.«

»Kaum«, erwiderte Losack trocken und läutete die Glocke auf seinem Schreibtisch. »Obwohl das ein schöner, frommer Wunsch ist.« Sein Diener erschien.

»Wein, Jacklin, und rasch, wenn ich bitten darf.«

White beobachtete, wie der Kommodore die Papiere noch einmal durchsah. Die Anschuldigungen, die Morris gegen Drinkwater vorgebracht hatte, wogen schwer. Aber die Ereignisse, die der Befragung von Morris durch White gefolgt waren, hatten daran Zweifel aufkommen lassen. Und Losack war ein zu pflichtbewußter Offizier, als daß er die große Entfernung zwischen dem Kap und London dazu benutzt hätte, die Angelegenheit einfach zu begraben. Auch konnte die Tatsache, daß Morris über einigen Einfluß verfügte, nicht außer acht gelassen werden. Das alles bewog Losack, vorsichtig zu Werke zu gehen. Er hatte eine Seite gehört. Was war mit der anderen?

»Sie haben erzählt, daß Drinkwater schon vor Jahren befördert wurde?«

»Er wurde über Morris' Kopf hinweg zum diensttuenden Leutnant befördert, damals im Jahr 1781.«

»Und dann wurde Morris in Mocha sein Vorgesetzter. Die erste Beförderung stieg ihm zu Kopf, die zweite ließ ihn völlig durchdrehen. Die Konsequenz ist böses Blut . . .«

Losack unterbrach sich, als der Wein gebracht wurde. Jacklin stellte Tablett und Karaffe ab, dann wandte er sich an White: »Mit den besten Empfehlungen von Mr. Mole, Sir, soll ich Ihnen das hier übergeben.«

White nahm den Brief. Losack fuhr fort: »Wenn ich nur sicher wäre, was dahintersteckt . . .« Er dachte an Morris' unbeherrschte Anschuldigungen.

»Ich glaube nicht, daß Drinkwater schon 1781 sehr enttäuscht war; seine endgültige Beförderung datiert schließlich erst aus dem Jahre '97.«

»Aber was für ein Mann ist er?« Losacks Stimme klang verärgert. »Sie scheinen ja eifrig bemüht, ihn reinzuwaschen!«

»Verdammt, Sir«, brauste White auf, vor Ärger puterrot, »es ist höllisch schwer, wenn man unter so einem . . . einem . . . dienen muß.« Er faßte sich wieder. »Drinkwater ist durch und durch Offizier, Sir. Er genießt so gut wie keine Protektion. Ich bezweifle ganz entschieden, daß er Morris Grund für seine Beschuldigungen geliefert hat.«

Losack stand auf und blickte aus den Heckfenstern. Er fand sein Kommando hier am Kap sehr ermüdend. Seine Streitmacht war zu klein, als daß er die hier zusammenlaufenden Schiffahrtsrouten hätte wirksam kontrollieren können. Deshalb blieb das Gebiet ein ergiebiger Jagdgrund für die französischen Korsaren. Und die kleinlichen Probleme der vorüberfahrenden Schiffe waren ihm eine Quelle steten Ärgernisses. Dieses hier machte keine Ausnahme: Unverträglichkeiten zwischen den Offizieren einer Prise, ein weiblicher Sträfling unter dem Vorwurf der Giftmischerei – er beneidete White, der auf der Tischkante saß, die Beine baumeln ließ und den Brief las, den ihm Jacklin gebracht hatte.

»Es war Ihre Bemerkung über das Streichen der Flagge, die unseren Besucher so die Fassung verlieren ließ«, nahm er den Faden wieder auf. »Was steckt dahinter?«

White blickte von dem Brief hoch.

»Dürfte ich Sie bitten, dazu Mr. Drinkwater zu befragen, Sir?

Ich habe hier einen Brief von ihm. Es scheint, als sei in Mocha bei der Ausstellung der Beförderung ein Fehler unterlaufen. Nicht Morris, sondern er sollte befördert werden.«

»Großer Gott!« Losack blickte scharf auf. »Allmählich kommt mir dieser Fall wie totaler Wahnsinn vor!«

»Ich glaube nicht eine Sekunde daran, daß Drinkwater wahnsinnig ist, Sir. Höchstens überarbeitet.«

»Hm. Also lassen wir Ihren Freund holen.«

Appleby war ebenfalls vorgeladen worden. Er saß auf einer Bank im kahlen Warteraum des Hospitals und starrte das Schachbrettmuster aus holländischen Bodenfliesen an. Trotz der Kühle im Raum schwitzte er heftig. Seine professionelle Objektivität kämpfte mit den starken Gefühlen, die er für Catherine Best hegte. »Sie haben nach mir geschickt«, hatte er ihr zitternd erzählt. »Und ich bin zu alt, um mich verstellen zu können, Catherine. Ich fürchte, es wird Konsequenzen geben . . .«

Sie war ganz ruhig geblieben; alles, was gesagt werden mußte, hatte sie schon vor Tagen gesagt. Nun wartete sie geduldig ab. Sie wollte keine Umstände verursachen, sie wollte nur ihr Auskommen haben. Sie küßte ihn, als er ging, keuchend, fett, plump, ältlich und sehr nett. Jetzt schwitzte er wie ein Mann, über den das Urteil gesprochen werden soll.

»Es scheint, daß Sie selber an Schweißausbrüchen leiden, Mr. Appleby«, sagte der Arzt, der plötzlich vor ihm stand.

Appleby erhob sich. »Wollen wir einen kleinen Rundgang im Garten machen, lieber Kollege?«

Dr. Macphadden war ein trockener, gebeugter kleiner Schotte, den eine Aura von Gelehrsamkeit umgab. Der Garten entpuppte sich als ein stilles Fleckchen Rasen, sehr gut dazu geeignet, ohne Mitwisser medizinische Erkenntnisse auszutauschen.

»Die Nachrichten, die dem Patienten vorauseilten, ließen mich vermuten, daß ich es mit einem Geisteskranken zu tun bekommen würde. Um ehrlich zu sein, ich hatte sogar eine Zwangsjacke bereitlegen lassen. Aber ich war falsch informiert. Das Toben hielt sich in dem für schwer Betrunkene üblichen Rahmen. Meine Ahnungen stimmten also nicht.« Der Doktor kicherte asthmatisch, Appleby wagte nicht zu atmen. »Die Folgen übermäßigen Rumgenusses sind bekannt. Sie wissen sicherlich, daß Haslar voller

Männer ist, denen die Verantwortung über den Kopf wuchs, deren Erwartungen immer wieder enttäuscht wurden, deren Fähigkeiten den Aufgaben nicht entsprachen. Der chemische Einfluß des Rums auf ihr Gehirn . . .«

»Aber seine Krankheit, Doktor! Die Schweißausbrüche, der Durchfall, das Erbrechen . . .« Appleby konnte nicht länger an sich halten.

»Ach, Sie denken an seine absurden Anschuldigungen, daß er vergiftet worden sei? Nun ja, man könnte tatsächlich von einer Vergiftung reden, aber wohl doch von einer selbstverschuldeten. Nein, er hat wirklich ein chronisches Magengeschwür. Wie Sie sicher wissen, lieber Kollege, schwankt seine Stimmung ständig zwischen cholerischen und melancholischen Phasen. Ein abhängiger Trinker will sowohl seine Schwäche als auch die Schuld an seiner Selbstzerstörung verbergen. Die Konsequenz ist ein Teufelskreis, der schließlich nur zum letzten Stadium führen kann – wie bei dem unglücklichen Mann, der nun da hinten im Bett liegt.«

Macphadden drehte sich um und ging langsam ins Hospital zurück. Eine Welle der Erleichterung überschwemmte Appleby, er konnte zu den Worten des Arztes nur stumm nicken.

»Ich nehme doch an, daß Sie keinen Kommandanten an Bord haben möchten, der sich im Delirium tremens windet, oder?«

Nach stundenlanger, zermürbender Vernehmung durch Losack kehrte Drinkwater zur *Antigone* zurück. Die Fragen des Kommodore hatten ihm gezeigt, daß er den Inhalt des Briefes an White kannte. Sein Gefühl, hintergangen worden zu sein, wurde durch Whites Schweigen während der Befragung noch verstärkt. Der Brief war eine private Mitteilung an einen Freund gewesen. Jetzt konnte er ein Kriegsgerichtsverfahren gegen sich nicht mehr ausschließen.

Ein Klopfen an seiner Tür kündigte Appleby an. Er hatte nach dem Arzt geschickt, sobald dieser von Land zurückgekehrt war.

»Alles ist gut gelaufen, Nat. Ein schulmeisterlicher Schotte namens Macphadden hat auf Magengeschwür erkannt . . .«

»Nichts ist gut gelaufen, Harry.«

»Was, zum Teufel, ist passiert?«

»Es betrifft Catherine, Harry. Man weiß hier jetzt, daß sie ein

261

Sträfling ist, sie wird dem nächsten Transport zugeteilt. Ich habe getan, was ich konnte, aber vergebens. Morris hat Losack informiert.«

Alle Farbe wich aus Applebys Gesicht. »Dieser unchristliche, verhurte Bastard!«

»Beruhige dich. Es gibt nichts, was wir dagegen tun könnten. Vielleicht, wenn wir nach Hause kommen . . .« Damit hielt er einem Ertrinkenden einen Strohhalm hin. Denn es war zweifelhaft, ob er die Heimat mit einem so intakten Leumund erreichen würde, daß er die Begnadigung eines Sträflings durchsetzen konnte.

»Aber ich kann sie nicht gehen lassen, Nat!«

»Sie muß sich ohne Verzögerung auf der *Lord Moira* einschiffen. Es tut mir furchtbar leid.«

Still verließ Appleby die Kajüte. Drinkwater öffnete seinen Schreibtisch, nahm Tintenfaß und Feder heraus und begann, den Bericht zu schreiben, den Losack von ihm verlangt hatte.

Schweigend saß Drinkwater dabei, als Losack seinen Bericht durchlas. Von Zeit zu Zeit verglich dieser Eintragungen im Schiffstagebuch und der Signalkladde, außerdem zog er Griffiths' Aufzeichnungen zu Rate oder das, was von ihnen übriggeblieben war. Schließlich sah der Kommodore hoch, nahm seine Brille ab und blickte den Mann, der gespannt vor ihm saß, minutenlang ruhig an.

»Mr. Drinkwater«, begann er schließlich, »es scheint, daß ich Ihnen gegenüber zu mißtrauisch gewesen bin.« Er zeigte mit seiner Brille auf die ausgebreiteten Papiere. »Ich bin zu der Überzeugung gelangt, daß Ihre Leistung belohnt werden muß. Aber Sie verstehen, daß es sich um einen sehr komplizierten Fall handelt. Ich bin nicht befugt, Ihre Beförderung zu bestätigen, und wie Sie wissen, hätten Ihre Lordschaften ohnehin das letzte Wort gehabt. Das muß in London entschieden werden.«

Drinkwater neigte den Kopf: »Ich verstehe, Sir.«

Losack lächelte. »Die einzige Entschädigung, die ich Ihnen anbieten kann, ist, daß ich Ihnen das Kommando über die Prise bis nach Hause übertrage. Kümmern Sie sich um die Instandsetzung. Ein Konvoi segelt in ungefähr drei Wochen ab. Ihr guter Freund White wird die Eskorte befehligen.«

»Vielen Dank, Sir! Was ist mit Commander Morris?«

»Er ist krank, Mr. Drinkwater. Ein Magengeschwür, wie man mir sagte.«

Losack beendete das Gespräch. Drinkwater erhob sich, Losack schob ein Päckchen über den Tisch.

»Mein Sekretär hat sich an Ihren Namen erinnert. Dieser Brief liegt für Sie seit Monaten hier.«

Mit klopfendem Herzen nahm er Elizabeths Brief an sich.

Die Luft auf dem Quarterdeck der *Jupiter* erschien ihm unbeschreiblich süß. In einer stillen Ecke riß er das Päckchen auf, stopfte die Beilage, die für Quilhampton bestimmt war, in die Tasche und begann ungeduldig zu lesen:

›Mein liebster Nathaniel!
Endlich habe ich Nachricht über Deinen Verbleib bekommen. Ich weiß jetzt, daß Du im Auftrag von Admiral Nelson um Afrika segelst. Ich schreibe in großer Sorge um Dich und bete täglich für Dein Wohlergehen und Deine gesunde Heimkehr.
Aber sicher willst Du jetzt nichts von mir hören, sondern etwas anderes, mein Liebster. Deine Tochter Charlotte Amelia ist nun schon über zwölf Monate alt und hat die Nase ihres Vaters, das arme Schäfchen . . .‹

An Bord übergab Drinkwater den Brief mit der femininen Handschrift Quilhampton. »Lassen Sie Tregembo nach achtern kommen, Mr. Q.«

Nachdem der Junge gegangen war, plierte er in den Spiegel, der im Deckel seiner Kleiderkiste eingelassen war. Was, zum Teufel, stimmte nicht mit seiner Nase?

Tregembo hüstelte respektvoll an der offenen Tür, und Drinkwater fuhr hoch; er hatte mehrere Minuten sein Spiegelbild angestarrt und über seine neue Vaterrolle nachgedacht.

»Also, Tregembo, deiner Susan geht es gut. Mrs. Drinkwater hat mich gebeten, dir das auszurichten. Vor ein paar Monaten hatte sie eine kleine Mandelentzündung, aber das ist inzwischen ausgestanden. Der Brief ist ja ein paar Monate alt.«

»Und Ihr Baby, Sir?«

»Es ist eine Tochter, Tregembo.«

»Ahhh!« Der unbeholfene Ausruf war voll versteckter Freude.

Tregembo wurde rot, und Drinkwater schluckte.

»Und was ist mit Ihrer Beförderung, Sir?«

»Nichts, noch nichts.«

»Das ist nur eine Sache der Zeit, Sir.«

Drinkwater lächelte, als Tregembo an seine Arbeit zurückging. Es kam ihm so vor, als ob er an diesem Morgen sehr häufig lächelte. Er griff wieder nach dem Brief und las ihn noch einmal.

Appleby stürzte herein.

»Nat, habe ich richtig gehört: Sie werden das Schiff auf der Heimreise führen?«

Drinkwater blickte auf. Der Arzt war so erregt, daß seine Hände zitterten, seine Wangen schwabbelten.

»Ja, das stimmt.«

»Dann bitte ich hiermit um die Erlaubnis, abmustern zu dürfen.«

»Warum, zum Teufel?«

»Die *Lord Moira* hat einen freien Platz für einen Sanitätsmaaten. Ich habe mich erkundigt, es gibt viel zuwenig Ärzte in Australien . . . Ich habe für die Überfahrt die freie Stelle angenommen.« Appleby schluckte, er hatte seinen Rubikon überschritten.

»Harry, du verrückter Hund! Sag bloß, du willst ein Emigrant werden?«

Appleby fuhr sich mit einem Finger in den Hemdkragen. »Sie wäre wohl kaum die richtige Frau für mich zu Hause in Bath, oder?«

Drinkwater fing an zu lachen, aber Appleby unterbrach ihn: »Nat, hören Sie mir einen Augenblick ernsthaft zu. Mir bleibt nicht viel Zeit. Hier sind einige Papiere, die Sie bevollmächtigen, in meinem Namen bei der Verteilung des Prisengeldes zu handeln. Weiter bitte ich Sie, diese Medikamente für mich zu kaufen. Jede Apotheke kann sie zusammenstellen, außerdem brauche ich neue Instrumente, denn zweifellos werde ich Geburtshelfer werden, und ich habe keine Geburtszangen . . .«

Drinkwater nickte und lauschte Applebys Ausführungen. Er nahm die Papiere und dachte an Catherine Best, an Elizabeth und Charlotte Amelia und an die Macht der Hand, die eine Wiege schaukelt.

Drinkwater reichte White die Karaffe zurück, dann beugte er sich vor und zündete sich eine Zigarre an der Kerzenflamme an.

»Da wir nun unter uns sind, können wir die lästigen Rangunterschiede vergessen, nicht wahr?« White kicherte. »Der junge Quilhampton ist ja ein richtiger Teufelsbraten! Hast du gehört, wie er behauptet hat, der kleine Bruilhac wäre der festen Überzeugung, daß du menschliche Gliedmaßen frißt? Nein, keine Widerrede, ich habe das mit eigenen Ohren gehört.«

»Mr. Quilhampton neigt leider etwas zu Übertreibungen,« entgegnete Drinkwater mit Wärme in der Stimme – dann runzelte er die Stirn. »Eine Frage noch, Richard, die mir sehr am Herzen liegt. Was geschah damals wirklich, als Morris seinen Bericht bei Losack erstattete? Du warst doch dabei, oder?«

White blies seine rosigen Wangen auf, dann stieß er die Luft scharf aus. »Ja, ich war dabei, und meine Anwesenheit scheint Morris ordentlich wütend gemacht zu haben. Er befürchtete wohl, ich würde seine widerlichen Eigenarten zur Sprache bringen. Er brachte wüste Anschuldigungen gegen dich vor. Lauter kleine Sachen, daß du ihn nicht immer vorher unterrichtet hättest, wenn du Segel gekürzt hast, na ja, du kennst das ja. Dabei starrte er dauernd mich an, als erwarte er von mir Widerspruch. Ich konnte seine Rumfahne riechen. Dann beschuldigte er dich, daß du ihn vergiftet hättest, und das gefiel mir nun gar nicht! Ich merkte, daß Losack aufmerksam wurde, und fragte Morris, warum er die Flagge gestrichen hätte.« White lachte. »Das warf ihn um! Er blickte mich an wie ein Kalb, das abgestochen wird. Dann ließ er einen Strom Verwünschungen los, gemischt mit gelegentlichen Hinweisen auf dich und die Vergiftung. Er war völlig außer sich. Während seines Ausbruchs hatte er einen akuten gastritischen Anfall, wie ich jetzt weiß.« White machte eine Pause, füllte sein Glas wieder und fuhr fort: »Es war zwar offensichtlich, daß Morris betrunken oder krank, vielleicht auch beides war, trotzdem sann Losack über seine Anschuldigungen nach. Ich bin ziemlich sicher, daß er sich mit dem Gedanken trug, die Angelegenheit vor ein Kriegsgericht zu bringen. Es liegen genug Schiffe hier, um eins konstituieren zu können. Während ich der Meinung war, daß Morris den Verstand verloren hatte, hielt Losack *dich* für verrückt.«

»Mich?«

»Aye, dich. Dann habe ich ihm den Brief gezeigt, in dem du behauptest, daß die Beförderung eigentlich dir zugedacht war.«

»Aber das war doch ein privater Brief! Ich hatte nicht beabsichtigt, daß du . . .«

»Ich weiß, ich weiß, mein lieber Freund, aber es hat funktioniert. Losack wollte dich sehen, und nachdem er die Diagnose des Doktors gehört und deinen Bericht gelesen hatte, wußte er endlich die Wahrheit. Trotzdem glaubte ich noch einige Zeit, daß er dich auf deinen Geisteszustand untersuchen lassen wollte. Er zitierte Euripides: ›Wen die Götter vernichten wollen, den schlagen sie zuerst mit Wahnsinn‹.«

»Das würde wirklich besser auf Morris passen.«

»Ich habe ihm mit einem passenden Zitat von Horaz den Wind aus den Segeln genommen: ›Ira furor brevis est‹.«

»Entschuldige, mein Latein läßt zu wünschen übrig.«

»Der Zorn ist eine kurze Raserei.«

»Ach so . . .« Drinkwater lehnte sich zurück. Das war knapp gewesen. »Ich stehe tief in deiner Schuld, Richard.«

White winkte ab. »Ich war dir verpflichtet. Denke nur daran, wie du mich vor dem Bastard Morris auf *Cyclops* in Schutz genommen hast.«

»Dann sind wir jetzt quitt«, meinte Drinkwater. »Ich werde Morris besuchen und versuchen, meinen Frieden mit ihm zu machen, bevor wir auslaufen.«

White blickte ihn scharf an: »Morris besuchen? Warum, zum Teufel? Laß den Bastard verrotten!«

»Aber er ist doch krank, Richard . . .«

»Nat, du bist ein weichherziger Narr. Aber vielleicht haben wir dich gerade deshalb so gerne – außer Bruilhac, versteht sich. Morris wird es dir nicht danken. Er versteht deine Beweggründe nicht, vermutlich nimmt er an, daß du nur gekommen bist, um dich an seinem Mißgeschick zu weiden. Es bringt nichts, nach Morris zu sehen, glaub mir!«

Damit war das Thema für ihn erledigt. White setzte sein Glas hart ab und lehnte sich bequem zurück. Gemütliche Stille füllte die Kajüte, unterbrochen nur durch das Knacken im Schiffsrumpf, das Quietschen der Ruderketten und den gedämpften Lärm der Mannschaft. Drinkwater fühlte, wie sich eine große Last von seiner Brust hob. Whites Erklärungen hatten alle seine Zweifel verscheucht. Bilder von Elizabeth und der noch ungesehenen Charlotte Amelia tauchten im blauen Rauch seiner Zigarre auf. Zufriedenheit durchströmte ihn.

»Da fällt mir noch ein Zitat von Horaz ein, das auch sehr gut hierherpaßt«, sagte White schließlich. »›Caelum non animum mutant qui trans mare currunt‹. Übersetzt heißt das soviel wie: ›Den Himmel, nicht den Sinn ändern, die das Meer befahren.‹«

Auf der anderen Seite des Tisches nickte sein erröteter Freund Drinkwater wortlos Zustimmung.

Nachwort

Einige Fachleute behaupten, daß Napoleons Indienprojekt nur eine Ausgeburt seiner Phantasie auf St. Helena war. Tatsächlich gibt es aber Beweise dafür, daß er eine derartige Expedition in den Jahren 1798 und 1799 ins Auge gefaßt hatte. Nelson nahm die Bedrohung jedenfalls so ernst, daß er Leutnant Duval auf dem Landweg nach Bombay schickte, übrigens nach seinem großen Sieg bei Abukir.

Der britische Angriff auf Qusayr war ein ziemlich obskures Unternehmen. Sogar der voreingenommenste Historiker von allen, William James, schreibt, daß *Daedalus* und *Fox* drei Viertel ihrer Munitionsbestände verschossen hätten, ohne daß ein bemerkenswerter Erfolg erzielt worden wäre. Es ist ihm nicht leichtgefallen, zu erklären, wie es hundert kranken französischen Soldaten, den Überresten von zwei Kompanien der 21. Halbbrigade, gelingen konnte, die gewaltige Übermacht einer britischen Flottille zu vertreiben. Vielleicht wird *Hellebore* deshalb nicht von ihm erwähnt, genausowenig wie in dem Bericht Kapitän Balls: damit die britische Überlegenheit nicht gar so groß erscheint.

Die Offiziere höherer Ränge, die im Roman erwähnt werden, haben tatsächlich gelebt. Konteradmiral Blankett hat das Geschwader im Roten Meer damals wirklich befehligt, allerdings ist sein Charakter meine Erfindung. Das gilt ebenfalls für Mr. Wrinch, obwohl ein britischer Agent damals tatsächlich in Mocha residiert hat.

Die Rolle des Edouard Santhonax wird von der Geschichtsschreibung nicht bestätigt, aber die Ergebnisse seines Wagemuts sind die einzigen Beweise, die wir für Nathaniel Drinkwaters

Rolle auf diesem Nebenkriegsschauplatz haben. Napoleon klagte später darüber, daß die Briten überall dort, wo es Wasser gab, ein Schiff gehabt hätten. Und die Brigg *Hellebore* war eben eins dieser Schiffe.

Was die Meuterei auf der *Mistress Shore* angeht, so sind authentische Berichte einer solchen Erhebung von der *Lady Shore* überliefert. Die Anwesenheit von Frauen auf britischen Kriegsschiffen war nichts Ungewöhnliches.

Wer noch Quellen über Alkoholmißbrauch und Homosexualität in der Marine der damaligen Zeit sucht, den verweise ich unter anderem auf die Veröffentlichungen von Hall und Beaufort. Manches kann auch bei anderen Berichterstattern zwischen den Zeilen herausgelesen werden.

R. W.

Cecil Scott Forester

Die Hornblower-Romane

Fähnrich zur See Hornblower
Ullstein Buch 22433

Leutnant Hornblower
Ullstein Buch 22441

Hornblower wird
Kommandant
Ullstein Buch 22462

Der Kapitän
Ullstein Buch 22481

An Spaniens Küsten
Ullstein Buch 22502

Unter wehender Flagge
Ullstein Buch 22529

Der Kommodore
Ullstein Buch 22555

Lord Hornblower
Ullstein Buch 22570

Hornblower in Westindien
Ullstein Buch 22598

Hornblower auf der Hotspur
Ullstein Buch 22651

Zapfenstreich
Ullstein Buch 22836

Ullstein

Alexander Kent

Die Richard-Bolitho-Romane

Die Feuertaufe *(UB 3363)*

Klar Schiff zum Gefecht *(UB 23063)*

Die Entscheidung *(UB 22752)*

Zerfetzte Flaggen *(UB 23192)*

Bruderkampf *(UB 23219)*

Der Piratenfürst *(UB 3463)*

Strandwölfe *(UB 3495)*

Fieber an Bord *(UB 22460)*

Nahkampf der Giganten *(UB 3558)*

Feind in Sicht *(UB 20006)*

Der Stolz der Flotte *(UB 20014)*

Eine letzte Breitseite *(UB 20022)*

Galeeren in der Ostsee *(UB 20072)*

Kanonenfutter *(UB 22933)*

Admiral Bolithos Erbe *(UB 20485)*

Der Brander *(UB 20591)*

Donner unter der Kimm *(UB 20973)*

Die Seemannsbraut *(UB 22177)*

Des Königs Konterbande *(UB 22330)*

Mauern aus Holz, Männer aus Eisen *(UB 22824)*

Ullstein

Wolfgang J. Krauss

in der Reihe
Ullstein maritim

Ullstein

Seewind
Ullstein Buch 20282

Seetang
Ullstein Buch 20308

Kielwasser
Ullstein Buch 20518

Ihr Hafen ist die See
Ullstein Buch 20540

Nebel vor Jan Mayen
Ullstein Buch 20579

Wider den Wind und die Wellen
Ullstein Buch 20708

Von der Sucht des Segelns
Ullstein Buch 20808

Weite See
Ullstein Buch 22862